윤혜정 선생님 직접 집필, 강의

윤혜정의 개념의 나비효과

입문 편

2권 독서 · 문법

윤혜정 선생님 직접 집필, 강의

윤혜정의 개념의 나비효과

입문 편

2권 독서 · 문법

이 교재의 구성과 특징

국어, 너무 어렵다고? 공부한다고 했는데도 뭘 공부했는지, 뭐가 남았는지 모르겠다고?

그게 바로 해 놓고도 억울한 국어 공부야.

억울한 국어 공부는 이제 그만! 꼭 알고 시작해야 할 국어의 기본 개념부터 차근차근 함께 공부해 보자.

Step 원, 투, 쓰리~ 함께 밟아 나가다 보면 문장의 의미가 읽히고, 글의 구조가 보이고, 독서 지문이 만만해질 거야.

새로운 문법 개념을 공부하는 게 재미있어질지도 몰라~.

기대하는 마음으로, 끝까지 해내겠다는 마음으로 같이 시작해 보자고. ^-^

시, 소설, 독서, 문법. 더도 말고 덜도 말고 딱 15강씩.
우리 그 정도는 할 수 있잖아~.
필수 국어 개념들을 영역별로 알차게 정리해 보자.

분명히 혼자 공부하고 있는데, 왠지 모르게 선생님이
날 보고 있는 듯, 나에게 말을 거는 듯. ^^
일대일 수업처럼 차근차근 설명해 줄게.

한 강에 두 번씩 '오늘 꼭 알아야 할 개념'이 있어.
태그로 제시된 개념은 무슨 일이 있어도 소화하자.
꼭꼭 씹어서 내 것으로 소화하면 국어의 기초 체력이 쑥쑥!

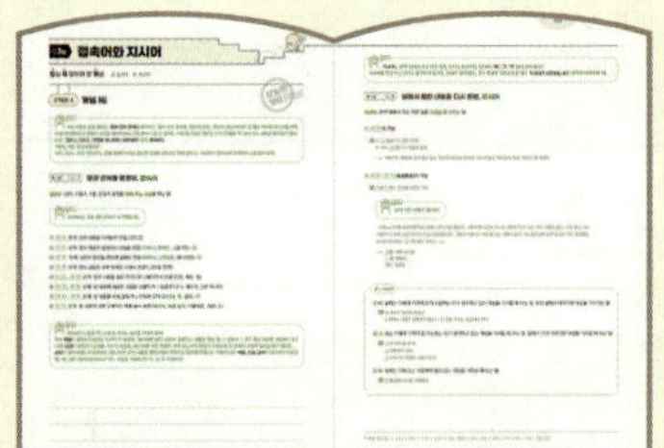

STEP.1 개념 Hi

오늘의 개념을 통해 국어 공부에 꼭 필요한
개념들을 정리하고,
ㅊㅅ 퀴즈로 중요한 내용들을
한 번 더 생각해 볼 수 있을 거야.

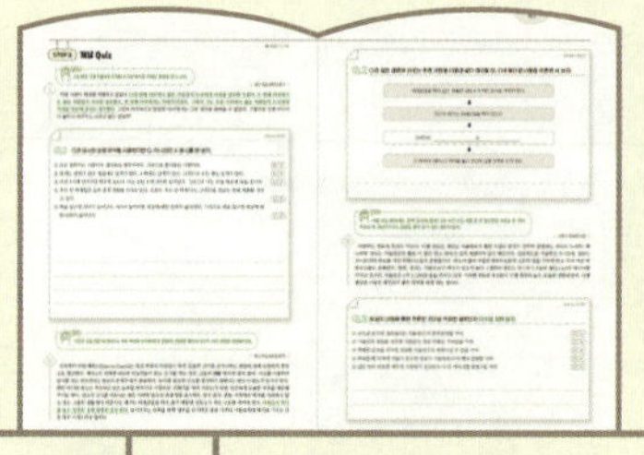

STEP.2 개념 Quiz

STEP.1에서 학습한 개념들을
Quiz 형식의 문제를 통해
지문에 직접 적용해 보는 연습을 해 볼 거야.

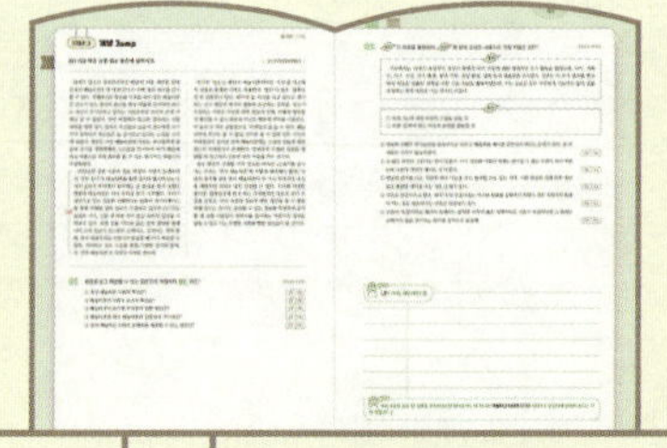

STEP.3 개념 Jump

개념만 아는 것에 그치면 안 돼.
개념이 실제 기출문제에는 어떻게
적용되는지 알아야 돼.
개념과 문제를 연결하는 게 최종 관문이야.
직접 기출문제들을 풀어 보면서 실제 시험에
대비해 볼 거야.

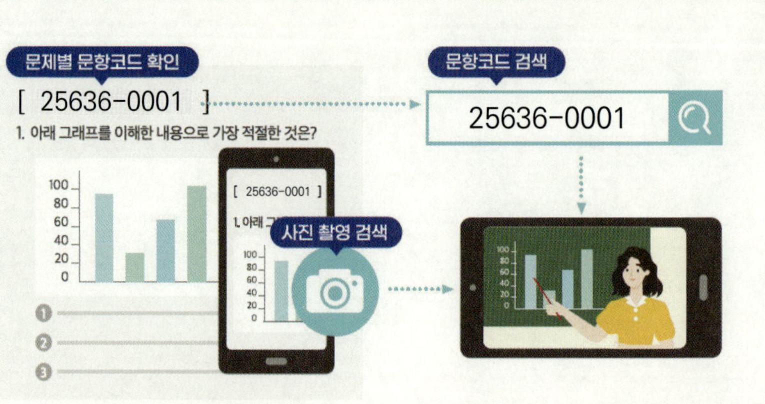

독서

Nice to meet you, 독서!

요즘에 그렇게 유명하다며? 불수능을 만드는 불국어, 활화산 독서??
독서 지문을 읽으면 절로 나온다는 "아....... 저한테 왜 이러세요.ㅠㅠ"
책 읽으라는 말을 그렇게 많이 들어 왔는데, 한 귀로 들어오면 바로 한 귀로 흘려보냈던 지난날들이여.
그럼 이제까지 한 달에 한 권의 책도 안 읽었던 나는 '이생망**인가? OTL
놉! 마음부터 새롭게 다지자.
그러면 너도 **독서 지문을 잘 읽을 수 있고**, 문제도 잘 풀 수 있고, 심지어 답도 '다' 찾아낼 수 있어.
*이생망: 이번 생은 망했어.

자, 그럼 지금부터 **내 친구 독서**를 소개할게.
둘이 얘기도 많이 나누고 좀 친해져 봐.

2026학년도 대학수학능력시험 문제지

국어 영역

제1교시

1

(독서) + (문학) + (화법과 작문)

(독서) + (문학) + (언어와 매체)

2028학년도 시험에서부터는

...년도 대학수학능력시험 문제지

국어 영역

제1교시

1

= (화법과 언어) + (독서와 작문) + (문학)

으로 살짝 변화를 줄 예정이야.

성명		수험번호	

혜정 쌤의 한마디

모든 독서 지문은 문제를 출제하기 위해 아주 철저히, 계획적으로, 치밀하게 다듬고 다듬고 또 다듬은 글이야.
출제자는 수험생들이 문제에 답하기 위해 **이해해야 하는 정보들**을 지문에 잘 배치하고, **선지의 근거들이 되는 장치들**을
세심하게 마련해 놓을 수밖에 없지.
다시 말해 **모든 문제의 답**은 당연히 ㅈ ㅁ 을 통해 찾을 수 있다는 거야.

P.S. 문제의 유형: 사실적 사고, 추론적 사고, 비판적 사고

⋯⋯▶ 문제 유형별 공략이 반드시 필요함! 그러나 출발은 ㅈ ㅁ 부터!

그럼 이번엔 독서 파트의 문제를 풀기 위한 방법을 소개할게.
(정해진 답은 없다. 그. 러. 나. 혜정 샘은 이렇게 푼다는 것!)

혜정 샘의 독서 세트 접근법

1 시험지를 받는다.

2 ㅁㅈ 부터 보고 전략을 세워라.

⋯⋯▶ 문제를 먼저 본다. '읽는' 게 아니라 '본다'는 게 포인트! 문제를 먼저 보면 어떻게 지문을 독해해야 할지 접근 방법이 보인다.
예 내용 전개 방식에 대해 묻는 문제, ㉠, ⓐ 등 밑줄 친 내용의 의미를 묻는 문제, 어휘 문제 등

3 지문을 읽으면서 나만의 ㄱㅎ 로 표시하라.

⋯⋯▶ 지문 깨끗이 읽어서 동생 물려주려고? 왜? 왜 지문을 깨끗하게 놔 두는데? ㅎㅅ ㅈㅂ 에 기호를 표시해 놓으면 문제 풀 때 유리함.
문제는 대부분 핵심 내용에서 출제된다.

4 지문을 ㅇㅇㅁㅅ 해결 가능한 문제는 실시간 해결!

⋯⋯▶ 시간 관리의 중요성, 시간은 단축하고 정답률은 올라감.

5 답은 네 생각으로 찾는 게 아니라, ㅈㅁ 느님의 생각을 ㄱㄱ 로 삼는 거다.

⋯⋯▶ 반드시 지문에서 근거를 찾아라. '넌 이래서 아니야! 어디 정답의 탈을 쓰고!'

그렇다면 독서 파트 공부에서 제일 먼저 해야 할 건 문제 풀이??
놉! 문제 풀이보다 선행되어야 할 것은 **지문을 읽는 연습**이야.

| ㄷㅇ의 의미 이해 | > | ㅁㅈ의 의미 파악 | > | ㅁㅈ 간의 관계 파악 | > | ㅁㄷ의 의미 파악 | > | ㅁㄷ 간의 관계 파악 | > | ㄱ 전체의 의미와 구조 파악 |

지문을 잘 읽어야 문제의 정답도 잘 찾을 수 있다는 얘기를 많이 들어 봤을 거야. 이생망?
아니라니까. 기본부터 차근차근 짚어 나가면 독서 지문을 잘 읽고 이해할 수 있어.

■ **초성 퀴즈 답** 지문, 지문 / 문제, 기호, 핵심 정보, 읽으면서, 지문, 근거 / 단어, 문장, 문장, 문단, 문단, 글

 오늘 꼭 알아야 할 개념 # 화제 # 첫 문단

STEP.1 개념 Hi

개 념 0 1 화제와 첫 문단 

화제, 누구냐, 넌? ·····▶ 글에서 다루고자 하는 대상!

> 정말 중요한 시간! 모든 것은 기본이 중요한 것이니라.
> 처음부터 '고난도 지문', '킬러 문항' 요런 거에 기웃대지 말고 기본부터 제대로 하렴!

① 글쓴이가 설명하고 싶은 ㅈㅇㄱ 을 글이 끝날 때쯤에 소개할 수 있을까?

출제자는 대부분 '여기에 좀 집중해 줄래? 지금부터 '이것'에 대해서 얘기할 거야.'라며 ㅊ ㅁㄷ 에서 화제를 제시해.

고로 우리는 지문의 ㅊ ㅁㄷ 을 읽으면서 그 지문의 ㅎㅈ 부터 찾아야 하는 거야.

② 화제는 글의 ㅈㅈ 와 밀접한 관계가 있기 때문에 ㅂㅂ 적으로 등장해.

그러니까 화제를 찾으려면 지문에 ㅂㅂ 적으로 언급되는 '그것'을 찾아야야겠지.

화제를 찾았다면, 그것이 무엇인지, 그것과 관련된 어떤 정보를 설명해 주는지, 그리고 어떤 방법으로 설명하는지 등을 파악해야 돼.

③ 화제에 관련된 설명이 ㅊㅅ 적일 때가 있어. 화제 자체가 관념적인 대상이라면 그에 대한 설명이 좀 어렵게 느껴질 수 있거든. 그럴 때에는 좀 더 구체적인 부연 설명이나 화제와 관련된 ㅅㄹ 에 주목해서 정보를 이해하려고 노력해야 돼.

■ **초성 퀴즈 답** ① 주인공, 첫 문단, 첫 문단, 화제 ② 주제, 반복, 반복 ③ 추상, 사례

STEP.2 개념 Quiz

> 그럼 첫 문단을 읽고 글의 화제를 찾는 연습을 해 볼까?

● 정답 108쪽

| 고1 전국연합학력평가 |

1 최근 인구 증가와 기후 변화로 전 세계적인 물 부족 현상이 발생하고 있다. 지구상에 존재하는 물의 대부분은 해수이며 염분이 없는 물인 담수는 전체의 약 2.5%이다. 담수 중에서도 빙하, 지하수 등을 제외하면 인간이 손쉽게 활용할 수 있는 것은 물의 총량 중 극히 일부에 지나지 않는다. 따라서 해수를 담수로 만드는 여러 가지 기술이 연구되어 왔다.

25636-0001

Q.1 윗글의 화제는 무엇일까?

Q.2 화제와 관련된 정보는?

Q.3 앞으로 어떤 내용이 전개될까?

| 고2 전국연합학력평가 |

2 세금은 국가 또는 지방 자치 단체가 각종 행정 서비스 등에 필요한 경비를 마련하기 위해 어떤 대가를 지급하지 않고 납세 의무자로부터 징수하는 금전 또는 재물로서, 조세 채권의 안정적인 확보와 보전을 위해 법률에 따라 강제적으로 징수한다. 조세 채권 이행을 이해하기 위해서는 납세 의무의 성립, 확정, 소멸의 과정을 알아야 한다.

25636-0002

Q.4 윗글의 화제는 무엇일까?

Q.5 화제와 관련된 정보는?

Q.6 앞으로 어떤 내용이 전개될까?

| 고1 전국연합학력평가 |

3 20세기 초 유럽에서 일어난 과학 문명의 발전은 현실을 이루는 법칙을 하나씩 부정하였다. 절대적이라고 믿어 왔던 시·공간마저 상대적인 것으로 밝혀지면서, 사람들은 기존에 당연시되어 온 인식에 의문을 품었다. 이는 서양의 회화에도 영향을 미쳐 큐비즘이라는 새로운 미술 양식을 탄생시켰다.

큐비즘은 대상의 사실적 재현에 집중했던 전통 회화와 달리, 대상의 본질을 구현하기 위해 그 근원적 형태를 그려 내는 것을 목표로 삼았다. 이를 위해 대상의 본질과 관련 없는 세부적 묘사를 배제하고 구와 원기둥 등의 기하학적 형태로 대상을 단순화하여 질감과 부피감을 부각하였다. 색채 또한 본질 구현에 있어 부차적인 것으로 판단하여 몇 가지 색으로 제한하였다.

25636-0003

Q.7 윗글의 화제는 무엇일까?

Q.8 화제와 관련된 정보는?

Q.9 앞으로 어떤 내용이 전개될까?

STEP.3 개념 Jump

[01] 다음 글을 읽고 물음에 답하시오. | 고1 전국연합학력평가 |

중화(中華)사상은 한족(漢族)이 자신들을 세계의 중심을 의미하는 중화로 생각하고, 주변국들이 자신들의 발달된 문화와 예법을 받아들여야 한다고 생각한 사상이다. 조선은 중화사상을 수용하여 한족 왕조인 명나라의 문화를 받아들이는 것을 당연시하였다. 17세기에 이민족이 세운 청나라가 중국 땅을 차지하였지만, 조선은 청나라를 중화라고 생각하지 않고 명나라의 부활을 고대하였다. 당시 송시열은 '오랑캐는 중국을 차지할 수 없고 금수(禽獸)는 인류와 한 부류가 될 수 없다.'라고 하였는데, 이는 청나라를 공격하자는 북벌론과 청나라를 배척하자는 척화론으로 이어졌다.

18세기에 청나라가 정치적 안정을 이루고 조선이 북벌을 통해 명나라를 회복하기 어렵게 되자, 조선의 유학자들 사이에서는 조선이 중화의 계승자라는 인식이 보편화되었다. 이때 청나라가 가진 발달된 문물을 도입하자는 북학파가 등장하였다. 그중 홍대용은 청나라의 발달된 문물은 오랑캐인 청나라가 만든 것이 아니라, 청나라가 중국 땅을 차지하며 가지게 된 한족의 문물로 보았다. 이런 생각은 청나라와 청나라의 문물을 구별한 것으로, 그가 저술한 「을병연행록」에서도 발견된다. 이를 통해 이때까지도 그는 조선이 중화의 계승자라는 인식과 중화사상에서 벗어나지 못했음을 알 수 있다. 하지만 청나라 여행을 계기로 그곳에서 만난 학자들과 교류를 이어 가며 선진 문물과 새로운 학문을 탐구한 결과, 사상적 전환을 이루었고 이를 바탕으로 「의산문답」을 저술하였다.

홍대용의 사상적 전환을 잘 보여 주는 것은 「의산문답」에 실려 있는 지구설과 무한 우주설이다. 그는 하늘이 둥글고 땅이 모나다는 전통적인 천지관을 비판하고, 땅이 둥글다는 지구설을 주장하면서 그 근거로 일식과 월식을 이야기하였다. 일식과 월식이 둥글게 나타나는 것은 달과 우리가 사는 땅이 둥글기 때문이라는 것이다. 우리가 사는 땅은 둥글기 때문에 상하나 동서남북은 정해져 있지 않고, 개개인이 서 있는 곳이 각각 기준이 될 수 있다고 주장하였다. 또한 그는 하늘은 무한하여 형체를 알 수 없고 지구와 같은 땅이 몇 개가 되는지 알 수 없다는 무한 우주설을 주장하였다.

지구설과 무한 우주설은 세상의 중심과 그 주변을 구별하는 중화사상과 다른 생각이다. 홍대용은 하늘에서 우리가 사는 세상을 본다면 이 땅이 무한한 우주에 비해 티끌만큼도 안 되며, 안과 밖을 구별하거나 중심과 주변을 나눌 수 없다고 보았다. 따라서 중국 안과 밖을 구별할 수 없고 중화와 오랑캐라는 구별도 상대적이라고 생각했다. 이에 따라 중화와 오랑캐로 여겨졌던 국가가 모두 동등하며, 사람들이 각자 제 나라와 제 문화를 기준으로 살아가는 것이 당연하다고 생각하였다. 이러한 그의 생각은 모든 사람들이 중심이 될 수 있고 존재 가치가 있다는 생각으로 이어졌고, 이를 바탕으로 그는 당시 유교적 명분을 내세우며 특권을 누리려 했던 양반들을 비판하였다. 또한 재주와 학식이 있는 자는 신분이 낮은 농부의 자식이라도 높은 관직에 오를 수 있어야 한다고 주장하였다.

어떤 국가와 문화, 사람도 각자 중심이 될 수 있고 존재 가치가 있다고 생각한 홍대용의 사상은 평등주의와 다원주의를 우리 역사에서 선구적으로 보여 주었다는 점에서 의의가 있다.

25636-0004

01 다음은 학생이 윗글을 읽는 중 작성한 독서 활동지이다. 학생의 활동 내용 중 적절하지 **않은** 것은?

◆ 2문단까지 읽고 내용을 정리한 후, 이어질 내용을 **예측**하고 **확인**하며 읽어 보자.

읽은 내용 정리
• 청나라가 중국 땅을 차지한 후 조선에서는 북벌론과 척화론이 나타남. ──────── ① [Ok | No]
• 청나라가 정치적 안정을 이루고 북벌이 힘들어지자 조선의 유학자들은 조선이 중화의 계승 자라고 생각함. ──────── ② [Ok | No]
• 청의 문물을 배우자는 북학파가 등장하였고, 그중 홍대용은 선진 문물과 새로운 학문을 탐구 하여 사상을 전환하고 「의산문답」을 저술함.

↓

이어질 내용 예측	확인 결과
• 홍대용이 선진 문물과 새로운 학문을 탐구하여 깨달은 점이 언급될 것이다.	하늘이 둥글다는 것을 깨달음. ─── ③ [Ok | No]
• 「의산문답」의 내용이 언급될 것이다.	지구설과 무한 우주설을 설명함. ─── ④ [Ok | No]
• 홍대용이 아닌 다른 북학파 학자들의 사상이 언급될 것이다.	언급되지 않음. ─── ⑤ [Ok | No]

내가 그리는 개념 마인드맵

독서 지문 읽는 것 자체를 두려워하는 학생들이 있어. 첫 문단부터 차근차근 읽고, 이어질 내용을 예측하면서 지문과 소통하는 연습을 해 나가면, 분명 어려운 지문들도 잘 읽어 낼 수 있게 될 거야. :)

02강 계획된 각본 속 핵심 정보

오늘 꼭 알아야 할 개념 # 끊어 읽기 # 문단 # 중심 어휘 # 중심 문장 # 문단의 소주제

STEP.1 개념 Hi

개념 02 끊어 읽기

Tip 긴 문장들을 구*나 절*의 [ㅇㅁ] 단위로 [ㄲㅇ] 읽자.

*구: 둘 이상의 단어가 모여 절이나 문장의 일부분을 이루는 토막. 종류에 따라 명사구, 동사구, 형용사구, 관형사구, 부사구 따위로 구분한다.
*절: 주어와 서술어를 갖추었으나 독립하여 쓰이지 못하고 다른 문장의 한 성분으로 쓰이는 단위

> 최근 수능 국어의 독서 지문들을 살펴보면, 문장의 길이가 길어졌다는 걸 알 수 있어. 긴 문장은 의미 단위로 끊어 가며 이해하는 것이 중요해. 일단 각 문장이 전달하는 의미를 정확하게 이해해야 핵심 정보를 찾을 수 있겠지?

개념 03 문단

여러 개의 [ㅁㅈ]들이 모여 하나의 통일된 중심 생각을 표현하는 글의 단위

개념 04 중심 어휘 찾기

Tip [ㅂㅂ]되는 어휘에 주목하자!

주인공은 제일 많이, 자주 등장하는 법. 문장 속의 주인공, 문단 속의 주인공은 그만큼 자주 등장하게 돼 있어.
[ㅂㅂ]해서 등장하는 어휘를 찾아 그 어휘를 설명하는 내용에 주목하면 그게 바로 핵심 정보가 되는 거야.

> 오늘 강의 제목이 '계획된 각본 속 핵심 정보'잖아. 출제자들은 물어볼 걸 미리 정해 놓고 지문을 만든다고. 수능 국어 시험의 지문은 출제될 정보들이 아주 계획적으로 조직된 글이라고.
> 그러니까 우리도 출제자의 눈으로 지문을 읽어야 돼. 출제될 만한 핵심 정보들을 찾아가며 지문을 읽는 연습을 시작해 보자.

개념 05 중심 문장 찾기

① 중심 문장: [ㅇㅂ]적, [ㅊㅅ]적, [ㅍㄱ]적 내용이 담긴 문장
② 뒷받침 문장: [ㅌㅅ]적, [ㄱㅊ]적, [ㅂㅂ]적 내용을 다룬 문장

> 중심 문장이 없을 경우?
> 당황하지 말고 각 문장들이 공통적으로 말하고 있는 내용을 모아 모아 한 문장으로 만들어 내면 OK

개념 06 문단의 소주제 파악하기

단어가 모여 [ㅁㅈ]을 이루고, 문장이 모여 [ㅁㄷ]을 이뤄. 하나의 문단은 서로 관련 없는 문장들이 임의로 모이는 게 아니라 서로 긴밀한 연관성을 맺으며 하나의 통일된 내용을 다루게 돼. 글의 내용이 너무 어렵게 느껴질 땐 문단 단위로 끊어 읽으면서 방금 읽은 문단에서 다루고 있는 [ㅅㅈㅈ]가 무엇인지를 정리해 보면 좋아. 이를 통해 각 문단의 [ㅎㅅ ㅈㅂ]를 스스로 찾아보자.

> 문단의 소주제라고 하니까 뭔가 되게 거창해 보이지만 어렵지 않아~. 전체 글이 길고 어렵게 느껴질 때는 문단별로 끊어 가면서, '이 문단에서 가장 중요하게 전달하고 싶었던 내용이 뭘까?'를 생각해 보는 거야. 각 문단의 소주제를 파악하게 되면, 문단 간의 관계도 이해가 되기 시작하고, 그러다 보면 글 전체의 구조가 눈에 들어오게 되거든. 처음부터 글 전체의 주제 파악이 어렵다면, 이렇게 한 걸음씩 시작해 보면 돼.

■ **초성 퀴즈 답** 의미, 끊어 / 문장 / 반복, 반복 / ① 일반, 추상, 포괄 ② 특수, 구체, 부분 / 문장, 문단, 소주제, 핵심 정보

  EBS 윤혜정의 개념의 나비효과 ♥ 입문 편

✓ 정답 108쪽

STEP.2　개념 Quiz

| 고1 전국연합학력평가 |

1

　습도에는 절대 습도와 상대 습도가 있는데, 불쾌지수를 따질 때의 습도는 상대 습도를 말한다. 절대 습도는 말 그대로 일정한 부피의 공기 중에 포함되어 있는 수증기의 양을 말하고, 상대 습도란 상대적인 습도, 즉, 현재 온도의 포화 수증기량*에 대한 대기 중의 수증기량을 백분위로 나타낸 것이다. 일기 예보에서 말하는 습도는 상대 습도이다. 쾌적한 실내를 위해서는 상대 습도를 40~60%로 유지하는 것이 좋다. 포화 수증기량이 많아지거나 대기 중 수증기량이 적어질수록 상대 습도는 낮아진다. 포화 수증기량은 온도에 따라 높아지게 마련이므로, 공기를 가열하면 포화 수증기량을 늘릴 수 있고, 이에 따라 상대 습도를 줄일 수 있다. 또한 공기 중의 습기를 직접 제거해도 상대 습도를 낮출 수 있다. 제습기는 이러한 방식으로 상대 습도를 조절하여 공기를 쾌적하게 한다.

*포화 수증기량: 공기가 최대한 품을 수 있는 수증기의 양

25636-0005

Q.1 윗글의 중심 어휘는 무엇일까?

Q.2 그렇다면 윗글을 읽으면서 어떤 정보에 주목해야 할까?

| 고1 전국연합학력평가 |

2

　경기가 침체되어 가계의 소비가 줄어들면 시중의 제품이 팔리지 않아 기업은 생산 규모를 축소하게 된다. 그 결과 실업률이 증가하고 가계의 수입이 감소하면서 소비는 더욱 위축된다. 이와 같은 악순환으로 경기 침체가 심화되면 국가는 이에서 벗어나기 위해 유동성을 늘리는 통화 정책을 시행한다.

　유동성이란 자산 또는 채권을 손실 없이 현금화할 수 있는 정도로, 현금과 같은 화폐는 유동성이 높은 자산인 반면 토지나 건물과 같은 부동산은 유동성이 낮은 자산이다. 이처럼 유동성은 자산의 성격을 나타내는 용어이지만, 흔히 시중에 유통되는 화폐의 양, 즉 통화량을 나타내는 말로도 사용된다. 가령 시중에 통화량이 지나치게 많을 때 '유동성이 넘쳐 난다'고 표현하고, 반대로 통화량이 줄어들 때 '유동성이 감소한다'고 표현한다. 유동성이 넘쳐 날 경우 시중에 화폐가 흔해지는 상황이므로 화폐의 가치는 떨어지게 된다.

25636-0006

Q.3 윗글의 중심 어휘는 무엇일까?

Q.4 그렇다면 윗글을 읽으면서 어떤 정보에 주목해야 할까?

③ 엄밀하게 말하자면, 어떤 경우에도 내가 느끼는 감각은 타인과 공유할 수 없다. 왜냐하면 감각은 육체를 통해 발생하기 때문이다. 나의 육체는 오직 나만의 것이다. 따라서 나의 육체에서 발생하는 감각은 나의 육체를 넘어 타인의 육체로 이전될 수 없다. 그런 까닭에 우리는 원칙적으로 어떤 감각을 다른 사람과 공유할 수 없다. 감각은 개별적이고 일회적이다. 그리하여 만약 자신의 고통이나 쾌락이라는 감각에 대하여 지나치게 예민한 감수성을 가진다면, 우리는 자기 자신의 개별성에 함몰되기 쉽다. 다시 말해 쾌락과 고통에 대한 지나친 감수성은 사람을 자기중심적이고 이기적으로 만들 수 있다. 자기가 고통받지 않기 위해 타인을 고통 속에 빠뜨릴 수 있는 것이다.

25636-0007

Q.5 윗글의 중심 문장은 무엇일까?

Q.6 윗글이 말하고자 하는 바는 무엇일까?

④ 왜 우리는 위험에 처한 언어에 관심을 가져야 하나? 언어적 다양성은 인류가 지닌 언어 능력의 범위를 보여 준다. 언어는 인간의 역사와 지리를 담고 있으므로 한 언어가 소멸한다는 것은 역사적 문서를 소장한 도서관 하나가 통째로 불타 없어지는 것과 비슷하다. 또 언어는 한 문화에서 시, 이야기, 노래가 존재하는 기반이 되므로, 언어의 소멸이 계속되어 소수의 주류 언어만 살아남는다면 이는 인류의 문화적 다양성까지 해치는 셈이 된다.

25636-0008

Q.7 윗글의 중심 문장은 무엇일까?

Q.8 윗글이 말하고자 하는 바는 무엇일까?

STEP.3 개념 Jump

[01-02] 다음 글을 읽고 물음에 답하시오.　　　　　　| 고1 전국연합학력평가 |

(가)　　1970년대 이후부터 세계적으로 '적정 기술(Appropriate Technology)'에 대한 활발한 논의가 있어 왔다. 넓은 의미로 적정 기술은 인간 사회의 환경, 윤리, 도덕, 문화, 사회, 정치, 경제적인 측면들을 두루 고려하여 인간의 삶의 질을 향상시킬 수 있는 기술이다. 좁은 의미로는 가난한 자들의 삶의 질을 향상시키는 기술이다.

(나)　　적정 기술이 사용된 대표적 사례는 아바(Abba, M. B.)가 고안한 항아리 냉장고이다. 아프리카 나이지리아의 시골 농장에는 전기, 교통, 물이 부족하다. 이곳에서 가장 중요한 문제 중의 하나는 곡물을 저장할 시설이 없다는 것이다.

(다)　　이를 해결하기 위해 그는 항아리 두 개와 모래흙 그리고 물만 있으면 채소나 과일을 장기간 보관할 수 있는 저온조를 만들었다. 이것은 물이 증발할 때 열을 빼앗아 가는 간단한 원리를 이용했다. 한여름에 몸에 물을 뿌리고 시간이 지나면 시원해지는데, 이는 물이 증발하면서 몸의 열을 빼앗아 가기 때문이다. 항아리의 물이 모두 증발하면 다시 보충해서 사용하면 된다.

(라)　　토마토의 경우 항아리 냉장고 없이 2~3일 정도 저장이 가능하지만, 항아리 냉장고를 사용하면 21일 정도 저장이 가능하다. 이 덕분에 이 지역 사람들은 신선한 과일을 장기간 보관해서 시장에 판매해 많은 수익을 올릴 수 있었다.

(마)　　적정 기술은 새로운 기술이 아니다. 우리가 알고 있는 여러 기술 중의 하나로, 어떤 지역의 직면한 문제를 해결하는 데 적절하게 사용된 기술이다. 1970년 이후 적정 기술을 기반으로 많은 제품이 개발되어 현지에 보급되어 왔지만 그 성과에 대해서는 여전히 논란이 있다. 이는 기술의 보급만으로는 특정 지역의 빈곤 탈출과 경제적 자립을 이룰 수 없기 때문이다. 빈곤 지역의 문제 해결을 위해서는 기술 개발 이외에도 지역 문화에 대한 이해와 현지인의 교육까지도 필요하다.

---

01 (가)~(마)의 중심 내용으로 적절하지 **않은** 것은?　　　　25636-0009

① (가): 적정 기술의 개념　　　　　　　　　　　　　[Ok | No]
② (나): 항아리 냉장고가 나오게 된 배경　　　　　　[Ok | No]
③ (다): 항아리 냉장고에 적용된 원리　　　　　　　[Ok | No]
④ (라): 항아리 냉장고의 효과　　　　　　　　　　　[Ok | No]
⑤ (마): 적정 기술의 전망　　　　　　　　　　　　　[Ok | No]

02 그렇다면 [　　]문단의 중심 내용은 무엇일까?　　　　25636-0010

독서를 '의미 구성 행위'라고들 해. 글자만을 읽는 건 진정한 독서라고 할 수 없어. 글에 제시된 내용을 읽으면서 이 글은 무엇에 관한 내용인지, 어떤 정보에 주목해야 하는지, 중심 내용이 무엇인지, 이 글은 무엇을 말하고자 하는 것인지를 생각하면서 읽어야 한다는 걸 꼭 기억하자. :)

오늘 꼭 알아야 할 개념   # 접속어   # 지시어

STEP.1 개념 Hi

독서 지문을 읽을 때에는 **정보 간의 관계**를 파악하는 일이 아주 중요해. 문장과 문장, 문단과 문단이 어떤 관계로 이어져 있는지를 정확하게 파악해야 글 전체의 흐름을 예측하면서 글을 읽어 나갈 수 있거든. 이렇게 중요한 정보들 간의 관계를 딱! 보여 주는 고마운 장치들이 있어. 바로 '그러나, 그리고, 그런데, 왜냐하면, 이와 같이' 같은 **접속어**들.
"에이, 이런 게 중요해요?"
어허, 모르는 소리! '접속어'는 존재 자체만으로도 중요한 정보를 온몸으로 말해 준다고. 이제부터 접속어에 주목하며 글을 읽어 보자.

개 념 0 7 문장 관계를 분명히, 접속어

접속어: 단어, 구절과 구절, 문장과 문장을 이어 주는 구실을 하는 말

국어에서는 주로 접속 부사가 이 역할을 해.

① ㅅㅈ 관계: 앞의 내용을 이어받아 연결 (그리고)

② ㅇㅈ 관계: 앞의 내용과 상반되는 내용을 연결 (그러나, 하지만, 그렇지만) ⭐

③ ㅇㄱ 관계: 앞뒤의 문장을 원인과 결과로 연결 (따라서, 그러므로, 왜냐하면) ⭐

④ ㅈㅎ 관계: 앞의 내용과 다른 화제로 바꿔서 연결 (그런데, 한편)

⑤ ㄷㄷ, ㅂㄹ 관계: 앞뒤 내용을 같은 자격으로 나열하면서 연결 (또한, 혹은, 및)

⑥ ㅊㄱ, ㅂㅊ 관계: 앞 내용에 새로운 내용을 덧붙이거나 보충 (더구나, 게다가, 그뿐 아니라)

⑦ ㅎㅇ, ㅇㅇ 관계: 앞 내용을 바꿔 말하거나 간추려 요약 (요컨대, 즉, 결국) ⭐

⑧ ㅇㅅ 관계: 앞 내용에 대해 구체적인 예를 들어 설명 (예컨대, 예를 들어, 이를테면, 가령) ⭐

접속어가 나왔을 땐, 눈에 잘 뜨이는 표시를 하면서 읽자!
특히 **역접**의 접속어 다음에는 더 주의가 필요해. 왜냐하면 앞의 내용과 상반되는 내용을 펼칠 때 그 내용이 그 글의 중심 내용일 가능성이 높으니까! **인과**의 접속어 다음에도 주의가 필요해. 왜냐하면 어떤 현상의 원인 또는 어떤 현상이 가져오게 된 결과가 중요한 정보일 때가 많거든. **요약**의 접속어에도 주의해야지. 왜냐하면 앞의 내용을 총정리해서 한마디로 정리해 주겠다는 의미이니까! 역접, 인과, 요약의 접속어가 나왔을 때, '아, 정신 차려서 봐야지~!' 하는 마음을 가져야 한다는 것, 꼭 기억하자!

개념 ┃ 0 8 ┃ 앞에서 말한 내용을 다시 한번, 지시어

지시어: 문맥 내에서 주로 어떤 말을 **가리킬 때** 쓰이는 말

① ㅈ ㅅ 의 기능

> 예 A: 그 책보다 이 책이 어때?
> B: 아니, 저 책이 더 마음에 들어.
>
> ⋯⋯➤ 이야기의 현장에 자리 잡고 있는 대상을 화자와 청자의 거리가 멀고 가까움에 따라 가리킬 때 쓰인다.

② ㅈ ㅅ ㅇ ㄱ (前述言及)의 기능

> 예 그때 그 애는 거기에 있었던 거야.

> 어제 낮 2시에 현빈이랑 학교 앞에서 만나기로 했었어. 그런데 한 시간이 지나도 현빈이가 안 오는 거야. 전화도 없고. 너무 화가 나서 '현빈이 넌 이제 손절 각이다!'라고 다짐했었거든. 그런데 현빈이가 학교로 오는 길에 사고가 나서 응급실에 실려 갔었던 거야. 휴대폰도 사고로 망가졌고. 난 그런 줄도 모르고. ㅠㅠ
>
> ⋯⋯➤ 그때: 어제 낮 2시
> 그 애: 현빈이
> 거기: 응급실

좀 더 자세히

① **이**: 말하는 이에게 가까이 있거나 말하는 이가 생각하고 있는 대상을 가리킬 때 쓰는 말. 바로 앞에서 이야기한 대상을 가리키는 말

> 예 이 사과가 맛있게 생겼다.
> 노력하는 사람은 실패하지 않는다. 이 점을 우리는 명심해야 한다.

② **그**: 듣는 이에게 가까이 있거나 듣는 이가 생각하고 있는 대상을 가리킬 때 쓰는 말. 앞에서 이미 이야기한 대상을 가리킬 때 쓰는 말

> 예 그 책 이리 좀 줘 봐.
> 그 마음 변치 마라.
> 그 이야기의 전말은 다음과 같다.

③ **저**: 말하는 이와 듣는 이로부터 멀리 있는 대상을 가리킬 때 쓰는 말

> 예 저 둘 중에 하나를 선택해라.

■ **초성 퀴즈 답** ① 순접 ② 역접 ③ 인과 ④ 전환 ⑤ 대등, 병렬 ⑥ 첨가, 보충 ⑦ 환언, 요약 ⑧ 예시 / ① 지시 ② 전술 언급

STEP.2 개념 Quiz

1

　정약용은 조선 후기의 실학자로, 인간의 본성에 대한 탐구를 통해 인간의 선한 행위를 설명하고자 하였다. 그는 이전까지 절대적 권위를 가지고 있던 주희(朱熹)의 주자학을 비판하며 인간의 본성에 대한 자신의 이론을 정립했다는 점에서 주희와는 다른 관점을 보여 주었다.

　주희는 인간의 본성을 '본연지성(本然之性)'과 '기질지성(氣質之性)'으로 설명하였다. '본연지성'은 인간이 하늘로부터 부여받은 순수하고 선한 본성이고, '기질지성'은 본연지성에 사람마다 다른 기질이 더해진 것으로 사람에 따라 다양하게 나타난다. 그래서 주희는 인간의 기질이 맑으면 선한 행위를 하고 탁하면 악한 행위를 할 수 있다고 보았다. ㄱ ㄹ ㄴ 정약용은 선한 행위와 악한 행위의 원인을 기질이라는 선천적 요인으로 본다면 행위에 인간의 의지가 개입되지 않으므로 악한 행위를 한 사람에게 윤리적 책임을 물을 수 없다고 주희의 관점을 비판하였다.

25636-0011

Q.1 문장의 앞뒤 관계를 고려했을 때, 적절한 접속어는?

Q.2 그렇다면 윗글을 읽으면서 어떤 정보에 주목해야 할까?

Tip **역접:** 앞 문장과 반대되는 내용을 제시할 때 드러나는 관계
　　　뒷 문장이 중심 문장이 되는 경우가 많음.

2

　비트겐슈타인은 철학의 관심사가 사람이 '생각하는 바'가 아닌 사람이 '생각하는 바를 표현하는 것'이어야 한다고 주장했다. 그는 정신이나 이성에 관심을 가졌던 종래의 철학이 명제와 사실의 관계를 간과했다고 지적하며, 새로운 철학은 '말할 수 있는 것'과 '말할 수 없는 것'의 한계를 명확하게 설정할 수 있어야 한다고 보았다.

　이를 위해 비트겐슈타인은 먼저 명제와 사실의 관계를 분명히 했다. 그에 의하면 명제는 사실과 대응한다. 그래서 그는 명제와 사실을 비교해서 명제가 사실과 일치하면 참, 사실과 일치하지 않으면 거짓이라고 보았다. 이를테면 '지구는 태양 주위를 돈다.'라는 명제는 지구가 태양 주위를 돌고 있다는 실제 경험할 수 있는 사실과 비교할 때 사실과 일치하기 때문에 참이 된다. 반면 '태양은 지구 주위를 돈다.'라는 명제는 사실과 비교할 때 거짓이 된다. ㅇ ㅊ ㄹ 비트겐슈타인은 하나의 명제는 하나의 사실과 대응하여 참 또는 거짓으로 판단할 수 있다고 보았다.

25636-0012

Q.3 문장의 앞뒤 관계를 고려했을 때, 적절한 접속어는?

Q.4 그렇다면 윗글을 읽으면서 어떤 정보에 주목해야 할까?

Tip **요약:** 말이나 글의 요점을 잡아서 간추림.
　　　　핵심을 짧게 간추린 것이므로 요약된 내용이 중심 내용이 되는 경우가 많음.

③　공익을 위한 적법한 행정 작용으로 개인의 재산권에 특별한 희생이 발생한 경우, 개인은 자신이 입은 재산상 손실을 보상하도록 요구할 수 있는 권리인 '손실 보상 청구권'을 갖는다. 여기서 '특별한 희생'이란 보호할 필요가 있는 재산권에 대한 침해를 이르는 말로, 이로 인한 손실은 국가가 보상해야 한다. ㄱ ㄹ 감염병 예방법에 따르면, 행정 기관이 감염병 예방을 위해 의료 기관의 병상이나 연수원, 숙박 시설 등을 동원한 경우 이로 인한 손실을 개인에게 보상하여야 하는데, 이때의 재산권 침해가 특별한 희생에 해당하는 것이다.

25636-0013

Q.5 문장의 앞뒤 관계를 고려했을 때, 적절한 접속어는?

Q.6 그렇다면 윗글을 읽으면서 어떤 정보에 주목해야 할까?

Tip **예시:** 중심 문장을 먼저 제시하고 사례를 통해 중심 문장을 뒷받침하는 관계
　　　　사례를 통해 설명하고자 하는 앞 문장이 중심 문장이 되는 경우가 많음.

④　손실 보상 청구권은 공적 부담의 평등을 위해 인정되는 헌법상 권리이다. 행정 작용으로 누군가에게 특별한 희생이 발생하면, 그로 인한 부담을 공공이 분담하는 것이 평등 원칙에 부합하기 때문이다. 또한 헌법 제23조 제3항은 "공공 필요에 의한 재산권의 수용·사용 또는 제한 및 그에 대한 보상은 법률로써 하되, 정당한 보상을 지급하여야 한다."라고 하여, '공공 필요에 의한 재산권의 수용·사용 또는 제한', 즉 공용 침해와 이에 대한 보상이 법률에 규정되어야 함을 명시하고 있다. 공용 침해 중 수용이란 개인의 재산권을 국가로 이전하는 것, 사용이란 행정 기관이 개인의 재산권을 일시적으로 사용하는 것, 제한이란 개인의 재산권 사용 또는 그로 인한 수익을 한정하는 것을 의미한다. 한편 제23조 제3항은 내용상 분리될 수 없는 사항은 함께 규정되어야 한다는 의미의 '불가분 조항'이다. ㄸ ㄹ ㅅ 공용 침해 규정과 보상 규정은 하나의 법률에서 규정되어야 한다.

25636-0014

Q.7 문장의 앞뒤 관계를 고려했을 때, 적절한 접속어는?

Q.8 그렇다면 윗글을 읽으면서 어떤 정보에 주목해야 할까?

Tip **원인과 결과:** 어떠한 원인으로 생긴 결과를 제시하는 관계
　　　　결과의 내용이 중심 문장이 되는 경우가 많음.

5 서양에서는 왜 동양에 비해 약 1,200년이나 지난 뒤에야 풍경화가 그려진 것일까? **이것**은 결코 우연한 결과가 아니다. 동양과 같은 전원적(全元的) 일원론의 우주관이 결여되었던 서양에서는 풍경화가 애초부터 중요시될 수 없었다. **그들** 문화권에서 자연성이란 신성(神聖)과 반대 개념으로 이해되었고, 인간과 자연도 대립 관계로 생각되었다. 또한 신과 인간도 합치될 수 없는 분리 개념으로 이해되었다. **이** 때문에 서양 정신은 그 오랜 세월 동안 이원론적 대립과 분리의 한계를 넘어설 수가 없었다.

25636-0015

Q.9 '이것', '그들', '이'가 의미하는 것은?

① 이것:

② 그들:

③ 이:

6 원자력이 대안이 될 수는 없다. 위험할 뿐만 아니라 역시 언젠가는 고갈되기 때문이다. 현재 전 세계에는 430개 정도의 원자로가 있다. **이것**[1]이 1,000개로 늘어나면 우라늄의 사용 연한은 이에 반비례해서 줄어든다.

그렇다면 고갈되지 않고 기후 변화도 일으키지 않으며 안전한 에너지 자원을 찾아야 하는데, **그것**이 바로 태양열이나 바람과 같은 재생 가능 에너지원이다. 재생 가능 에너지는 대체 에너지와는 다르다. 어떤 에너지원을 대신하는 것으로 우라늄을 이용한다면, 우라늄이 대체 에너지원이 된다. 또 석유 대신 쓰레기를 태워서 에너지를 얻는다면 쓰레기가 대체 에너지원이 된다. 그런데 우라늄이나 쓰레기는 쓰면 없어져 버리기 때문에 재생 가능한 것은 아니다.

이것[2]들과 달리 재생 가능 에너지원은 사용해도 없어지지 않고 다시 생겨난다. 태양열은 태양이 존재하는 한 사라지지 않는다. 풍력도 지구상에서 바람이 부는 동안은 끊임없이 생겨난다. 이렇게 한 번 쓰면 없어지는 것이 아니라 언제까지든지 계속 쓸 수 있는 것을 '재생 가능 에너지원'이라고 한다.

25636-0016

Q.10 '이것[1]', '그것', '이것[2]'가 의미하는 것은?

① 이것[1]:

② 그것:

③ 이것[2]:

7 비타민 K는 프로트롬빈을 비롯한 혈액 응고 인자들이 간세포에서 합성될 때 **이들❶**의 활성화에 관여한다. 활성화는 칼슘 이온과의 결합을 통해 이루어지는데, **이들❷** 혈액 단백질이 칼슘 이온과 결합하려면 카르복실화되어 있어야 한다. 카르복실화는 단백질을 구성하는 아미노산 중 글루탐산이 감마-카르복시글루탐산으로 전환되는 것을 말한다. 이처럼 비타민 K에 의해 카르복실화되어야 활성화가 가능한 표적 단백질을 비타민 K-의존성 단백질이라 한다.

25636-0017

Q.11 '이들❶', '이들❷'가 의미하는 것은?

① 이들❶:

② 이들❷:

STEP.3 개념 Jump

[01-02] 다음 글을 읽고 물음에 답하시오.

(가) 정약용 유학 사상의 핵심은 ⓐ<u>주체의 자유 의지</u>를 도입했다는 것이다. 하지만 그가 측은지심(惻隱之心)처럼 인간이 선천적으로 지니고 있는 도덕 감정을 부정한 것은 아니다. 다만 주체의 자율적 의지나 결단을 통해서만 도덕 감정도 의미를 지닐 수 있다는 점을 지적한 것이다.

(나) 선천적인 도덕 감정을 긍정한다는 점에서 정약용은 주희의 논의를 수용한다고 볼 수 있지만, 그것 자체를 선이라고 보지 않는다는 점에서 그는 주희로부터 벗어나 있다. 어린아이가 우물에 빠지려고 할 때 인간에게는 항상 측은지심이라는 동정심이 생기는데, 주희는 이 측은지심이 인간 본성의 실현이라고 강조한다. ⓑ<u>따라서</u> 그에게는 측은지심이 마지막 결과이고 인간 본성이 원인이 되는 셈이다. ⓒ<u>이와 달리</u> 정약용은 측은지심을 결과라고 생각하지 않는다. 오히려 인간의 윤리적 행위의 처음 원인이라고 생각한다. 그가 주희로부터 근본적으로 달라지는 부분이 바로 ⓓ<u>이</u> 지점이다.

(다) 정약용은 인간의 마음을 세 가지 차원에서 볼 수 있다고 주장한다. 본성, 권형, 행사가 그것이다. 우선 본성은 인간만이 가진 도덕 감정으로 천명지성(天命之性), 즉 '선을 즐거워하고 악을 부끄러워하는' 윤리적 경향을 말한다. 권형은 마치 소용돌이치는 물과 같이 선과 악이 섞여 있는 갈등상태에서, 주체적 선택과 결단을 할 수 있는 자유 의지를 말한다. 행사는 주체가 직접 몸을 움직여서 자신의 선택을 행하는 것이다. 즉 선을 좋아하는 경향에 따른 실천을 말한다. 그러나 인간은 육체의 제약을 가지고 살아가는 유한한 존재이고 욕망에 흔들리기 쉽기 때문에, 본성이 아무리 선을 좋아하더라도, 실제로 선을 행하는 것이 그리 쉽지 않다.

(라) ⓔ<u>가령</u> 우물에 빠진 아이를 구하기 위해 내가 죽을 수도 있는 상황에서 아이를 구하려는 의지를 포기하지 않을 수 있을까? 과연 내가 죽는다면 선과 악이 무슨 의미가 있느냐고 하면서, 아이를 구하는 것을 포기할 수도 있지 않을까? 정약용은 이런 상황에서도 아이를 구하고자 하는 마음을 도덕 감정으로서의 본성이 그대로 기능하는 '도심(道心)'이라 부르고, 그렇지 않은 마음을 자신의 육체적 안위를 우선시하는 '인심(人心)'이라 부른다. 이와 같은 도심과 인심 중에서 주체는 확고하게 도심을 따라야 한다고 그는 강조한다.

(마) 정약용은 측은지심과 같은 도덕 감정 자체를 문제 삼지는 않았다. 다만 그 감정은 윤리적으로 선을 행할 수 있도록 한다는 데 의미가 있으며, 그 도덕 감정이 실천에까지 이어져야 한다는 것을 강조한 것이다. 그러므로 유학 전통에서 정약용이 차지하고 있는 위상은 주체의 실천과 관련된 자유 의지를 강조했다는 데에서 찾을 수 있다. 그는 이를 통해 주희가 강조한 내면적 수양을 넘어, 유학을 실천적 책임의 윤리학으로 바꿀 수 있었던 것이다.

01 (가)~(마)의 **중심 화제**로 적절하지 **않은** 것은?　25636-0018

① (가): 정약용 유학 사상의 핵심 내용　Ok No

② (나): 정약용 유학 사상의 발전 과정　Ok No

③ (다): 정약용이 주장하는 마음의 세 가지 차원　Ok No

④ (라): 주체가 따라야 할 마음에 대한 정약용의 입장　Ok No

⑤ (마): 유학의 전통에서 정약용이 차지하고 있는 위상　Ok No

02 문맥과 독서 **표지**의 성격을 고려할 때, ⓐ~ⓔ를 활용한 독서 방안으로 적절하지 **않은** 것은?　25636-0019

① ⓐ는 문맥상 이 글의 핵심어로 볼 수 있으므로, ⓐ가 이 글에서 어떻게 설명되고 있는지에 주목하면서 읽어야겠어.　Ok No

② ⓑ는 앞의 내용이 뒤의 내용의 원인, 이유, 근거가 됨을 보여 주는 표지이므로, ⓑ의 앞뒤의 내용이 논리적으로 어떻게 연결되는지 판단해 보아야겠어.　Ok No

③ ⓒ는 서로 상반된 내용을 연결하는 표지이므로, ⓒ의 앞뒤의 내용에 어떤 차이가 있는지 살펴보아야겠어.　Ok No

④ ⓓ는 앞에 나온 내용을 대신하는 지시어이므로, ⓓ가 앞의 내용 중에서 무엇을 가리키고 있는지 찾아보아야겠어.　Ok No

⑤ ⓔ는 뒤에 가정된 상황을 제시한다는 표지이므로, ⓔ의 뒤에 나오는 내용 중 가정된 상황과 실제 사실을 잘 구분해서 읽어야겠어.　Ok No

내가 그리는 개념 마인드맵

지시어와 접속어는 글의 내용을 보다 더 정확하게 이해할 수 있게 도와주는 중요한 표지야. 복잡한 구조의 글에서는 지시어가 의미하는 바를 정확히 이해하고, 접속어를 통해 앞뒤 내용의 관계를 파악하는 일이 중요해지거든. 기본부터 튼튼히 하는 독해 연습이 나중에는 든든한 힘이 될 거야. :)

04강 · 정보의 의미 관계

오늘 꼭 알아야 할 개념 # 동의 # 유의 # 반의 # 대비 # 인과 # 상하 # 전체-부분 # 문맥을 고려한 의미 관계 파악

STEP.1 개념 Hi

 출제자들이 애정하는, 그래서 지문에 등장했다 하면 문제의 출제 요소로 쓰이는 정보들의 관계에 대해서 공부해 보자.

개념 0 9 정보 간의 관계

① ㄷ ㅇ 관계: 속성이 일치하는 관계 예 인간 – 사람

② ㅇ ㅇ 관계: 비슷한 의미의 관계 예 의사(意思) – 의향(意向)

③ ㅂ ㅇ 관계: 의미가 서로 정반대되는 관계 예 상승한다 – 하락한다

④ ㄷ ㅂ 관계: 서로 맞대어 비교함으로써 차이가 드러나는 관계 예 절차적 지식 – 표상적 지식 ☆

⑤ ㅇ ㄱ 관계: 서로 원인과 결과를 이루고 있는 관계 예 예습과 복습 – 성적 향상

⑥ ㅅ ㅎ 관계: 하나가 다른 하나의 범위에 완전히 포함되는 관계 예 게임 – LOL (리그 오브 레전드)

⑦ ㅈ ㅊ – ㅂ ㅂ 관계: 어떤 구조의 전체와 부분을 이루고 있는 관계 예 자동차 – 바퀴

동의, 유의, 반의, 대비, 인과, 상하, 전체와 부분 관계를 파악하는 연습, 잘 했지? 그런데 구체적인 지문에서는 보다 더 다양한 의미 관계들을 파악할 수 있어야 돼.
특히 출제자는 같은 의미를 드러내는 구절을 다양한 표현으로 바꾸어 제시할 때가 많아. 그걸 '정보의 변신 모드'라고 부르자. 정보의 변신 모드를 잘 알아보기 위해서 정보 간의 다양한 관계를 파악하는 기본 연습부터 시작해 보자.

개념 1 0 문맥을 고려한 의미 관계 파악

그때그때 달라요. 그래서 외울 수가 없다는 거~!

☞ 정보나 개념 간의 관계는 ㅁ ㅁ 속에서 파악되는 경우가 많다.

문맥에 따라 다양하게 해석될 수 있음을 기억하자!!

말로만 설명해서는 무슨 소리인지 잘 모르겠지?
그럼 STEP 2로 가서 한번 경험해 볼까?
정보 간의 의미 관계를 파악하는 몸풀기 연습 START!

■ **초성 퀴즈 답** ① 동의 ② 유의 ③ 반의 ④ 대비 ⑤ 인과 ⑥ 상하 ⑦ 전체-부분 / 문맥

STEP.2 개념 Quiz

| 중3 학업성취도평가 |

[A] 　이에 대해 시대나 장소와 무관하게 모든 사람들이 옳다고 여기는 보편적인 도덕이 존재한다는 관점이 있다. 예를 들어 '생명을 존중해야 한다.'나 '자기가 하기 싫은 일은 남에게 시키지 말라.'와 같은 것은 어느 시대, 어느 장소에서나 보편적으로 옳다고 여겨진다. 다만 이러한 관점만이 옳다고 생각할 경우 문화에 따라 달라지는 다양한 가치를 수용하는 데 소극적인 태도를 갖게 된다.

[B] 　이와 달리 언제 어디서나 옳다고 여겨지는 도덕은 존재하지 않는다고 보는 관점이 있다. 즉 도덕은 시대나 장소에 따라 달라지기 때문에 상대적이라는 것이다. 도덕을 이러한 관점에서 보는 사람들은 자신이 속한 사회의 도덕이 반드시 모든 사회에 적용되어야 한다고 생각하지 않는다. 그러나 이런 관점을 지나치게 확대 해석할 경우 서로 다른 사회에서 동일한 문제에 대해 각기 다른 도덕적 기준을 주장할 때 무엇이 옳은지 판단하기가 쉽지 않다.

25636-0020

Q.1 **자료**는 [A], [B]의 관점을 정리한 것이다. ⓐ, ⓑ에 들어갈 말이 적절하게 짝 지어진 것은?

자료

[A]: 도덕적 판단의 기준은 시대나 장소에 따라 달라지지 않는 (　ⓐ　) 것입니다.
[B]: 사람들이 옳다고 생각하는 바가 시대나 장소에 따라 달라지므로 도덕적 판단의 기준은 (　ⓑ　) 것입니다.

	ⓐ	ⓑ
①	보편적인	상대적인
②	이성적인	감성적인
③	인위적인	자연적인
④	정신적인	물질적인
⑤	추상적인	구체적인

Q.2 [A]와 [B]는 서로 어떤 관계의 정보라고 할 수 있을까?

Q.3 그렇다면 윗글을 읽으면서 어떤 정보에 주목해야 할까?

Tip **대비 관계:** 서로 다른 둘 이상의 대상을 나란히 설명할 때에는 그 **대상들 간의 차이점**에 주목해야 돼. 기억하고 또 기억해. **대상들 간의 차이점**에 관련된 정보는 아주 중요한 핵심 정보야.

② **CD 드라이브**는 **디스크 모터, 광 픽업 장치, 광학계 구동 모터**로 구성된다. 디스크 모터는 CD를 회전시킨다. CD 아래에 있는 **광 픽업 장치**는 레이저 광선을 발생시켜 CD 기록면에 조사하고, CD에서 반사된 광선은 광 픽업 장치 안의 광 검출기가 받아들인다. 광선의 경로 상에 있는 **포커싱 렌즈**는 광선을 트랙의 한 지점에 모으고, 광 검출기는 반사된 광선의 양을 측정하여 랜드와 피트의 정보를 읽어 낸다. 이때 CD의 회전 속도에 맞춰 트랙에 광선이 조사될 수 있도록 **광학계 구동 모터**가 광 픽업 장치를 CD의 중심부에서 바깥쪽으로 서서히 직선으로 이동시킨다.

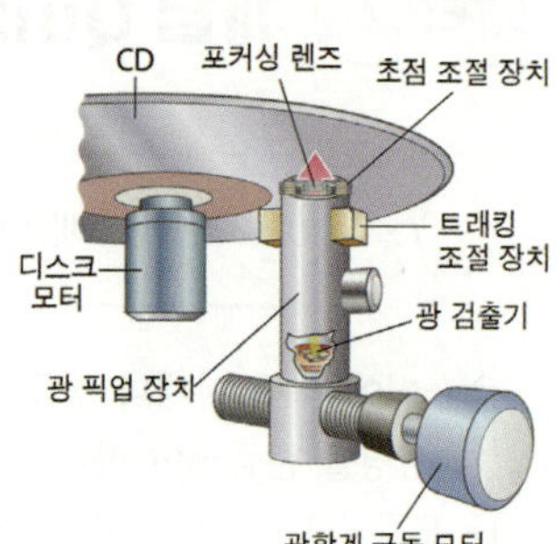

25636-0021

Q.4 윗글에 나타난 여러 장치에 대한 설명으로 적절한지 O/X로 답해 보자.

① **포커싱 렌즈**는 레이저 광선을 트랙의 한 지점에 모아 준다. [O] [X]

② **광학계 구동 모터**는 광 픽업 장치가 CD를 따라 회전할 수 있도록 해 준다. [O] [X]

③ **광 픽업 장치**에는 레이저 광선을 발생시키는 부분과 반사된 레이저 광선을 검출하는 부분이 있다. [O] [X]

Q.5 **CD 드라이브**와 '디스크 모터, 광 픽업 장치, 광학계 구동 모터'는 어떤 관계일까?

Q.6 그렇다면 윗글을 읽으면서 어떤 정보에 주목해야 할까?

> **Tip** **전체 – 부분 관계**: 어떤 대상을 이루는 부분들을 나누어서 설명하고 있다면, **각 부분들이 어떤 기능을 하는지**를 잘 이해해야 돼. 여러 부분으로 나뉠수록 정보가 많아져서 복잡하거든. 그림이 있다면 그림을 참고하면서 **부분들의 기능**을 세심하게 이해하자.

③ 유동성이란 자산 또는 채권을 손실 없이 현금화할 수 있는 정도로, 현금과 같은 화폐는 유동성이 높은 자산인 반면 토지나 건물과 같은 부동산은 유동성이 낮은 자산이다. 이처럼 유동성은 자산의 성격을 나타내는 용어이지만, 흔히 시중에 유통되는 화폐의 양, 즉 통화량을 나타내는 말로도 사용된다. 가령 시중에 통화량이 지나치게 많을 때 '유동성이 넘쳐 난다'고 표현하고, 반대로 통화량이 줄어들 때 '유동성이 감소한다'고 표현한다. 유동성이 넘쳐 날 경우 시중에 화폐가 흔해지는 상황이므로 화폐의 가치는 떨어지게 된다.

유동성은 금리와 밀접한 관련이 있기 때문에 국가는 정책적으로 금리를 올리고 내림으로써 유동성을 조절할 수 있다. 이때 금리는 예금이나 빌려준 돈에 붙는 이자율로, 이는 기준 금리와 시중 금리 등으로 구분된다. 기준 금리는 국가가 정책적인 차원에서 결정하는 금리로, 한 나라의 금융 및 통화 정책의 주체인 중앙은행에 의해 결정된다. 반면 시중 금리는 기준 금리의 영향을 받아 중앙은행 이외의 시중 은행이 세우는 표준적인 금리로, 가계나 기업의 금융 거래에 영향을 미친다. 가령 ㉠시중 금리가 내려가면 예금을 통한 이자 수익과 대출에 따른 이자 부담이 줄어 가계나 기업에서는 예금을 인출하거나 대출을 받으려는 경향성이 늘어난다. 그 결과 ㉡시중의 유동성이 증가하게 된다. 반대로 시중 금리가 올라가면 이자 수익과 대출 이자 부담이 모두 늘어나기 때문에 유동성이 감소하게 된다.

이와 같은 금리와 유동성의 관계를 고려하여, 중앙은행은 기준 금리를 조절하는 통화 정책을 통해 경기를 안정시키려고 한다. 만일 경기가 침체되면 중앙은행은 기준 금리를 인하하는 정책을 도입하여 시중 금리를 낮추도록 유도한다. 그 결과 유동성이 증가하여 가계의 소비가 늘고 주식이나 부동산에 대한 투자가 확대된다. 또한 기업의 생산과 고용이 늘고 다양한 분야에 대한 투자가 확대되어 물가가 상승하고 경기가 전반적으로 활성화된다. 반대로 경기가 과열되어 자산 가격이나 물가가 지나치게 오르면 중앙은행은 기준 금리를 인상하는 정책을 통해 유동성을 감소시킨다. 그 결과 기준 금리를 인하할 때와 반대의 현상이 나타나 자산 가격이 하락하고 물가가 안정되어 과열된 경기가 진정된다.

25636-0022

Q.7 ㉠과 ㉡은 서로 어떤 관계의 정보라고 할 수 있을까?

Q.8 윗글을 바탕으로 할 때, 빈칸에 어떤 말이 들어가는 것이 적절할지 골라 보자.

> 국가의 통화 정책이 정상적으로 작동될 때, 중앙은행이 기준 금리를 올리면 시중의 유동성이 (①증가/감소)하며, 화폐의 가치가 (②상승/하락)한다.

①

②

Q.9 그렇다면 윗글을 읽으면서 어떤 정보에 주목해야 할까?

> Tip **인과 관계:** 어떤 현상이 원인이 되어 나타나는 결과를 잘 이해해야 돼. '**A이면 B이다**', '**A일 때 B이다**', '**A일수록 B이다**'의 관계를 이루는 정보들은 **원인과 결과의 관계**로 이루어지는 원리를 설명할 때가 많아. **복잡한 원리**를 설명하는 정보에 주목하자.

바쟁은 '미라 콤플렉스'와 관련하여 조형 예술의 역사를 설명한다. 고대 이집트인이 만든 미라에는 죽음을 넘어서 생명을 길이 보존하고자 하는 욕망이 깃들어 있거니와, 그러한 '복제의 욕망'은 회화를 비롯한 조형 예술에도 강력한 힘으로 작용해 왔다고 한다. 그 욕망은 르네상스 시대 이전까지 작가의 자기표현 의지와 일정한 균형을 이루어 왔다. 하지만 원근법이 등장하여 대상의 사실적 재현에 성큼 다가서면서 회화의 관심은 복제의 욕망 쪽으로 기울게 되었다. 그 상황은 사진이 발명되면서 다시 한번 크게 바뀌었다. 인간의 주관성을 배제한 채 대상을 기계적으로 재현하는 사진이 발휘하는 모사의 신뢰도는 회화에 비할 바가 아니었다. 사진으로 인해 조형 예술은 비로소 복제의 욕망으로부터 자유롭게 되었다.

영화의 등장은 대상의 재현에 또 다른 획을 그었다. 바쟁은 영화를, 사진의 기술적 객관성을 시간 속에서 완성함으로써 대상의 ㉠살아 숨 쉬는 재현을 가능케 한 진일보한 예술로 본다. 시간의 흐름에 따른 재현이 가능해진 결과, ㉡더욱 닮은 지문(指紋) 같은 현실을 제공하게 되었다. 바쟁에 의하면 영화와 현실은 본질적으로 친화력을 지닌다. 영화는 현실을 시간적으로 구현한다는 점에서 ㉢현실의 연장이며, 현실의 숨은 의미를 드러내고 현실에 밀도를 제공한다는 점에서 현실의 정수이다. 영화의 이러한 리얼리즘적 본질은 그 자체로 심리적, 기술적, 미학적으로 완전하다는 것이 그의 시각이다.

바쟁은 형식주의적 기교가 현실의 복잡성과 모호성을 침해하여 현실을 왜곡할 수 있다고 본다. 그는 ㉣현실의 참모습을 변조하는 과도한 편집 기법보다는 단일한 숏*을 길게 촬영하는 롱 테이크 기법을 지지한다. 그것이 사건의 공간적 단일성을 존중하고 ㉤현실적 사건으로서의 가치를 보장하기 때문이다. 그는 또한 전경에서 배경에 이르기까지 공간적 깊이를 제공하는 촬영을 지지한다. 화면 속에 여러 층을 형성하여 모든 요소를 균등하게 드러냄으로써 현실을 진실하게 반영할 수 있으며 관객의 시선에도 자유를 부여할 수 있다는 것이다.

*숏: 카메라가 한 번 촬영하기 시작해서 끝날 때까지의 연속된 한 화면 단위

25636-0023

Q.10 ㉠~㉤ 중 문맥상 지시하는 대상이 다른 하나는 뭘까?

Q.11 그렇다면 윗글을 읽으면서 어떤 정보에 주목해야 할까?

> **Tip** 유의(혹은 동의) 관계: 다른 어휘나 표현으로 바꿔 가며 여러 번 등장한다는 건 그것이 중요한 핵심 정보라는 뜻이야. 표현을 달리하여 **반복해서 설명하는 정보에 주목**하면서 글을 읽어야 돼.

STEP.3　개념 Jump

✔ 정답 110쪽

[01] 다음 글을 읽고 물음에 답하시오.　　　　　| 대학수학능력시험 |

비트겐슈타인이 1918년에 쓴『논리 철학 논고』는 '빈학파'의 논리실증주의를 비롯하여 20세기 현대 철학에 큰 영향을 주었다. 그는 많은 철학적 논란들이 언어를 애매하게 사용하여 발생한다고 보았기 때문에 언어를 분석하고 비판하여 명료화하는 것을 철학의 과제로 삼았다.

그는 이 책에서 언어가 세계에 대한 그림이라는 '그림이론'을 주장한다. 이 이론을 세우는 데 그에게 영감을 주었던 것은, 교통사고를 다루는 재판에서 장난감 자동차와 인형 등을 이용한 ⓐ모형을 통해 ⓑ사건을 설명했다는 기사였다. 그런데 모형을 가지고 사건을 설명할 수 있는 이유는 무엇일까? 그것은 모형이 실제의 자동차와 사람 등에 대응하기 때문이다. 그는 언어도 이와 같다고 보았다. 언어가 의미를 갖는 것은 언어가 세계와 대응하기 때문이다. 다시 말해 언어가 세계에 존재하는 것들을 가리키고 있기 때문이다. 언어는 명제들로 구성되어 있으며, 세계는 사태들로 구성되어 있다. 그리고 명제들과 사태들은 각각 서로 대응하고 있다. 이처럼 언어와 세계의 논리적 구조는 동일하며, 언어는 세계를 그림처럼 기술함으로써 의미를 가진다.

'그림이론'에서 명제에 대응하는 '사태'는 '사실'이 아니라 사실이 될 수 있는 논리적 가능성을 의미한다. 따라서 언어를 구성하는 명제들은 사실적 그림이 아니라 논리적 그림이다. 사태가 실제로 일어나서 사실이 되면 그것을 기술하는 명제는 참이 되지만, 사태가 실제로 일어나지 않는다면 그 명제는 거짓이 된다. 어떤 명제가 '의미 있는 명제'가 되기 위해서는 그 명제가 실재하는 대상이나 사태에 대해 언급해야 하며, 그것에 대해서는 참, 거짓을 따질 수 있다. 만약 어떤 명제가 실재하지 않는 대상이나 사태가 아닌 것에 대해 언급하면 그것은 '의미 없는 명제'가 되며, 그것에 대해 참, 거짓을 따질 수 없다. 따라서 경험적 세계에 대해 언급하는 명제만이 의미 있는 것이 된다.

이러한 관점에서 비트겐슈타인은 기존의 철학자들이 다루었던 신, 영혼, 형이상학적 주체, 윤리적 가치 등과 관련된 논의가 의미 없는 말들에 불과하다고 보았다. 왜냐하면 그 말들이 가리키는 대상이 세계 속에 존재하지 않는, 즉 경험 가능하지 않은 대상이기 때문이다. 이와 같은 형이상학적 문제와 관련된 명제나 질문들은 의미가 없는 말들이다. 그러한 문제는 우리의 삶을 통해 끊임없이 드러나는 신비한 것들이지만 이에 대해 말로 답변하거나 설명할 수는 없다. 그래서 비트겐슈타인은 "말할 수 없는 것에 대해서는 침묵해야 한다."라고 말했다.

---

01 윗글의 'ⓐ : ⓑ'의 관계에 해당하는 것을 모두 고르면?　　　　25636-0024

① 언어 : 세계　　　　　　　　　　　　　　Ok　No

② 명제 : 사태　　　　　　　　　　　　　　Ok　No

③ 논리적 그림 : 의미 있는 명제　　　　　　Ok　No

④ 형이상학적 주체 : 경험적 세계　　　　　Ok　No

내가 그리는 개념 마인드맵

정보의 의미 관계를 이해하는 연습을 해 봤어. 어휘와 어휘의 의미 관계부터 문장과 문장, 문단과 문단의 의미 관계를 잘 파악하며 글을 읽는 연습을 꾸준히 해 나가자. :)

오늘 꼭 알아야 할 개념   # 사실적 읽기

STEP.1   개념 Hi

독서 지문을 읽을 때 가장 기본이 되어야 하는 것은, 읽은 내용을 이해하는 거야. 그러려면 주어진 정보를 **사실적으로 이해**할 수 있어야 돼. 사실적으로 이해하기에는 두 갈래가 있는데, 하나는 **내용적 이해**이고, 또 하나는 **구조적 이해**야. 지금까지 알게 모르게 이 두 가지 연습을 해 왔는데, 몰랐지? ㅎㅎ 5강에서는 글의 **표면에 드러난 의미를 있는 그대로 이해**하는 연습을 해 볼 거야. :)

개념 1 1   사실적 읽기

사실적 읽기: 글의 표면에 드러난 의미를 있는 그대로 이해하며 읽는 것

화제 찾기, 핵심 정보 찾기, 접속어 및 지시어에 유의해서 **정보 간의 관계** 파악하기와 같은 것들이 바로 글을 **사실적으로 이해**하기 위한 기초 활동들이었어. 주어진 내용을 사실적으로 잘 이해하기 위한 팁들을 다시 정리해 보자.

① ㅂㅂ 되는 어휘, ㅂㅂ 되는 표현에 주목하자. 독서 지문은 괜히, 이유 없이 반복해서 말하지 않는다.

② 개념을 ㅈㅇ 해 주는 정보에 주목하자. 그 대상의 개념을 이해해야만 사고의 확장이 일어날 수 있다.

③ ㅈㅅㅇ 를 통해 힌트를 얻자. '그러나, 즉, 다시 말해, 따라서, 이처럼' 같은 접속어에 이어지는 내용은 대부분 중요한 핵심 정보이다.

④ ㅅㄹ 에 주목하자. 중요하니까 예까지 들어 가며 설명해 주는 거다. 무엇에 대한 이해를 돕기 위해 제시한 사례인지 생각하고, 사례를 통해 대상과 관련된 정보를 이해하자.

⑤ 문단을 이루고 있는 문장들의 중요도를 판단하여 ㅈㅅ 내용과 ㅅㅂ 내용을 구분하자. 중심 내용은 출제 요소로 연결된다.

⑥ 글의 전체적인 ㄱㅈ 와 부분적인 ㄱㅅ 방식을 파악하자. 글의 주제를 파악하는 데에 도움이 된다.

■ **초성 퀴즈 답** ① 반복, 반복 ② 정의 ③ 접속어 ④ 사례 ⑤ 중심, 세부 ⑥ 구조, 구성

STEP.2 개념 Quiz

이제 우리는 완결된 독서 지문들을 읽는 연습을 할 거야. 눈으로만 글자를 읽는 게 아니라, 머리도 함께 생각하고, 답하고, 판단해야 해. 낯선 개념들이 지문 속에 등장할 때, 집중하기가 힘들지? 그럴 때에는 손을 움직여 핵심 정보에 표시를 하는 것도 정신을 집중하는 데 도움이 될 거야.

| 고2 전국연합학력평가 |

1 **공리주의**는 일반적으로 어떤 행위의 옳고 그름이 공리에 따라, 즉 그 행위가 인간의 이익과 행복을 늘리는 데 결과적으로 얼마나 기여하는가에 따라 결정된다고 보는 이론이다. 이러한 공리주의는 인간이 자신과 더불어 다른 존재들의 이익과 행복을 공평하게 고려해야 한다는 것을 전제로 한다. 그리고 인간은 자신의 이익과 행복을 증진하려 하는데, 그러한 인간이 할 수 있는 행위들 중에서 인간의 최대 이익과 행복이라는 '최선의 결과'를 가져오는 행위를 옳은 행위로 본다. 공리주의는 이러한 최선의 결과를 본래적 가치로 여긴다. 이때 본래적 가치란 그 자체로서 지니는 가치를 의미하는데, 이는 다른 어떤 것을 위한 수단으로서의 가치인 도구적 가치와는 상대되는 개념이다. 그런데 최선의 결과를 무엇으로 보느냐에 따라 공리주의는 크게 쾌락주의적 공리주의, 선호 공리주의, 이상 공리주의 등으로 나누어 볼 수 있다.

25636-0025

Q.1 공리주의가 주장하는 '옳은 행위'란 무엇일까?

인간이 할 수 있는 행위들 중에서 'ㅊ ㅅ 의 결과'를 가져오는 행위

Q.2 공리주의가 말하는 '최선의 결과'란 무엇일까?

인간의 최대 ㅇ ㅇ 과 ㅎ ㅂ

Q.3 공리주의는 크게 쾌락주의적 공리주의, 선호 공리주의, 이상 공리주의 등으로 구분할 수 있는데, 그 구분의 기준은 무엇일까?

ㅊ ㅅ 의 결과를 무엇으로 보느냐

Q.4 앞으로 어떤 내용이 전개될까?

ㅋ ㄹ ㅈ ㅇ 적 공리주의, ㅅ ㅎ 공리주의, ㅇ ㅅ 공리주의가 생각하는 ㅊ ㅅ 의 결과

② **쾌락주의적 공리주의**는 최선의 결과를 쾌락의 증진으로 보는 이론이다. 다시 말해 인간의 심리적 경험인 쾌락을 본래적 가치로 여기고 있는 것이다. 이 이론에 따르면 도덕적으로 옳은 행위는 자신뿐 아니라, 그 행위가 영향을 미치는 모든 인간들의 쾌락을 가장 많이 증진하는 행위이다. 그러나 쾌락주의적 공리주의는 인간이 어떤 행위를 선택할 때 쾌락만을 추구하는 것이 아니라 다른 것을 추구하기도 한다는 것을 설명하기 어렵다는 한계를 지닌다.

Q.5 쾌락주의적 공리주의가 생각하는 최선의 결과는 무엇일까?

ㅋ ㄹ 의 증진

Q.6 쾌락주의적 공리주의의 한계는 무엇일까?

인간이 어떤 행위를 선택할 때 ㅋ ㄹ 만을 추구하는 것이 아니라 ㄷ ㄹ ㄱ 을 추구하기도 한다는 것을 설명하기 어려움.

③ 쾌락주의적 공리주의의 이런 한계를 극복하기 위해 등장한 이론이 **선호 공리주의**이다. 이 이론은 최선의 결과를 선호의 실현으로 본다. 여기에서 선호란 사람마다 원하는 것 혹은 실현하고자 하는 것을 말한다. 선호 공리주의에 따르면 도덕적으로 옳은 행위는 자신뿐 아니라, 그 행위가 영향을 미치는 모든 사람들 각자가 지닌 선호를 가장 많이 실현시키는 행위이다. 선호 공리주의는 쾌락뿐만 아니라 쾌락이 아닌 다른 것을 추구하기도 하는 인간의 행위가 개인의 선호를 반영한 것이고, 이런 선호의 실현이 곧 최선의 결과라고 설명함으로써 쾌락주의적 공리주의의 한계를 극복했다. 그러나 선호 공리주의는 보편적인 관점에서 볼 때 비정상적인 욕구에 기반을 둔 선호의 실현과 정상적인 욕구에 기반을 둔 선호의 실현이 동일한 비중을 갖지 않는다는 점을 설명하기 어렵다는 한계를 지닌다.

Q.7 선호 공리주의가 생각하는 최선의 결과는 무엇일까?

ㅅ ㅎ 의 실현(자신뿐 아니라, 그 행위가 영향을 미치는 모든 사람들 각자가 지닌 ㅅ ㅎ 를 가장 많이 실현시키는 행위)

Q.8 선호 공리주의의 의의와 한계는 무엇일까?

① 의의: ㅋ ㄹ ㅈ ㅇ 적 공리주의의 한계를 극복함(인간은 쾌락이 아닌 다른 것을 추구하기도 하며, 개인의 ㅅ ㅎ 는 인간의 행위에 반영되고, 이런 선호의 실현이 곧 ㅊ ㅅ 의 결과라고 설명함.).

② 한계: 보편적인 관점에서 볼 때 ㅂ ㅈ ㅅ 적인 욕구에 기반을 둔 선호의 실현과 ㅈ ㅅ 적인 욕구에 기반을 둔 선호의 실현이 동일한 비중을 갖지 않는다는 점을 설명하기 어려움.

④ 쾌락주의적 공리주의와 선호 공리주의에 대한 대안으로 등장한 것이 **이상 공리주의**이다. 이 이론은 앞의 두 이론과 마찬가지로 인간의 최대 이익과 행복을 가져오는 인간의 행위를 옳은 행위로 여긴다. 그러나 이상 공리주의는 쾌락주의적 공리주의와 달리 쾌락을 유일한 본래적 가치라고 생각하지 않는다. 이 이론은 진실, 아름다움, 정의, 평등, 자유, 생명, 배려 등의 이상들도 본래적 가치에 해당한다고 본다. 또 선호 공리주의와 달리 이상 공리주의는 이런 이상들이 인간의 선호와 무관하게 실현되어야 할 본래적 가치라고 주장한다. 결국 이 이론은 이상의 실현을 최선의 결과로 본다. 이상 공리주의에 따르면 본래적 가치에 해당하는 이상들은 인간의 이익과 행복을 구성한다. 그렇기 때문에 이상 공리주의는 인간들의 서로 다른 관심과는 무관하게 실현되어야 할 이상들을 인간이 더 많이 실현하는 것이 곧 최대의 이익과 행복이라고 본다. 그러나 이상 공리주의는 본래적 가치에 해당하는 이상들이 갈등하는 경우 어떤 이상의 실현이 최선의 결과일지에 대해 설명하기 어렵다는 한계를 지니고 있다.

25636-0028

Q.9　이상 공리주의가 쾌락주의적 공리주의 및 선호 공리주의와 다른 점은 무엇일까?

이상 공리주의는 쾌락주의적 공리주의와 달리 `ㅋ ㄹ`을 유일한 본래적 가치라고 생각하지 않음. 또 선호 공리주의와 달리

진실, 아름다움, 정의, 평등, 자유, 생명, 배려 등의 `ㅇ ㅅ`들이 인간의 선호와 무관하게 실현되어야 할 본래적 가치라고 주장함.

Q.10　이상 공리주의가 생각하는 최선의 결과는 무엇일까?

인간들의 서로 다른 관심과는 무관하게 실현되어야 할 `ㅇ ㅅ`들을 인간이 더 많이 실현하는 것

Q.11　이상 공리주의의 한계는 무엇일까?

본래적 가치에 해당하는 `ㅇ ㅅ`들이 갈등하는 경우 어떤 이상의 실현이 최선의 결과일지에 대해 설명하기 어려움.

Q.12　윗글의 내용 전개 방식은?

'최선의 결과'에 대해 서로 다른 관점을 지닌 세 `ㅇ ㄹ`을 제시하고 각각의 `ㅈ ㅈ`과 `ㅎ ㄱ`를 중심으로 설명하고 있다.

STEP.3 개념 Jump

[01-02] 다음 글을 읽고 물음에 답하시오.　　　　　　　　　　| 고1 전국연합학력평가 |

20세기 초 유럽에서 일어난 과학 문명의 발전은 현실을 이루는 법칙을 하나씩 부정하였다. 절대적이라고 믿어 왔던 시공간마저 상대적인 것으로 밝혀지면서, 사람들은 기존에 당연시되어 온 인식에 의문을 품었다. 이는 서양의 회화에도 영향을 미쳐 큐비즘이라는 새로운 미술 양식을 탄생시켰다.

큐비즘은 대상의 사실적 재현에 집중했던 전통 회화와 달리, 대상의 본질을 구현하기 위해 그 근원적 형태를 그려 내는 것을 목표로 삼았다. 이를 위해 대상의 본질과 관련 없는 세부적 묘사를 배제하고 구와 원기둥 등의 기하학적 형태로 대상을 단순화하여 질감과 부피감을 부각하였다. 색채 또한 본질 구현에 있어 부차적인 것으로 판단하여 몇 가지 색으로 제한하였다.

또한 큐비즘은 하나의 시점으로는 대상의 한쪽 형태밖에 표현할 수 없다고 생각하여, 하나의 시점에서 대상을 보고 표현하는 원근법을 거부하였다. 그리고 대상의 전체 형태를 표현하기 위해 다중 시점을 적용하였는데, 이는 여러 시점에서 관찰한 대상을 한 화면에 그려 내고자 한 기법이다. 예를 들어, 한 인물을 그릴 때 얼굴의 정면과 측면을 동시에 표현함으로써 대상의 전체 형태를 관람자들에게 보여 주는 것이다. 이렇게 큐비즘은 사실적 재현에서 벗어나 대상의 근원적 형태를 표현하려 하였으며, 관람자들에게 새로운 미적 인식을 환기하였다.

대상의 형태를 더 다양한 시점으로 보여 주려는 시도는 다중 시점의 극단화로 치달았는데, 이 시기의 큐비즘을 ⓐ**분석적 큐비즘**이라고 일컫는다. 분석적 큐비즘은 대상을 여러 시점으로 해체하여 작은 격자 형태로 쪼개어 표현했고, 색채 또한 대상의 고유색이 아닌 무채색으로 한정하였다. 해체 정도가 심해짐에 따라 대상은 부피감이 사라질 정도로 완전히 분해되었다. 이로 인해 관람자는 대상이 무엇인지조차 알아볼 수 없게 되었고, 제목이나 삽입된 문자를 통해서만 대상이 무엇인지 추측할 수 있게 되었다.

대상이 극단적으로 해체되어 형태를 파악하지 못하게 된 문제를 해결하기 위해, 큐비즘은 화면 안으로 실제 대상 혹은 대상의 특성을 잘 드러내는 화면 밖의 재료들을 끌어들였다. 이것을 ⓑ**종합적 큐비즘**이라고 일컫는다. 종합적 큐비즘의 특징을 보여 주는 대표적 기법으로는 '파피에 콜레'가 있다. 이는 화면에 신문이나 벽지 등의 실제 종이를 오려 붙여 대상의 특성을 표현하는 기법이다. 예를 들어, 나무 탁자의 질감을 표현하기 위해 화면에 나뭇결무늬의 종이를 직접 붙였다. 화면에 붙인 종이의 색으로 인해 색채도 다시 살아났다.

큐비즘은 대상의 근원적 형태를 화면에 구현하기 위해 대상을 표현하는 새로운 방법을 모색하였다. 큐비즘이 대상의 형태를 실제에서 해방한 것은 회화 예술에 무한한 표현의 가능성을 가져다주었다. 이는 표현 대상을 보이는 세계에 한정하지 않는 현대 추상 회화의 탄생에 직접적인 영향을 미쳤다.

01　윗글에서 알 수 있는 내용으로 적절하지 **않은** 것은?　　25636-0029

① 큐비즘이 사용한 표현 기법　　Ok │ No
② 큐비즘이 등장한 시대적 배경　　Ok │ No
③ 큐비즘에 대한 다른 화가들의 논쟁　　Ok │ No
④ 큐비즘의 작품 경향이 변화된 양상　　Ok │ No
⑤ 큐비즘이 현대 추상 회화에 미친 영향　　Ok │ No

02　ⓐ와 ⓑ에 대한 설명으로 가장 적절한 것은?　　25636-0030

① ⓐ는 ⓑ와 달리 고유색을 통해 대상을 그려 낸다.　　ⓐ │ ⓑ
② ⓐ는 ⓑ와 달리 삽입된 문자로만 대상을 드러낸다.　　ⓐ │ ⓑ
③ ⓑ는 ⓐ와 달리 작은 격자 형태로 대상을 해체한다.　　ⓐ │ ⓑ
④ ⓑ는 ⓐ와 달리 화면 밖의 재료를 활용해 대상을 표현한다.　　ⓐ │ ⓑ
⑤ ⓐ와 ⓑ는 모두 질감과 부피감을 살려서 대상을 형상화한다.　　ⓐ │ ⓑ

내가 그리는 개념 마인드맵

사실적 읽기는 글 읽기의 방법 중 가장 기본이 돼. 사실적 읽기를 바탕으로 글의 내용을 **추론**하고 **비판**할 수 있거든. 기본부터 튼튼히 하는 독해 연습을 꾸준히 해 나가자. :)

추론적 읽기

오늘 꼭 알아야 할 개념 # 추론적 읽기 # 연역 # 귀납

STEP.1 개념 Hi

때로는 독서 지문을 읽으면서, 겉으로 드러나 있지 않은 **숨은 의미**나 **글쓴이의 의도 및 태도**를 추론해야 할 때가 있어. 우선 **추론**이 무엇인지 알아보자.

개 념 1 2 추론적 읽기

추론적 읽기: 글에 명시적으로 드러나 있지 않은 의미까지 헤아려 짐작하며 읽는 것

글에 드러나 있는 내용을 사실적으로 이해하는 것만으로는 글이 전달하고자 하는 진짜 의도나 의미를 제대로 파악하지 못할 수도 있어. 글을 읽으면서 우리의 경험과 배경 지식, 또 글에 사용된 다양한 표지들을 바탕으로 생략된 내용이나 앞으로 이어질 내용, 숨겨진 필자의 의도나 목적을 추론할 수 있어야 돼. 그럼 대표적인 **추론의 방법**에는 어떤 것이 있는지 공부해 볼까?

개 념 1 3 연역

ㅇㅂㅈ이고 ㅊㅅㅈ인 대전제를 바탕으로 ㄱㅊㅈ이고 ㅌㅅㅎ 사실을 주장하는 추론의 방식

노력하는 자는 꿈을 이룬다.	대전제(일반적인 원리)
나비효과 입문 편으로 공부하는 학생들은 노력한다.	소전제(구체적 사실)
>	결론(구체적 사실)

모든 동물은 새끼를 낳는다.	대전제(일반적인 원리)
>	소전제(구체적 사실)
그러므로 고양이는 새끼를 낳는다.	결론(구체적 사실)

개 념 1 4　귀납

여러 가지 ⟨ㄱㅊㅈ⟩인 사실에서 공통적으로 나타나는 현상을 통해 ⟨ㅇㅂㅈ⟩이고 ⟨ㅂㅍㅈ⟩인 원리를 이끌어 내는 방법

강아지는 죽는다, 고양이도 죽는다, 토끼도 죽는다.	논거 1(구체적 사실)
강아지, 고양이, 토끼는 동물이다.	논거 2(구체적 사실)
>	결론(일반적 원리)

점순이는 슬플 때 운다. 톰도 슬플 때 운다. 앨리스도 슬플 때 운다.	논거 1(구체적 사실)
>	논거 2(구체적 사실)
그러므로 사람은 슬플 때 운다.	결론(일반적 원리)

STEP.2 개념 Quiz

1

어떤 사람이 해외를 여행하고 있었다. ㉠첫 번째 나라에서 젊은 사람들이 노인에게 자리를 양보해 주었다. 두 번째 나라에서도 젊은 사람들이 자리를 양보했고, 세 번째 나라에서도 마찬가지였다. 그래서 그는 모든 나라에서 젊은 사람들이 노인에게 자리를 양보해 준다고 생각했다. 그런데 마지막으로 방문한 나라에서는 그런 경우를 찾아볼 수 없었다. 그렇다면 언제 어디서나 옳다고 여겨지는 도덕은 없는 것일까?

25636-0031

Q.1 ㉠과 유사한 논증 방식을 사용했다면 O, 아니라면 X 표시를 해 보자.

① 모든 철학자는 사람이다. 플라톤은 철학자이다. 그러므로 플라톤은 사람이다. ⬚O ⬚X

② 참새는 날개가 있다. 방울새도 날개가 있다. 소쩍새도 날개가 있다. 그러므로 모든 새는 날개가 있다. ⬚O ⬚X

③ 오전 9시에 일어나면 학교에 늦는다. 나는 오늘 오전 9시에 일어났다. 그러므로 나는 오늘 학교에 늦을 것이다. ⬚O ⬚X

④ 우리 반 학생들은 모두 휴대 전화를 가지고 있다. 민호는 우리 반 학생이다. 그러므로 민호는 휴대 전화를 가지고 있다. ⬚O ⬚X

⑤ 책을 읽으면 지식이 늘어난다. 지식이 늘어나면 세상에 대한 안목이 넓어진다. 그러므로 책을 읽으면 세상에 대한 안목이 넓어진다. ⬚O ⬚X

2

인류학자 마빈 해리스(Marvin Harris)는 특정 부류의 사람들이 특정 동물의 고기를 금기시하는 현상에 대해 유물론적 관점으로 접근한다. 해리스의 견해에 따르면 인도인들이 암소 고기를 먹는 것은 그들의 생활 방식에 맞지 않다. 수소를 이용하여 농사를 짓는 인도에서는 암소의 존재가 매우 중요하다. 농사에 필요한 수소를 생산하기 위해서는 반드시 암소가 있어야 한다. 뿐만 아니라 암소는 추수하고 남은 농작물 찌꺼기나 시장터의 쓰레기를 먹어 치우는가 하면 인간에게 유용한 우유를 제공해 주기도 한다. 암소의 고기를 먹는다는 것은 이러한 암소의 유용성을 포기하는 것이 된다. 중동 지역에서 돼지를 사육하지 않는 것도 그들의 생활 방식 때문이다. 돼지는 되새김질을 하지 않기 때문에 섬유소가 적은 사료를 먹어야 한다. ㉠따라서 먹이를 놓고 인간과 경쟁 관계에 있게 된다. 농사보다는 유목을 통해 생존을 유지하던 중동 지역의 사람들에게 돼지를 기르는 것은 매우 사치스러운 일이다.

25636-0032

Q.2 ㉠과 같은 결론에 이르는 추론 과정을 다음과 같이 정리할 때, ㉡에 들어갈 내용을 추론해 써 보자.

> 되새김질을 하지 않는 동물은 섬유소가 적은 음식을 먹어야 한다.
>
> ↓
>
> 인간과 돼지는 되새김질을 하지 않는다.
>
> ↓
>
> 그러므로 ______________ ㉡ ______________
>
> ↓
>
> ㉠ 따라서 (돼지는) 먹이를 놓고 인간과 경쟁 관계에 있게 된다.

이제 수능 문제에도 살짝 들이대 볼까? ㅎㅎ 이건 수능 지문 중 한 문단만을 가지고 온 거야. 의외로 한 문단만으로도 문제를 풀어 낼 수 있는 경우가 많아.

| 대학수학능력시험 |

③ 　사용하는 연료의 특성도 다르다. 디젤 연료인 경유는 가솔린보다 훨씬 무겁고 점성이 강하며 증발하는 속도도 느리다. 왜냐하면 경유는 가솔린보다 훨씬 더 많은 탄소 원자가 길게 연결되어 있기 때문이다. 일반적으로 가솔린은 5~10개, 경유는 16~20개의 탄소를 가진 탄화수소들의 혼합물이다. 탄소가 많이 연결된 탄화수소물에 고온의 열을 가하면 탄소 수가 적은 탄화수소물로 분해된다. 한편, 경유는 가솔린보다 에너지 밀도가 높다. 1갤런의 경유는 약 1억 5,500만 줄(Joule)의 에너지를 가지고 있지만, 가솔린은 1억 3,200만 줄을 가지고 있다. 이러한 연료의 특성들이 디젤 엔진의 높은 효율과 결합되면서, 디젤 엔진은 가솔린 엔진보다 좋은 연비를 내게 되는 것이다.

25636-0033

Q.3 윗글의 내용을 통해 추론한 것으로 적절한 설명인지 O/X로 답해 보자.

① 손으로 만지면 경유보다는 가솔린이 더 끈적끈적할 거야.　　O X
② 가솔린과 경유를 섞으면 가솔린이 경유 아래로 가라앉을 거야.　　O X
③ 특별한 공정을 거치면 경유를 가솔린으로 변화시킬 수 있을 거야.　　O X
④ 주유할 때 차체에 연료가 묻으면 경유가 가솔린보다 더 빨리 증발할 거야.　　O X
⑤ 같은 양의 연료를 태우면 가솔린이 경유보다 더 큰 에너지를 발생시킬 거야.　　O X

STEP.3 개념 Jump

[01-03] 다음 글을 읽고 물음에 답하시오.

| 고1 전국연합학력평가 |

⊙마르크스는 사물의 경제적 가치를 사용 가치와 교환 가치로 구분하면서 자본주의 사회에서는 경제적 가치가 교환가치에 의해 결정된다고 보았다. 사용 가치는 사물의 기능적 가치를, 교환 가치는 시장 거래를 통해 부여된 가치를 의미하는데 사물 자체의 유용성은 고정적이므로 시장에서의 수요와 공급에 의해서만 경제적 가치가 결정된다고 보았기 때문이다. 또한 그는 사물의 거래 가격은 결국 사물의 생산 비용에 의해 결정된다는 점에서 소비를 생산에 종속된 현상으로 보고 소비의 자율성을 인정하지 않았다.

마르크스의 이러한 주장과 달리 ⓛ보드리야르는 교환 가치가 아닌 사용 가치가 경제적 가치를 결정하며, 자본주의 사회는 소비 우위의 사회라고 주장했다. 이때 보드리야르가 제시한 사용 가치는 사물 자체의 유용성에 대한 가치가 아니라 욕망의 대상으로서 기호(sign)가 지니는 기능적 가치, 즉 기호 가치를 의미한다.

기호는 어떤 대상을 지시하는 상징으로서 문자나 음성같이 감각으로 지각되는 기표와 의미 내용인 기의로 구성되는데, 기표와 기의의 관계는 자의적이다. 가령 '남성'이란 문자는 필연적으로 어떤 대상을 지시하는 것이 아니며 '여성'이란 기호와의 관계 속에서 의미 내용이 결정된다. 다시 말해, 어떤 기호의 의미 내용을 결정하는 것은 기표와 기의의 관계가 아니라 기호들 간의 관계, 즉 기호 체계이다.

[A] 보드리야르는 자본주의 사회에서 대량 생산 기술이 급속하게 발전하면서 소비자가 기호 가치 때문에 사물을 소비한다고 보았다. 대량 생산 기술의 발전으로 수요를 충족하고 남을 만큼의 공급이 이루어져 사물 자체의 유용성은 더 이상 소비를 결정하는 요인으로 작용할 수 없기 때문이다. 예를 들어 소비자는 특정 계층 또는 집단의 일원이라는 상징을 얻기 위해 명품 가방을 소비한다. 이때 사물은 소비자가 속하고 싶은 집단과 다른 집단 간의 차이를 부각하는 기호로서 기능한다. 따라서 보드리야르에 따르면 자본주의 사회에서 소비의 원인은 사물이 상징하는 특정 사회적 지위에 대한 욕구이다.

보드리야르는 현대인이 자연 발생적인 욕구에 따라 자유롭게 소비하는 것처럼 보이지만 사실은 강제된 욕구에 따르는 것에 불과하다고 보았다. 이는 기호가 다른 기호와의 관계 속에서 그 의미 내용이 결정되는 것과 관계된다. 특정 사물의 상징은 기호 체계, 즉 사회적 상징체계 속에서 유동적이며, 따라서 ⓒ상징체계 변화에 따라 욕구도 유동적이다. 이때 대중매체는 사물의 기의에 영향을 미침으로써 욕구를 강제할 수 있다. 현실이 대중매체를 통해 전달될 때 현실은 현실 그 자체가 아니라 다른 기호와 조합될 수 있는 기호로서 추상화되기 때문이다. 가령 텔레비전 속 유명 연예인이 소비하는 사물은 유명 연예인이라는 기호에 의해 새로운 의미 내용이 부여된다. 요컨대 특정 사물에 대한 현대인의 욕망은 대중매체를 매개로 하여 자기도 모르는 사이에 강제된다.

보드리야르는 기술 문명이 초래한 사물의 풍요 속에서 현대인의 일상생활이 사물의 기호 가치와 이에 대한 소비에 의해 규정된다고 보고 자본주의 사회를 소비 사회로 명명하였다. 그의 이론은 소비가 인간에 미치는 영향을 비판적으로 성찰해야 한다는 점을 시사한다.

01 '자본주의 사회'에 대한 ㉠, ㉡의 주장을 이해한 내용으로 가장 적절한 것은?　25636-0034

① ㉠: 소비가 생산에 종속되므로 사용 가치와 교환 가치는 결국 동일하다.　Ok No
② ㉠: 사물 자체의 유용성은 변하지 않으므로 소비자의 욕구를 중심으로 분석해야 한다.　Ok No
③ ㉡: 소비자에게 소비의 자율성이 존재하므로 교환 가치가 사용 가치를 결정한다.　Ok No
④ ㉡: 개인에게 욕구가 강제되므로 소비를 통해 집단 간의 사회적 차이가 소멸한다.　Ok No
⑤ ㉡: 경제적 가치는 사회적 상징체계에 따라 결정되므로 기호 가치가 소비의 원인이다.　Ok No

02 기호 체계를 바탕으로 [A]를 이해한 내용으로 적절하지 **않은** 것은?　25636-0035

① 사물은 기표로서의 추상성과 기의로서의 구체성을 갖는다.　Ok No
② 사물과 그것이 상징하는 특정한 사회적 지위와의 관계는 자의적이다.　Ok No
③ 사물은 사물 자체가 아닌 사물 간의 관계를 통해 의미 내용이 결정된다.　Ok No
④ 소비는 사물이라는 기호를 통해 특정 계층 또는 집단의 일원이라는 상징을 얻는 행위이다.　Ok No
⑤ 기호 가치는 사물의 기의와 그에 대한 소비자의 욕구와 관련될 뿐 사물의 기표에 의해 결정되는
것은 아니다.　Ok No

03 ㉢의 전제로 가장 적절한 것은?　25636-0036

① 상징체계 변화에 의해 사물 자체의 유용성이 변화한다.　Ok No
② 사물에 대한 욕구는 사람마다 제각기 다른 양상을 보인다.　Ok No
③ 사물의 기호 가치가 변화하면 사물에 대한 욕구도 변화한다.　Ok No
④ 사물을 소비하는 행위는 개인의 자연 발생적 욕구에 따른 것이다.　Ok No
⑤ 사물이 지시하는 의미 내용과 사물에 대한 욕구는 서로 독립적이다.　Ok No

내가 그리는 개념 마인드맵

생략된 내용이나 숨겨진 내용을 **추론**하며 읽는 능력을 갖추기 위해서는 끊임없는 연습이 필요해. 반복 연습은 습관이 되고 태도가 될 수 있거든. 어떤 상황에서도 **흔들림 없는 실력**은 조금씩 쌓은 **연습**에서 나오더라. 힘내, 얘들아. :)

07강 비판적 읽기

오늘 꼭 알아야 할 개념 　# 비판적 읽기　# 내적 준거　# 외적 준거

STEP.1 개념 Hi

> **사실적 읽기**와 **추론적 읽기**에 이어서, 이번엔 **비판적 읽기!** 7강에서는 비판적으로 읽기 위해 점검해야 할 부분을 공부해 볼 거야. 글을 읽을 땐 지나치게 '그래, 그래.' 하면서 고개만 끄덕이며 읽으면 안 돼. 이 글이 지금 잘못된 논리를 펼치고 있지는 않은지, 근거는 적절한지를 따져 가면서 읽어야 하는 법. 출제자는 우리가 글을 비판적으로 읽을 수 있는지도 확인하고 싶어 하거든.

개념 1 5 비판적 읽기

비판적 읽기: 글에 제시된 내용이 정확하고 올바른지, 표현은 적절한지, 정확한 자료를 제시했는지, 글쓴이의 주장이나 관점이 타당하고 공정한지 등을 따져 가며 읽는 것

> **내적 준거**와 **외적 준거**에 대해 알고 있어? 비판적 읽기를 위해서 알고 있어야 할 개념을 먼저 공부해 보자. :)

개념 1 6 내적 준거

준거: 사물의 정도나 성격 따위를 알기 위한 근거나 기준
내적 준거: 글 자체의 ㄴㅇ , 글의 ㄱㅈ , ㅍㅎ 같은 글의 ㄴㅂ 요소를 평가하기 위한 비판의 준거

① ㅈㅎ 성

　㉠ 자료가 정확한가?
　㉡ 사실과 의견이 구분되고 있는가?
　㉢ 정확한 어휘를 쓰고 있는가?
　㉣ 사용한 어법은 정확한가?
　㉤ 의미가 정확하게 쓰이고 있는가?

② ㅈㅈ 성

　㉠ 주장을 뒷받침하기에 적절한 논거를 사용하였는가?
　㉡ 논거의 출처와 근거가 확실한가?
　㉢ 결론을 도출하는 과정이 논리적이고 적절한가?

③ ㅇㄱ 성

　㉠ 글의 흐름이 자연스럽고 긴밀하게 연결되었는가?
　㉡ 각 부분은 하나의 주제를 향해 통일성 있게 조직되었는가?
　㉢ 글이 단계에 맞추어 체계적으로 조직되었는가?

개 념 1 7 　외적 준거

외적 준거: 글의 외적인 요소, 즉 ㅍㅈ, ㅅㅎ ㅅㅎ, 독자의 ㅂㄱㅈㅅ 과 같은 글 외부의 요소에 중점을 두고 글을 평가하기 위한 비판의 준거

① ㅅㄹ성

　㉠ 글의 내용이 담고 있는 사실과 전제들이 일반적인 진리에 비추어 옳은가?

　㉡ 글에서 다루고 있는 내용이 얼마나 믿을 만한가?

② ㅌㄷ성

　㉠ 글의 내용이 사실에 부합하는가?

　㉡ 주장하는 내용이 사회적 통념에 비추어 보았을 때 수용 가능한 것인가?

③ ㅎㅇ성

　㉠ 주어진 정보나 견해가 독자에게 어떤 영향을 줄 것인가?

　㉡ 얼마나 실용적 가치가 있는 정보인가?

④ ㄱㅈ성

　㉠ 대부분의 사람들이 공감할 수 있는 내용인가?

　㉡ 지나치게 주관적이거나 편견을 가지고 대상을 바라보고 있지 않은가?

■ **초성 퀴즈 답** 내용, 구조, 표현, 내부 ① 정확 ② 적절 ③ 유기 / 필자, 사회 상황, 배경지식 ① 신뢰 ② 타당 ③ 효용 ④ 공정

STEP.2 개념 Quiz

사실적 읽기, 추론적 읽기, 비판적 읽기에 대한 내용을 정리해 볼 수 있는 지문이야. :)

1

글에 대해 판단하고 수용하는 비판적 읽기는 글에 표면적으로 드러난 내용이나 형식·표현을 파악하는 사실적 읽기와, 숨겨진 내용들을 짐작하는 추론적 읽기를 통해 글의 내용과 형식·표현을 어느 정도 이해한 다음 이루어진다. 비판적 읽기를 위해서는 판단의 준거가 필요한데, 그 준거는 내용에 대한 준거와 형식·표현에 대한 준거로 나누어 볼 수 있다.

[A] 내용에 대한 준거로는 타당성, 공정성, 신뢰성이 있다. 타당성은 글에 나타난 내용이 합리적이며 옳은지에 대한 것이다. 공정성은 글의 주제, 필자의 관점과 태도와 관련하여 이것들이 객관적이고 균형 잡힌 시각을 갖추었는지에 대한 것이다. 신뢰성은 글의 내용이나 글에 사용된 자료가 믿을 만한지에 대한 것이다. 독자가 이러한 준거로 내용에 대한 비판적 읽기를 할 때는 먼저 글의 내용을 사전 등을 활용하여 읽으며 표면적으로 드러난 내용, 의미, 주제 등 사실적인 것들을 파악하며 읽어야 한다. 또한 글에는 필자의 의도나 입장 등이 드러나지 않거나 생략된 내용들이 있기 때문에 독자는 이러한 것들을 추론하며 읽어야 한다. 이러한 읽기를 통해 파악하고 추론한 것들을 내용에 대한 준거에 따라 판단하며 읽는 것이 내용에 대한 비판적 읽기이다.

㉠형식·표현에 대한 비판적 읽기는 내용에 대한 비판적 읽기와 함께 이루어진다. 독자는 글에 드러난 내용을 바탕으로 파악한 글의 구조, 내용 전개, 표현이 적절하고 효과적인지를 판단하는 비판적 읽기를 한다. 예를 들면 독자는 글의 구조가 글의 주제나 글의 목적을 잘 드러내고 있는지 판단할 수 있고, 글에 사용된 비교나 대조가 글에 나타난 관점들의 관계를 효과적으로 드러내고 있는지 판단할 수 있다. 또한 필자가 사용한 비유적 표현 등이 내용을 적절하게 드러내고 있는지 판단할 수 있다.

비판적 읽기 과정에서 독자는 동의할 수 있는 내용이나 적절한 형식·표현을 접할 수도 있지만 그렇지 않을 수도 있다. 이러한 상황을 접한 독자는 단순한 비판이나 수용에 그치지 않고 관련된 주제의 글을 찾아 입장이나 구조를 비교하며 읽거나 토론을 할 수 있다. 이처럼 종합적인 읽기 과정 안에서 비판적 읽기를 함으로써 독자는 주체적인 관점에서 글을 해석하고 평가할 수 있는 능력을 신장할 수 있다.

25636-0037

Q.1 [A]를 바탕으로 ⓐ~ⓔ를 분석한 내용으로 적절한지 O/X로 답해 보자.

내가 독서 시간에 선택해서 읽은 글은 '인공 지능 고도화'에 대한 내용을 다루고 있었다. 글의 첫 부분에 ⓐ인공 지능이라는 말이 쓰인 시기가 나와 있어 인공 지능이란 용어가 언제부터 사용되었는지 알게 되었다. 그리고 ⓑ인공 지능의 발달 과정 부분을 읽을 때 내가 알지 못하는 어휘는 사전을 찾아 가며 뜻을 파악했다. 이 글에서 필자는 인공 지능 고도화에 대한 자신의 입장을 밝히지는 않았다. 하지만 ⓒ인공 지능 고도화에 따른 우리 사회의 긍정적 변화만을 언급하고 있어서 필자가 인공 지능 고도화를 찬성하는 입장에 있다고 생각했다. 글에는 여러 통계 자료가 제시되어 있었는데 ⓓ그 자료 중에는 출처가 없어서 믿기 어려운 것들이 있었다. 또한 ⓔ인공 지능 고도화에 대한 부정적인 내용이 없어서 다른 입장의 글을 찾아 읽어 봐야겠다고 생각했다.

① ⓐ: 사실적 읽기를 통해 표면적 내용을 파악하였군. 　　O X
② ⓑ: 비판적 읽기를 통해 내용의 타당성을 판단하였군. 　　O X
③ ⓒ: 추론적 읽기를 통해 드러나지 않은 입장을 추론하였군. 　　O X
④ ⓓ: 비판적 읽기를 통해 내용의 신뢰성을 판단하였군. 　　O X
⑤ ⓔ: 비판적 읽기를 통해 내용의 공정성을 판단하였군. 　　O X

Q.2 윗글을 읽고 ㉠에 대해 보인 반응으로 적절한지 O/X로 답해 보자.

① 독자는 ㉠의 과정에서 글의 구조가 적절한지를 판단하겠군. 　　O X
② ㉠을 통해 독자는 자신이 읽은 글의 내용을 그대로 수용해야겠군. 　　O X
③ ㉠을 통해 글에 나타난 표현이 효과적인지에 대한 판단이 이루어지겠군. 　　O X
④ 독자는 ㉠의 과정에서 글에 사용된 비교나 대조가 적절한지를 판단하겠군. 　　O X
⑤ ㉠이 가능하려면 글의 내용과 형식·표현에 대한 사실적 읽기가 필요하겠군. 　　O X

제비꽃, 진달래, 달맞이꽃, 보춘화는 꽃이 피는 시기가 이름에 반영된 꽃들이다. 우리나라 전역의 산에 자생하는 제비꽃은 제비가 돌아올 무렵에 핀다고 하여 붙인 이름이며, 진달래는 꽃이 필 무렵이면 어김없이 두견새가 운다고 하여 두견화라고도 불렀다. 달맞이꽃은 밤에 피기 때문에, 보춘화는 봄에 꽃이 핀다고 하여 부른 이름이다. 그렇다면 식물은 꽃피는 시기를 어떻게 알까?

식물을 비롯하여 동물, 균류, 원생 생물, 세균류 등 모든 생물들은 지구의 자전 주기와 동일한 24시간을 주기로 하는 생체 시계를 가지고 있다. 이 주기를 일주기성(日週期性)이라 하는데, 생물체는 이것으로 하루의 시간을 인식할 수 있다. 일주기성과 더불어 생물체는 광주기성(光週期性)을 가지고 있어 일 년의 시간도 인식할 수 있다. 생물이 낮의 길이를 측정할 수 있는 광주기 능력을 보유한 덕분에 식물에게 어떤 현상이 일 년 중 특정한 시기에 일어나는 것이며, 계절에 따라 식물이 반응도 할 수 있게 되는 것이다.

식물이 일주기성을 가질 수 있는 것은 적색광을 흡수하는 피토크롬(phytochrome)이라는 광수용체를 가지고 있기 때문이다. 이것은 식물이 밤과 낮의 길이를 인식하는 것은 물론, 계절의 변화를 감지하는 가장 좋은 방법이다. 식물의 발달 단계에서 이 방법은 특히 일 년 동안 계절의 변화에 따라 기후가 규칙적으로 변해 가는 환경에서 식물의 생존에 중요한 역할을 한다. 피토크롬은 Pr(적색광 흡수 피토크롬)과 Pfr(원적색광 흡수 피토크롬)의 두 형태로 존재한다. 적색광은 Pr을 Pfr로 전환하게 하며 원적색광은 Pfr을 Pr로 전환시킨다. 일반적으로 태양빛은 원적색광보다 적색광을 더 많이 가지고 있기 때문에, 식물이 빛에 노출되면 Pfr의 양이 증가하고 밤 동안에는 Pfr의 농도가 서서히 감소한다.

그러면 식물은 계절적인 변화에 어떻게 대처할까? 단일 식물은 밤의 길이가 식물의 개화에 필요한 최소한의 암기(暗期) 시간인 임계 암기(臨界暗期)와 같거나 임계 암기보다 더 길어지면 개화한다. 최소한 요구되는 임계 암기는 식물 종에 따라 차이가 나지만 대부분 10~14시간 정도이다. 단일 식물의 개화는 낮의 길이가 짧아짐과 동시에 일정 기간 동안 지속되는 밤의 길이가 길어져야만 시작된다. 단일 식물로는 국화와 코스모스가 있으며, 이들은 일반적으로 늦여름이나 가을에 꽃이 핀다. 장일 식물은 밤의 길이가 임계 암기보다 짧거나 임계 암기와 같아지면 꽃이 핀다. 시금치, 상추, 붓꽃은 늦봄이나 여름에 개화한다. 이들은 봄이나 초여름 밤의 길이가 짧아지는 것을 인식하여 개화한다. 중일 식물은 낮과 밤의 길이가 같아질 때 개화한다. 사탕수수와 콜레우스는 중일 식물로, 밤의 길이가 너무 길거나 너무 짧아지면 꽃이 피지 않는다. 중성 식물은 낮이나 밤의 길이에서 계절적인 영향을 받지 않는 대신 다른 요인들에 의해 자극을 받아 개화하는 식물이다. 이 식물들은 대부분 낮의 길이가 일 년 동안 거의 변화가 없는 열대 지방에서 자생하던 식물들이다.

식물의 광주기성에 대한 지식을 이용하여 제철이 아닌 시기에 꽃을 재배하여 소비자들에게 공급할 수 있다. 장일 식물은 밤의 길이가 임계 암기보다 짧아질 때 개화를 유도할 수 있으며, 단일 식물은 밤의 길이가 임계 암기보다 길어질 때 개화가 유도된다.

25636-0038

Q.3 윗글의 서술상 특징에 대한 설명으로 적절한지 O/X로 답해 보자.

① 질문하는 방식을 통해 화제를 이끌어 가고 있다. 　　　　　O X
② 구체적인 사례를 들어 독자의 이해를 돕고 있다. 　　　　　O X
③ 핵심적인 개념을 중심으로 현상을 분석하고 있다. 　　　　　O X
④ 추상적 내용을 유사한 일상적 사례에 견주고 있다. 　　　　　O X
⑤ 대상의 종류를 구분지어 구체적으로 설명하고 있다. 　　　　　O X

Q.4 보기 를 바탕으로 윗글의 핵심 내용에 대해 제기할 수 있는 의문으로 적절한지 O/X로 답해 보자.

보기

　겨울 호밀은 장일 식물이 아니며 광주기와 관계없이 스물두 번째 잎이 발생한 후에만 개화를 한다. 만약 발아된 겨울 호밀을 수 주일 동안 1℃로 저온 처리하면 봄 호밀처럼 장일 조건에 반응하여 일찍 개화한다.

① 식물의 개화에 관여하는 또 다른 요인은 없는가? 　　　　　O X
② 식물이 개화 시기를 아는 것이 과연 가능한 것인가? 　　　　　O X
③ 개화 조건에 따라 식물의 종류를 구분 지을 수 있는가? 　　　　　O X
④ 식물에 따라 개화 조절 능력이 다르다고 할 수 있는가? 　　　　　O X
⑤ 식물이 계절에 따라 반응을 달리한다고 말할 수 있는가? 　　　　　O X

STEP.3 개념 Jump

[01-02] 다음 글을 읽고 물음에 답하시오.　　　　　　　　　　　　　　　| 고1 전국연합학력평가 |

　18세기 영국의 공리주의자인 벤담이 처음 제안한 원형 감옥인 패놉티콘은 한 명의 간수가 수백 명의 죄수를 감시할 수 있다. 전체적으로 동심원 구조로 되어 있는 패놉티콘은 간수가 있는 중앙의 공간을 항상 어둡게 유지하여 죄수는 자신이 감시당하고 있다는 사실은커녕 간수의 존재 자체도 알 수 없었다. 반면 바깥쪽의 둥그런 감옥에는 건물 내부를 향한 창이 있어서 자신들의 모습이 간수에게 시시각각 포착되어 죄수들은 늘 감시받고 있다는 느낌을 가지게 되었다. 벤담은 이런 패놉티콘의 구조는 죄수들에게 규율과 감시를 내면화해서 스스로를 감시하게 하기 때문에 최소 비용으로 최대 효과를 볼 수 있는 획기적인 방법이라 주장하였다.

[A]
　1970년대 중반 이른바 정보 혁명의 시대가 도래하면서 '전자 감시'가 패놉티콘을 통한 감시와 흡사하다는 인식이 급속히 퍼지면서 당시에는 큰 관심을 끌지 못했던 벤담의 패놉티콘은 다시 주목을 받기 시작했다. 우리가 살아가고 있는 정보화 사회에서는 컴퓨터 데이터베이스를 통해 막대한 양의 정보가 수집되고 있으며 CCTV는 도로와 거리, 건물 내·외에 자리 잡고 우리의 일상을 지켜보고 있다. 또한 신용 카드와 같은 전자 결제를 통해 나의 소비 정보가 고스란히 드러나고, 심지어는 전화 통화, 문자 내용까지도 저장되어 필요할 땐 다시 복원할 수 있다. 바야흐로 정보 수집을 통한 다양한 감시와 통제, 즉 '전자 패놉티콘'의 시대가 시작된 것이다.

　여기서 '정보'는 벤담의 패놉티콘에서의 '시선'을 대신해서 규율과 통제의 기제로 작용한다. 일단 이 둘은 '불확실성'의 공통점이 있다. 죄수가 늘 자신을 보고 있다고 생각하는 간수 때문에 매사의 행동에 조심하는 것처럼, 정보가 수집되는 사람은 자신에 대한 정보가 언제, 어떻게 열람될지 확신할 수 없기 때문에 자신의 행동에 주의를 기울인다. 이 둘의 또 다른 공통점으로 '비대칭성'을 들 수 있다. 패놉티콘에 죄수는 볼 수 없고 간수만 볼 수 있게 만든 시선의 비대칭성이 있다면 전자 패놉티콘에는 수집된 정보에 대한 접근의 비대칭성이 존재한다. 방대하게 수집된 정보를 열람할 때 접근자의 신분에 따른 차등을 두는 것이다.

　정보 혁명의 시대를 거쳐 정보의 바다인 21세기를 살아가는 우리는 '전자 패놉티콘'에 어떻게 대처해야 할까? 단순히 생각해 보면 전자 패놉티콘의 두 가지 부정적인 속성을 해결하면 의외로 답은 간단할 수 있다. 우리를 막연한 불안감, 불확실성에 떨게 하는 무차별적인 정보의 과다 수집을 금하고, 이미 수집된 정보에 대한 접근을 좀 더 평등하게 만드는 것이다. 공유할 수 있는 정보를 투명하게 공개할 때 보통 사람들이 권력자를 감시하는 역감시의 결과도 낳을 수 있고 이는 투명한 사회를 향한 첫걸음이 될 것이다.

---

01 윗글을 읽고 해결할 수 있는 질문으로 적절하지 <u>않은</u> 것은?　　　　　25636-0039

① 전자 패놉티콘 사회의 특징은?　　　　　　　　　　　　Ok No
② 패놉티콘의 기원과 구조적 특징은?　　　　　　　　　　Ok No
③ 패놉티콘이 초기에 주목받지 못한 원인은?　　　　　　Ok No
④ 패놉티콘과 전자 패놉티콘의 공통점과 차이점은?　　　Ok No
⑤ 전자 패놉티콘 사회의 문제점을 해결할 수 있는 방안은?　Ok No

02 〈보기〉의 자료를 활용하여 〈조건〉에 맞게 구상한 내용으로 가장 적절한 것은?   25636-0040

〈보기〉

> 서구에서는 19세기 초엽부터 정부가 주체가 되어 국민에 대한 대대적인 조사 활동을 벌였는데, 나이, 가족 수, 가구, 수입, 주거 환경, 범죄 기록, 작업 환경, 질병 등의 광범위한 조사였다. 정부는 이 조사 결과를 분석하여 새로운 법률과 정책을 위한 기초 자료로 활용하였는데, 이는 오늘날 모든 국민에게 기초적인 삶의 질을 보장하는 복지 사회로 가는 초석이 되었다.

〈조건〉

> ○ 목적: [A]에 대한 비판적 고찰을 담을 것
> ○ 표현: 문맥에 맞는 비유적 표현을 활용할 것

① 정보화 사회의 역기능만을 중점적으로 다루고 해결책을 제시한 글쓴이의 태도는 문제가 있어. 좀 더 새로운 시각이 필요하겠어.   [Ok] [No]

② 소 잃고 외양간 고친다는 말이 있잖아. 이미 정보화 사회의 폐해는 돌이킬 수 없는 지경이 되어 버렸는데 낙관적 전망만 해서는 안 되겠지.   [Ok] [No]

③ 양날의 검처럼 쓰는 사람에 따라 이로울 수도 불리할 수도 있는 거야. 사회 현상에 대해 한쪽 면만 보고 편협한 생각을 하는 것은 문제가 있어.   [Ok] [No]

④ 시간은 천금이라고 했어. 복지 국가 건설이라는 커다란 목표를 실현하기 위해서 국민 개개인의 희생이 어느 정도 필요하다는 의견은 타당성이 있어.   [Ok] [No]

⑤ 구슬이 서 말이라도 꿰어야 보배라는 말처럼 아무리 좋은 정책이라도 기초가 부실하다면 그 효과는 오래가지 않을 것이라는 생각에 전적으로 동감해.   [Ok] [No]

내가 그리는 개념 마인드맵

독서 지문을 읽을 땐 내용을 곧이곧대로만 받아들이는 게 아니라 **적절하고 타당한 근거를 바탕으로** 판단하며 읽어야 한다는 거 잘 알았지? :)

오늘 꼭 알아야 할 개념 # 개념 정의 # 특징 # 사례

STEP.1 개념 Hi

수능 독서 기출문제의 지문들을 쭉 분석해 보면, 항상 반복되는 패턴이 있어. 이 패턴들로 제시되는 정보는 문제의 선지에 자주 나오는 편이고, 앞으로도 나오고 나오고, 또 나올 테니 꼭 알아 둬야 해. 이번 시간부터는 수능 독서에 반복해서 출제되는 패턴들을 같이 공부해 보자.

개념 1 8 개념 정의

출제자는 자신이 설명하고 싶은 대상을 ㅅㄱ 하고, 그 대상이 가진 ㅌㅈ 을 설명할 수밖에 없어.

개념: 어떤 사물이나 현상에 대한 일반적인 지식

여러 관념 속에서 공통 요소를 뽑아내어 종합하여서 얻은 하나의 보편적인 관념

화제의 개념과 특징을 설명하는 게 목적인 지문들이 있어. 예를 들어 출제자가 'RFID 기술'이라는 화제를 데리고 오더니, 'RFID 기술이란~' 하면서 그 RFID 기술이라는 것에 대해 설명을 쭉 늘어놓는다고 하자. 여기서 이 지문의 출제자가 우리에게 원하는 건 뭘까? 그래! 우리가 지문을 통해 'RFID 기술'에 대해 알기를 원하는 거겠지. 그럼 우리가 그걸 잘 이해하고 알게 되었는지 어떻게 확인하겠어? 그렇지, 문제를 통해 묻는 거야. 그래서 지문에 화제의 개념 정의, 그리고 화제의 특징을 설명하는 내용이 나오면, 그게 바로 출제 요소야.

① ㅈㅇ

유동성이란 자산 또는 채권을 손실 없이 현금화할 수 있는 정도로, 현금과 같은 화폐는 유동성이 높은 자산인 반면 토지나 건물과 같은 부동산은 유동성이 낮은 자산이다.

② ㅅㅁ

직장인 A 씨는 셔츠 정기 배송 서비스를 신청하여 일주일간 입을 셔츠를 제공받고, 입었던 셔츠는 반납한다. A 씨는 셔츠를 직접 사러 가거나 세탁할 필요가 없어져 시간을 절약할 수 있게 되었다. 이처럼 소비자가 회원 가입 및 신청을 하면 정기적으로 원하는 상품을 배송받거나, 필요한 서비스를 언제든지 이용할 수 있는 경제 모델을 '구독 경제'라고 한다.

③ ㅅㅅ

금융을 통화 정책의 전달 경로로만 보는 전통적인 경제학에서는 금융 감독 정책이 개별 금융 회사의 건전성 확보를 통해 금융 안정을 달성하고자 하는 미시 건전성 정책에 집중해야 한다고 보았다. 이러한 관점은 금융이 직접적인 생산 수단이 아니므로 단기적일 때와는 달리 장기적으로는 경제 성장에 영향을 미치지 못한다는 인식과, 자산 시장에서는 가격이 본질적 가치를 초과하여 폭등하는 버블이 존재하지 않는다는 효율적 시장 가설에 기인한다.

개념 1 9 특징

특징: 다른 것에 비하여 특별히 눈에 띄는 점

① ㅈ ㄷ ㅈ

> **점수 투표제**는 각 투표자에게 일정한 점수를 주고 각 투표자가 자신의 선호에 따라 각 대안에 대하여 주어진 점수를 배분하여 투표하는 제도로, 합산하여 가장 많은 점수를 얻은 대안이 선택된다. 투표자의 선호 강도에 따라 점수를 배분하므로 투표자의 선호 강도가 잘 반영된다. 소수의 의견도 투표 결과에 잘 반영되며, 투표의 역설이 나타나지 않는다는 장점이 있다. 하지만 전략적 행동에 취약하여 투표 결과가 불규칙하게 바뀔 수 있다는 단점이 있다.

② ㄱ ㄴ

> 우리 몸 안에서 가장 큰 장기는 **간**으로, 커다란 크기만큼 하는 일이 많아서 '인체의 화학 공장'이라고 한다. 우선 우리가 음식을 섭취하게 되면 위나 장에서 영양소를 흡수하게 되는데, 여기서 흡수된 여러 영양소는 대부분 혈액을 통해 간으로 이동한다. 간은 그 영양소들을 몸에서 요구하는 다른 영양소로 만들거나, 우리 몸을 위해 저장하기도 한다. 이런 것들이 가능한 이유는 간의 구조와 혈액의 공급 방식 때문이다.

③ ㅎ ㄱ 및 ㅇ ㅇ

> **도덕적 다원주의**는 도덕적 갈등을 해결할 수 있는 현실적인 지침을 제공하지 않는다는 비판을 받기도 한다. 하지만 갈등 상황에서 따라야 할 단일 기준을 내세우지 않는다는 것은 상황에 따라 문제를 해결할 수 있는 풍부한 기지와 창조력을 발휘할 수 있는 기회를 제공한다고도 할 수 있다. 이러한 점에서 도덕적 다원주의는 도덕적 갈등을 바라보는 근본적인 인식을 바꾸었다는 의의가 있다.

개념 2 0 사례

특정한 대상에 대해 설명하는 글은 독자의 이해를 돕기 위해 **사례를 제시해 주는 경우가 많아.** 설명하려는 대상(화제)이 무척 생소한 대상이거나, 또는 추상적이거나, 아주 복잡한 원리일 때 구체적인 사례를 통해 이해를 돕는 거지. 독서 지문에서 예를 들어 설명할 때에는 그 대상이 중요하기 때문이라는 걸 눈치채야 해. 그러니까 굳이 **사례까지 들어 가며 설명해 주는 대상이 있다면** 바로 우리가 주목해야 할 **출제 요소야.**

① ㅈ ㅅ ㅇ (예컨대, 이를테면, 가령, 예를 들어)

> 아리스토텔레스는 **이데아계가 존재한다고 보지 않았다.** 예컨대 사람은 나이가 들며 늙는데, 만약 이데아계의 변하지 않는 어린아이의 형상과 성인의 형상을 바탕으로 각각 현상계의 어린아이와 성인이 생겨났다면, 현상계에서 어린아이가 성인으로 성장하는 것을 설명할 수 없기 때문이다.

> 집단 무의식은 태어날 때부터 누구나 가지고 있는 원초적이며 보편적인 무의식이다. **거기에는 진화를 통해 축적되어 온 인류의 경험이 '원형'의 형태로 존재한다.** 가령 어두운 상황에서 누구나 공포심을 느끼는 것이 원형에 해당한다.

② ~ㄱ ㅇ, ~ㄷ ㅇ

> 양·천이라는 법적 구분 아래 사회 구성원은 상급 신분층인 양반 계층, **의관·역관**과 같은 **기술관**이나 **서얼** 등의 **중인 계층**, 양인 중 수가 가장 많았던 평민 계층, 노비가 주류인 천민 계층으로 나뉘었다.

■ **초성 퀴즈 답** 소개, 특징 ① 정의 ② 설명 ③ 수식 / ① 장단점 ② 기능 ③ 한계, 의의 / ① 접속어 ② 같은, 등의

STEP.2 개념 Quiz

글의 **핵심 화제**를 파악하고, 화제의 **개념**, **특징**, **사례**들이 긴밀하게 연결되어 있는지를 판단할 수 있어야 돼.

| 고1 전국연합학력평가 |

1

아리스토텔레스는 형상이 항상 사물의 생성과 변화의 바탕이 되는 질료에 내재한다고 보고, 이를 가능태와 현실태라는 개념을 통해 설명하였다. 가능태란 형상을 실현시킬 수 있는 가능적 힘이자 질료를 의미하며, 현실태란 가능태에 형상이 실현된 어떤 상태이다. 가령 도토리는 떡갈나무가 되기 위한 가능태라면, 도토리가 떡갈나무가 된 상태가 현실태이다. 이처럼 생성·변화하는 모든 것은 목적을 향해 움직이므로 가능태에 있는 것은 형상이 완전히 실현된 상태인 '완전 현실태'를 향해 나아가는데, 이 이행 과정이 운동이다. 즉 운동의 원인은 외부가 아닌 가능태 자체에 내재한다.

25636-0041

Q.1 '가능태'란?

Q.2 '현상태'란?

Q.3 '완전 현실태'란?

Q.4 '운동'이란?

Q.5 '아리스토텔레스'의 관점에서 　형상　과 　질료　에 대해 이해한 내용으로 적절한 설명인지 O/X로 답해 보자.

① 형상은 질료와 분리되어 존재할 수 없다. 　O　X
② 질료는 형상을 실현시킬 수 있는 가능적 힘이다. 　O　X
③ 형상이 질료에 실현되는 원인은 가능태 자체에 내재한다. 　O　X
④ 형상과 질료 사이의 관계는 현실태와 가능태 사이의 관계와 같다. 　O　X
⑤ 생성·변화하는 것은 형상이 질료에 완전히 실현된 상태인 완전 현실태를 향한다. 　O　X

② 대부분의 사람들은 자연 현상이나 사회 현상에 인과 관계가 존재한다고 생각한다. 인과적 사고는 이와 같이 어떤 일이 발생하면 거기에는 원인이 있을 것이라는 생각에서 비롯되었다. 이러한 맥락에서 원인을 찾아내는 방법을 밝혀내고자 한 사람으로 19세기 중엽 영국의 철학자 존 스튜어트 밀이 있다. 그는 원인을 찾아내는 몇 가지 방법을 제안하였는데, 그 가운데 대표적인 것이 일치법과 차이법이다.

㉠**일치법**은 어떤 결과가 발생한 여러 경우들에 공통적으로 선행하는 요소를 찾아 그것을 원인으로 간주하는 방법이다. 가령 수학여행을 갔던 ○○고등학교의 학생 다섯 명이 장염을 호소하였다고 하자. 보건 선생님이 이 학생들을 불러서 먹은 음식이 무엇인지 조사해 보았다. 다섯 명의 학생들이 제출한 자료를 본 선생님은 이 학생들이 공통적으로 먹은 유일한 음식이 돼지고기라는 사실을 알게 되었다. 이때 선생님이 돼지고기가 장염의 원인이라고 결론을 내리는 것이 바로 일치법을 적용한 예이다.

$$a\,b\,c\,d \rightarrow X$$
$$a\,c\,e\,f \rightarrow X$$
$$a\,d\,e\,f \rightarrow X$$
$$\therefore a \rightarrow X$$

일치법은 왼쪽과 같은 도식으로 정리할 수 있다. X는 원인을 알고 싶은 결과이고, a, b, c, d, e, f는 여러 가지 선행하는 요소를 뜻한다. a는 X가 일어나는 모든 경우에 공통되는 유일한 요소이므로 a가 X의 원인이라고 결론을 내린다.

㉡**차이법**은 결과가 나타난 사례와 나타나지 않은 사례를 비교하여 선행하는 요소들 사이의 유일한 차이를 찾아 그것을 원인으로 추론하는 방법이다. 인도네시아의 연구소에 근무하던 에이크만은 사람의 각기병과 유사한 증상을 보이는 닭의 질병을 연구하고 있었다. 어느 날 그는 병에 걸린 닭들 중에서 병이 호전된 한 마리의 닭을 발견하고는 호전의 원인이 무엇인지를 찾아보고자 하였다. 그 결과 병이 호전된 닭과 호전되지 않은 닭들의 모이에서 나머지는 모두 같았으나 유일한 차이가 현미에 있음을 알게 되었다. 즉 병이 호전되지 않은 닭들은 채소, 고기, 백미를 먹었으나 병이 호전된 닭은 추가로 현미를 먹었던 것이다. 이렇게 모이의 차이를 통해 닭의 병이 호전된 원인을 현미에서 찾은 에이크만의 사례는 바로 차이법을 적용한 예이다.

일치법과 차이법은 우리가 일상적으로 많이 사용하는 원인 식별 방법이지만 이 방법을 사용하여 정확한 원인을 찾기 위해서는 몇 가지 점에 주의해야 한다. 즉 선행하는 요소들을 충분히 검토하였는지, 밝혀진 요소 이외에 드러나지 않은 다른 요소는 없는지, 누락된 요소 또는 인식하지 못해 누락시킨 요소는 없는지를 세심하게 검토해야 한다. 아울러 우연히 선후 관계로 일어난 현상을 인과 관계로 오해하거나, 하나의 원인이 야기한 두 가지 현상을 각각 원인과 결과로 오판하지 않도록 하여야 한다.

25636-0042

Q.6 ㉠에 따라 원인을 찾아낸 사례로 적절한지 O/X로 답해 보자.

① 아침에 두꺼비가 우는 소리를 들었는데 그때 장대비가 내렸다. 따라서 두꺼비의 울음이 장대비의 원인이다.　　O | X

② 아이의 온몸에 붉은 반점이 생겼는데, 반점이 생기기 전에는 열이 있었다. 따라서 열이 붉은 반점의 원인이다.　　O | X

③ 밤에 잠을 잘 이루지 못한 직장인이 그 원인을 따져 보니 평소와 달리 그날 저녁에만 커피를 마신 것을 알게 되었다. 따라서 커피가 불면의 원인이다.　　O | X

④ 신장 결석에 걸린 20명의 아기들이 먹은 음식물을 모두 조사해 보았더니 유일한 공통 요소는 A사의 분유였다. 따라서 A사의 분유가 신장 결석의 원인이다.　　O | X

⑤ 최근 우리나라 청소년의 컴퓨터 게임 시간은 평균 30분 늘어난 것으로 조사되었고, 같은 기간에 학력은 평균 2% 하락한 것으로 나타났다. 따라서 컴퓨터 게임 시간이 증가한 것이 학력 하락의 원인이다.　　O | X

Q.7 ㉡을 도식으로 나타낸 것으로 가장 적절한 것을 골라 보자.

(이때 ' - X'는 'X'라는 결과가 일어나지 않았음을 의미함.)

① a b c d → X
　 b c d → -X
　 ∴ a → X

② a b c d → X
　 b e f → -X
　 ∴ a → X

③ a b c d → X
　 a c d → X
　 a d e → X
　 ∴ a → X

④ a b c d → X
　 b e f → X
　 c d e → -X
　 ∴ a → X

⑤ a b c d → X
　 a b d → -X
　 b d f → X
　 ∴ a → X

STEP.3 개념 Jump

[01-03] 다음 글을 읽고 물음에 답하시오.

| 고1 전국연합학력평가 |

  형법은 범죄와 형벌을 규정한 법률로 어떤 행위가 형법상 범죄 행위로 성립하려면 '구성 요건 해당성', '위법성', '책임'이라는 세 가지 요건을 순차적으로 모두 충족해야 한다.

  첫 번째 성립 요건인 구성 요건 해당성은 어떤 행위에 대한 구체적인 사실이 형법상 규정된 범죄의 유형에 해당하는 것을 말한다. 이때 구성 요건으로 행위와 결과를 요구하는 경우에는 구성 요건상 행위와 결과 간에 인과 관계가 인정되어야 한다. 두 번째 성립 요건인 위법성은 전체 법질서에 위배된다는 가치 판단으로, 어떤 행위가 구성 요건에 해당하는 행위이면 일반적으로 위법성이 추정된다. 하지만 구성 요건에 해당하는 행위이더라도 예외적으로 위법성을 소멸시키는 사유인 위법성 조각 사유에 해당한다면 범죄가 성립하지 않는다. 예를 들어 범죄의 구성 요건에 해당하는 타인에 대한 폭력이 형법에 규정된 위법성 조각 사유 중 하나인 정당방위에 해당한다면 위법성이 조각되어 범죄라고 볼 수 없다는 것이다. 세 번째 성립 요건인 책임은 행위자에 대해 사회적 비난이 가능하다는 성질을 의미한다. 어떤 행위가 구성 요건에 해당하는 위법한 행위라도 행위자에 대한 사회적 비난이 가능하지 않다면 범죄가 되지 않는다. 이때 행위자에 대한 책임을 물을 수 없는 사유인 책임 조각 사유 역시 형법에 규정되어 있는데 그 예로 강요된 행위가 있다.

  형법에서 다루는 범죄는 '고의범'과 '과실범'으로 나눌 수 있다. 고의범은 행위자가 죄를 범할 의사를 가지고 저지르는 범죄로, 범죄 사실의 발생 가능성에 대한 인식이 있음은 물론 나아가 범죄 사실이 발생할 위험을 용인하는 마음속의 의사를 가지고 행동하는 '미필적 고의'에 의한 범죄 역시 고의범에 포함하고 있다. 형법에서 다루는 범죄는 고의범이 대부분이지만, 실수로 타인의 생명과 신체를 침해하는 사례가 많아지면서 죄를 범할 의사는 없지만 부주의로 타인에게 상처를 입히는 등의 과실로 인한 범죄인 과실범에 대해서도 특별한 규정을 두어 처벌하고 있다.

  과실은 결과 발생의 위험성에 대한 인식의 유무와 형법상의 과실범 규정에 따라 그 유형을 나눌 수 있다. 먼저 인식의 유무에 따라 과실의 유형을 나누면 '인식 없는 과실'과 '인식 있는 과실'로 나눌 수 있다. 자동차 운전을 하면서 통화를 하다가 정지 신호를 보지 못하고 통과하던 중 교통사고를 일으킨 경우, 운전 중 통화 행위가 사고를 발생시킬 수 있는 위험한 행동이라고 인식하지 못하였다면 운전자의 행위는 인식 없는 과실에 해당한다. 그러나 운전 중 통화 행위가 사고를 발생시킬 수 있는 위험한 행동이라고 인식했지만 주의해서 운전하면 교통사고는 발생하지 않을 것이라고 생각하면서 계속 통화를 하던 중 교통사고를 일으켰다면 운전자의 행위는 인식 있는 과실에 해당한다고 볼 수 있다. 두 과실은 형법상 취급에는 차이가 없고 과실범의 성립 여부에 영향을 주지 않는다. 하지만 두 과실을 구분함으로써 인식 있는 과실을 미필적 고의와 구별할 수 있다.

  다음으로 과실은 형법상의 과실범 규정에 따라 ⊙'통상의 과실', ⊙'업무상 과실', ⊙'중과실'로 나눌 수 있는데, 이들은 법정형에 차이가 있다. 업무상 과실은 업무가 계속적·반복적인 수행을 요건으로 하기 때문에 결과 발생에 대한 예견 가능성이 높다고 할 수 있으므로 일반인에게 통상적으로 요구되는 주의 의무를 위반하는 통상의 과실에 비해 상대적으로 무겁게 처벌한다. 이 경우 업무는 결과 발생 야기 행위의 내용이어야 하며 이와 무관한 업무를 수행하던 중 발생한 결과에 대해서는 업무상 과실을 인정할 수 없다. 중과실은 통상의 과실에 비해 주의 의무를 현저히 태만히 한 경우, 즉 극히 근소한 주의만 기울였더라도 결과의 발생을 예견할 수 있었다는 점에서 통상의 과실에 비해 상대적으로 무겁게 처벌한다.

---

01 윗글의 내용에 대한 이해로 적절하지 <u>않은</u> 것은? 25636-0043

① 협박에 의해 강요된 행위였다면 위법성이 조각되어 범죄로 볼 수 없다. Ok | No

② 어떤 행위에 대한 결과가 없더라도 그 행위만으로도 구성 요건에 해당할 수 있다. Ok | No

③ 어떤 행위가 형법에 규정된 범죄 행위의 유형에 속하지 않는다면 범죄로 볼 수 없다. Ok | No

④ 어떤 행위가 형법상 범죄로 성립하기 위해서는 범죄 성립의 세 가지 요건을 순차적으로 모두 충족해야 한다. Ok | No

⑤ 범죄의 구성 요건으로 행위와 결과를 요구하는 경우, 구성 요건상 행위와 결과는 인과 관계가 인정되어야 한다. Ok | No

02 ㉠~㉢에 대한 설명으로 적절하지 **않은** 것은?　　　25636-0044

① ㉠과 ㉡은 업무로 인한 결과 발생 가능성을 얼마만큼 예견했는가에 따라 법정형이 달라진다. [Ok | No]

② ㉠과 ㉢은 주의 의무에 대한 태만의 정도 차이를 기준으로 나뉜다. [Ok | No]

③ ㉡은 계속적이고 반복적인 수행으로 인해 결과 발생에 대한 예견 가능성이 ㉠에 비해 상대적으로 높다. [Ok | No]

④ ㉢은 조금만 주의를 기울여도 결과의 발생을 피할 수 있다는 점에서 ㉠에 비해 상대적으로 무겁게 처벌한다. [Ok | No]

⑤ ㉠~㉢은 형법상 과실 행위를 세분화한 것으로 법정형에 차이가 있다. [Ok | No]

03 윗글을 참고했을 때,  의 판결문에 대한 반응으로 적절하지 **않은** 것은?　　　25636-0045

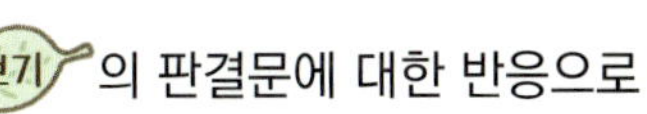

> A 씨(견주)는 자신의 의류 매장에서 반려견을 키우고 있었다. A 씨는 ○월 ○일 11시에 자신의 매장에서 환불을 요구하는 손님과 다툼을 벌였고, 그 과정에서 A 씨의 반려견이 밖으로 나갔다. 이때 지나가던 B 씨에게 A 씨의 반려견이 달려들었고, B 씨는 A 씨의 반려견에게 물려 상해를 입게 되었다. A 씨의 과실 여부를 판단하는 재판 과정에서, A 씨는 자신의 반려견이 매장 밖으로 나가 타인에게 해를 끼칠 수도 있겠다고 생각했지만 손님과의 다툼으로 어쩔 수 없었던 상황이었다고 호소했다. 이에 대한 판결은 다음과 같다.
>
> [판결문]
> 　피고인(A 씨)은 피고인이 운영하는 의류 매장에서 견주로서 반려견에게 목줄을 채우지 않은 채 풀어놓고 출입문의 잠금 상태를 소홀히 한 과실로 피해자(B 씨)에게 상세 불명의 신체 부위에 상처를 입게 하였으므로 피고인을 벌금 150만 원에 처한다.

① A 씨가 반려견에 대한 관리를 소홀히 한 사실에 대해 A 씨에 대한 사회적 비난이 가능하다고 판단한 것이겠군. [Ok | No]

② A 씨가 반려견에 대한 관리를 소홀히 하면 타인에게 해를 끼칠 수 있다고 인식한 점은 과실범의 성립 여부에 영향을 미쳤겠군. [Ok | No]

③ A 씨가 손님과의 다툼으로 반려견에 대한 관리를 소홀히 할 수밖에 없었다고 주장하는 부분에 대해 책임 조각 사유로 인정하지 않았겠군. [Ok | No]

④ A 씨가 반려견에 대한 관리를 소홀히 하였고 그로 인해 B 씨가 상해를 입게 된 점을 형법상 규정된 범죄 유형에 해당한다고 판단한 것이겠군. [Ok | No]

⑤ A 씨가 반려견에 대한 관리 소홀로 타인을 다치게 하여 벌금형을 받은 점은 구성 요건에 해당하는 행위에 위법성이 있다고 판단한 것이겠군. [Ok | No]

첫 번째로 기억해야 하는 지문 속 패턴은 **화제의 개념 정의, 특징, 화제와 관련된 사례,** 이 세 가지야. 앞으로는 지문을 읽으면서 이런 정보들에 주목해 보자. :)

09강 지문 패턴 2_꼭 만나는 관점-차이점

오늘 꼭 알아야 할 개념 # 관점 # 차이점

STEP.1 개념 Hi

지난 시간에 배운 화제의 **개념 정의**와 **특징**에 대한 정보는 거의 모든 독서 지문에 기본적으로 등장한다고 볼 수 있을 정도야. 9강에서는 개념 정의와 특징만큼 자주 등장하는 출제 요소를 하나 더 알려 줄게. 바로 **관점**과 **차이점**. 반드시 주목해야 하는 **출제 요소**야.

개 념 2 1 관점

독서 지문에는 글쓴이의 ㄱ ㅈ 이 드러날 때도 있지만, 화제에 관한 다양한 ㄱ ㅈ 이 소개될 때가 더 많아.

관점: 사물이나 현상을 관찰할 때, 그 사람이 보고 생각하는 태도나 방향 또는 처지

글쓴이는 자신의 **견해**나 **입장**, 즉 **관점**을 직접 드러낼 수도 있고, 화제에 대한 다른 사람이나 집단의 다양한 관점을 소개만 할 수도 있어. 어쨌든 다양한 관점이 제시될 때에는 각 관점 간의 **차이점**을 정확히 파악해야 돼. 그리고 화제와 관련된 관점이 글쓴이의 관점인지, 글쓴이가 단순히 소개하는 관점인지 혼동하지 말아야겠지? 출제자는 지문에서 설명한 관점을 우리가 정확히 파악했는지를 알고 싶어 해. 그래서 단순히 그 관점에 대해서만 묻지 않고, **구체적인 사례에 적용**해 보라고 할 때도 있다는 것도 기억하자. 지문 속에 어떤 **관점**이 소개된다면, 그게 바로 **출제 요소**야.

• ㄱ ㅎ , ㅈ ㅈ , ㅇ ㄹ

'전통 철학'에서는 인간이 선천적인 원리에 의해 미리 규정된 '특성'과 '본질'을 갖는다고 <u>보았다</u>. 그리고 인간은 그 특성과 본질을 이 세계에서 충실하게 실현해야 한다<u>는 것이다</u>. 하지만 '실존주의'에서는 인간은 결단의 주체이며 자신의 특성과 정체성을 스스로 결정할 자유로운 의식과 권리가 있고, 스스로 자신의 결정에 책임을 질 필요가 있다고 <u>보았다</u>. 따라서 실존주의에서는 인간을 하나의 현상이자 개별적인 존재로 보고 인간의 구체적인 행동에 관심을 두었다.

개 념 2 2 차이점

독서 지문에는 **하나의 관점**만 제시되는 경우도 있지만, **둘 이상의 관점**들이 제시되는 경우가 대부분이야. 여러 관점이 소개되다 보면 그 관점들 사이에 **다른 점**이 있기 마련이지.

차이점: 서로 같지 아니하고 다른 점

출제자가 하나의 지문에 둘 이상의 관점을 소개하는 이유는 뭘까? 바로 우리가 둘 이상의 대상을 견주어 보며 그 **차이점**을 파악하고 이해할 수 있는지를 알고 싶기 때문이지. 둘 이상의 관점이 제시되면 우리는 관점들 사이의 **공통점**과 **차이점**에 주목해야 돼. 특히 차이점을 묻는 경우가 훨씬 많으니까, 차이점을 파악하는 것에 좀 더 중점을 두고 지문을 읽어 보자. 지문 속에 여러 관점 간의 차이점이 소개된다면, 그게 바로 **출제 요소**야.

① A는 ~ **ㅂㅁ** B는 ~

> 　주희는 '명덕(明德)'을 인간이 본래 지니고 있는 마음의 밝은 능력으로 해석한다. 인간이 올바른 행동을 할 수 있는 것은 명덕을 지니고 있어서인데 기질에 가려 명덕이 발휘되지 못하게 되면 잘못된 행동을 하게 된다. 따라서 도덕 실천을 위해서는 명덕이 발휘되도록 기질을 교정하는 공부가 필요하다. '명명덕'은 바로 명덕이 발휘되도록 공부한다는 뜻이다. **반면**, 정약용은 명덕을 '효(孝)', '제(弟)', '자(慈)'의 덕목으로 해석한다. 명덕은 마음이 지닌 능력이 아니라 행위를 통해 실천해야 하는 구체적 덕목이다. 어떤 사람을 효자라고 부르는 것은 그가 효를 실천할 수 있는 마음의 능력을 가지고 있어서가 아니라 실제로 효를 실천했기 때문이다. '명명덕'은 구체적으로 효, 제, 자를 실천하도록 한다는 뜻이다.

② A와 **ㄷㄹ** B는 ~

> 　심리 철학에서 동일론은 의식이 뇌의 물질적 상태와 동일하다고 본다. **이와 달리** 기능주의는 의식은 기능이며, 서로 다른 물질에서 같은 기능이 구현될 수 있다고 주장한다. 이때 기능이란 어떤 입력이 주어졌을 때 특정한 출력을 내놓는 함수적 역할로 정의되며, 함수적 역할의 일치는 입력과 출력의 쌍이 일치함을 의미한다. 실리콘 칩으로 구성된 로봇이 찔림이라는 입력에 대해 고통을 출력으로 내놓는 기능을 가진다면, 로봇과 우리는 같은 의식을 가진다는 것이다. 이처럼 기능주의는 의식을 구현하는 물질이 무엇인지는 중요하지 않다고 본다.

■ **초성 퀴즈 답** 관점, 관점, 견해, 주장, 이론 / ① 반면 ② 달리

STEP.2 개념 Quiz

쉬운 지문으로 시작해 보자. 지문 속에 **상반되는** 두 관점이 있을 거야. 그들이 **주장하는** 바가 무엇이고, 또 그 근거는 무엇인지, 두 관점 사이에 어떤 **차이점이** 있는지 생각하면서 읽는 게 과제야.

| 중3 학업성취도평가 |

1

오늘날은 누구든지 인터넷 검색을 통해 원하는 정보를 손쉽게 얻을 수 있다. 그러나 이러한 정보를 삭제할 수 있는 권한은 특정 기업에 있기 때문에 개인이 자신과 관련된 정보를 삭제·폐기하는 데는 많은 시간과 노력이 소요된다. '잊힐 권리'는 바로 이러한 인터넷 환경에서 나온 개념이다. 잊힐 권리란 인터넷에서 생성·저장·유통되는 개인 정보에 대해 유통 기한을 정하거나 이의 수정, 삭제, 영구적인 폐기를 요청할 수 있는 권리를 말한다.

이러한 잊힐 권리의 법제화*에 대해 찬성과 반대 의견이 대립하고 있다. 찬성 측은 무엇보다 개인의 인권 보호를 위해 잊힐 권리를 법제화해야 한다고 주장한다. 인쇄 매체 시대에는 시간이 지나면 기사가 사람들의 기억 속에서 점차 잊혔기 때문에 그로 인한 피해가 한시적이었다. 반면 인터넷 시대에 한 번 보도된 기사는 언제든지 다시 찾을 수 있기 때문에 기사와 관련된 사람이 소위 '신상 털기'로 인한 피해를 지속적으로 입을 수 있다. 또한 인터넷 환경에서는 개인에 대한 정보를 쉽게 검색할 수 있어서 한 개인의 신원을 종합적으로 파악하는 이른바 '프로파일링'도 가능해졌다. 이러한 행위들이 무차별적으로 이루어진다면 당사자는 매우 큰 정신적·물질적 피해를 입을 수 있기 때문에 이를 방지할 수 있는 강제적인 규제가 필요하다는 것이다.

반면 또 다른 권리의 측면에서 법제화를 반대하는 입장도 있다. 표현의 자유를 제한하고 알 권리를 침해할 가능성이 있다는 것이다. 잊힐 권리가 법제화되면 언론사는 삭제나 폐기를 요구받을 만한 민감한 기사를 보도하는 데 조심스러워질 수밖에 없어 표현의 자유가 제한될 수 있다. 그리고 기사나 자료가 과도하게 삭제될 경우 정부나 기업, 특정인과 관련된 정보에 대한 국민의 알 권리가 침해될 수 있다. 또한 반대 측은 현실적인 측면에서도 문제가 있다고 본다. 인터넷에 광범위하게 퍼져 있는 개인의 정보를 찾아 지우는 것은 기술적으로 대단히 어렵다. 게다가 잊힐 권리를 현실에 적용할 때 투입되는 비용 문제 역시 기업에는 큰 부담이 될 수 있다.

인터넷 환경에 둘러싸인 현대인에게 잊힐 권리는 중요한 문제라고 볼 수 있다. 잊힐 권리가 악용되는 일이 없기 위해서는 아직도 세부적으로 고려하고 논의해야 할 사항이 많다. 앞으로 잊힐 권리를 둘러싼 문제들이 어떻게 해결되어 나가는지 계속 관심을 갖고 지켜볼 필요가 있다.

***법제화**: 법률로 정하여 놓음.

25636-0046

Q.1 '잊힐 권리'란?

인터넷에서 생성·저장·유통되는 ㄱ ㅇ ㅈ ㅂ 에 대해 ㅇ ㅌ ㄱ ㅎ 을 정하거나 이의 ㅅ ㅈ , ㅅ ㅈ , 영구적인 ㅍ ㄱ 를 요

청할 수 있는 권리를 말한다.

Q.2 '잊힐 권리'를 법제화하는 것에 찬성하는 입장의 근거는?

개인의 ㅇ ㄱ 은 보호받아야 하기 때문이다.

Q.3 '잊힐 권리'를 법제화하는 것에 반대하는 입장의 근거는?

- ㅍ ㅎ 의 자유를 제한하고 ㅇ 권리를 침해할 가능성이 있기 때문이다.

- 인터넷에 광범위하게 퍼져 있는 개인의 정보를 찾아 지우는 것은 ㄱ ㅅ ㅈ 으로 대단히 어렵기 때문이다.

- '잊힐 권리'를 현실에 적용할 때 투입되는 ㅂ ㅇ 이 기업에는 큰 부담이 될 수 있기 때문이다.

18세기 중반 등장한 신고전주의는 고대 그리스의 고전주의 양식으로 회귀하고자 한 복고주의 미술 사조이다. 르네상스 시기에 부활했던 고전주의가 다시금 등장한 것에는 계몽주의가 큰 영향을 미쳤다. 계몽주의자들은 기존의 로코코 미술에 대해 귀족들의 향락을 주제로 하고 장식적인 기교에 치중했다는 점에서 경박하고 부도덕하다고 비판했다. 그들은 근대적 시민 사회의 세계상에 걸맞은 미술에 관심을 가졌는데, 정제된 형식미와 엄숙함을 강조하는 고전주의 미술은 그들의 관심에 부합하는 것이었다.

고전주의는 ㉠아름다움은 사물이 본래 가지고 있는 어떤 특질이라고 보는 미학적 관점을 바탕으로 한다. 이 관점에 따르면 아름다움이란 수학적으로 적절한 비례와 그것이 만들어 내는 조화와 질서 등의 객관적인 형식적 특질이다. 플라톤은 "아름다운 것 치고 비례를 갖추지 않은 것은 없다."라고 말했는데, 이러한 관점은 본질적으로 아름다운 사물이 존재한다는 생각을 내포한다. 또한 고전주의 미술은 엄격한 비례, 즉 기하학적 조형성을 갖춘 사물은 그 자체로 감상자에게 감각적 즐거움을 준다고 보았다.

신고전주의 미술의 이론적 토대를 수립한 빈켈만은 고대 그리스 미술을 참된 예술의 전범으로 삼아 당대 미술이 고대 그리스 미술의 '고귀한 단순성과 고요한 위대함'을 모방해야 한다고 역설했다. 고귀한 단순성이란 완벽한 비례에 따라 표현된 형태를, 고요한 위대함이란 격정 속에서도 내면의 평정을 잃지 않는 감정의 절제를 의미한다. 그는 육체적 아름다움과 정신적 숭고함, 즉 형식과 내용이 완벽한 일치를 이루는 고대 그리스 미술에 보편적이고 이상적인 절대미가 구현되었다고 보았다.

신고전주의 화가들은 빈켈만의 미학을 이론적 토대로 하여 고전주의 미술의 규범을 준수했다. 이에 따라 신고전주의 미술은 붓 자국 없이 매끈하게 처리된 표면, 뚜렷한 윤곽선, 균형 잡힌 안정된 구도 등의 특징을 보이며 색채보다는 형태를 강조했다. 또한 신고전주의 화가들은 계몽주의의 영향을 받아 도덕적인 시민 양성에 필요한 사회적 교훈을 미술에 담고자 하였다. 이들은 고대 그리스의 신화와 역사 속 애국적 희생을 보여 준 영웅의 이야기를 주된 주제로 삼았다. 죽음을 불사하는 영웅의 표정은 작품에서 한결같이 침착하게 표현되었는데, 이는 감정 표현을 절제함으로써 정신적 숭고함, 즉 도덕성을 드러내고자 했기 때문이다.

19세기 전반 등장한 낭만주의는 이상적인 형식미와 엄격한 도덕성을 추구했던 신고전주의 미술을 거부하고 개인의 상상력과 감정의 자유로운 표현을 중시한 미술 사조이다. 낭만주의는 헤르더가 상대주의적 관점에서 고대 그리스에 편향된 빈켈만의 예술관을 비판하면서 시작되었다. 헤르더는 각 개체란 고유한 의미를 지니는 독자적 존재로서 동등한 가치를 가진다고 보고, 빈켈만이 고대 그리스 미술을 절대적이고 보편적 이상으로 여긴 것을 문제 삼았다. 또한 그는 변화와 시간의 흐름에 주목하며, 고대 그리스 미술에 시대를 초월하는 의미를 부여하고 그것을 모방해야 한다고 주장한 빈켈만의 예술관이 시대착오적이라고 비판했다. 개체성을 강조한 헤르더의 사상은 집단과 구분되는 개별자로서의 개인의 각성을 촉발했으며, 자기표현 수단으로서의 미술이 등장하는 계기가 되었다.

폭넓은 주제와 표현 방식을 보여 준 낭만주의는 ㉡아름다움은 사물에 대해 느끼는 감각적 즐거움에서 기인하는 것이라는 미학적 관점을 토대로 한다. "사물의 아름다움은 그 사물을 관조하는 마음속에 있다."라고 말한 흄의 주장은 이러한 관점을 드러낸다. 모든 사물이 그 자체로는 아름답지도 추하지도 않다는 미학적 관점을 바탕으로, 낭만주의 미술에서는 불안, 공포와 같은 감정이나 악마, 유령처럼 비현실적이고 환상적인 존재 등 신고전주의가 관심을 보이지 않았던 영역으로 주제가 확장되었다. 또한 강렬한 채색, 거친 붓 자국, 역동적인 구도 등의 특징을 보이며 감정 표현을 위해 형태보다 색채를 강조했다. 낭만주의는 개별성과 다양성을 꽃피운 미술 사조라고 할 수 있다.

Q.4 윗글의 내용을 정확하게 이해한 설명인지 O/X로 답해 보자.

① 로코코 미술에 대한 반발로 등장한 신고전주의는 당대 사회를 향한 교훈적 메시지를 미술에 반영하고자 했다. ☐ O ☐ X

② 신고전주의 화가들은 그리스 역사 속 죽음을 앞둔 영웅의 불안과 공포를 강렬한 색채를 통해 드러내고자 했다. ☐ O ☐ X

③ 낭만주의 미술이 보여 준 역동적인 구도는 신고전주의 미술이 추구한 이상적인 형식미에 부합하지 않는 것이었다. ☐ O ☐ X

Q.5 ㉠과 ㉡에 대한 이해로 적절한 설명인지 O/X로 답해 보자.

① ㉠은 ㉡과 달리 감상자가 느끼는 주관적 즐거움과 상관없이 사물의 아름다움이 이미 존재하고 있다고 보겠군. ☐ O ☐ X

② ㉡은 ㉠과 달리 감상자가 동일한 사물의 아름다움에 대해 내린 판단은 변화할 수 없다고 보겠군. ☐ O ☐ X

③ ㉠과 ㉡은 모두 조화와 질서를 갖추지 못한 사물이라도 감각적으로 즐거움을 줄 수 있다고 보겠군. ☐ O ☐ X

STEP.3 개념 Jump

[01-02] 다음 글을 읽고 물음에 답하시오.　　　　　　　　　　　| 고2 전국연합학력평가 |

　프랑스의 철학자 리쾨르는 텍스트, 즉 이야기를 해석하는 과정을 통해 자기를 이해할 수 있다는 자기 해석학을 주장하였다. 그는 플라톤과 아리스토텔레스로부터 시작되는 미메시스의 개념을 확장하여 '미메시스의 삼중 구조'를 제시하고 이를 바탕으로 독서를 통한 독자의 자기 해석 과정을 설명하였다.

　미메시스란 예술에서 현실을 모방 또는 재현하는 것을 가리키는 용어이다. 세계를 이상과 현실의 이원적 구조로 본 플라톤은 현실을 이상 세계인 이데아를 모방한 것으로 보았는데, 미메시스로서의 예술은 그 현실을 또 다시 모방한 것으로 보았다. 그는 감각 세계인 현실을 모방한 예술은 인간을 이데아로부터 멀어지게 하는 부정적인 대상이라고 인식하였다. 플라톤에 따르면 예술은 그 갈래마다 모방의 양태가 다르다. 연극은 서술자의 개입 없이 등장인물이 직접 현실을 모방하고, 서사시는 서술자에 의해 간접적으로 현실을 모방한다. 한편 아리스토텔레스는 예술이 인간의 행동을 그대로 모방하는 것이 아니라 개연성이 있는 일을 필연성에 따라 조직한 것이기 때문에 창조적 모방이며, 인간의 감정을 정화하고 인간이 쾌감을 느끼게 한다고 보았다. 이러한 아리스토텔레스의 관점을 받아들여 리쾨르는 미메시스를 인간의 행동을 줄거리로 구성하고 이를 언어로 표현한 것으로 보고, 이것을 더 발전시켜 미메시스로서의 문학을 현실 세계에 존재하는 독자의 삶으로까지 연결하고자 하였다.

　리쾨르는 미메시스를 전형상화 단계인 미메시스Ⅰ, 형상화 단계인 미메시스Ⅱ, 재형상화 단계인 미메시스Ⅲ의 삼중 구조로 설정하였다. 미메시스Ⅰ은 작가가 인간의 행동을 이야기화하기 전 단계를 말한다. 이 단계에서 작가는 행동의 의미를 이해하고자 하며 말하고자 하는 행동의 의미를 독자 또한 이해할 수 있다고 전제한다. 미메시스Ⅱ는 미메시스Ⅰ에서의 행동이 서사적 흐름 속에서 줄거리로 구성되는 단계이다. 이 단계에서 작가는 인간의 다양하고 이질적인 행동 중에서 자신이 의미 있다고 판단하는 행동만을 골라 인과 관계에 따라 배치한다. 이때 형상화된 세계는 현실 세계를 바탕으로 한 허구의 세계이다. 미메시스Ⅲ은 문학과 현실 세계를 잇고자 했던 리쾨르에게 있어 가장 핵심적인 단계이다. 이 단계에서 독자는 독서를 통해 허구적 인물의 행동이 지닌 의미를 분석하고 이를 현실에 비추어 본다. 이를 바탕으로 자신의 삶을 분석하고 사건을 선택하여 줄거리를 만들어 보며 현실 세계에서의 삶을 반성하게 된다.

　이러한 과정을 통해 미메시스Ⅲ에서는 독자의 자기 이해가 이루어지는데, 리쾨르는 이를 '이야기 정체성'이라는 개념을 통해 설명하였다. 이야기 정체성은 이야기를 매개로 파악되는 인물의 정체성으로, 이야기 속에서 시간의 흐름과 함께 변화하는 인물의 면모가 하나의 인격으로 통합된 것이다. 리쾨르에 따르면 독자는 인물의 이야기 정체성을 자신의 삶에 비추어 독자 자신의 고유한 이야기 정체성을 형성해 나가는데, 이것이 바로 이야기 해석을 통한 자기 이해 과정이다. 리쾨르는 서사적 흐름 속에서 인물의 이야기 정체성이 형상화되며 이야기가 결말을 향해 나아가는 것처럼 독자도 자기 삶을 이야기하는 과정을 통해 자기가 누구인지를 이해하고 삶의 목적을 향해 나아간다고 보았다.

01 '예술'에 대한 플라톤과 아리스토텔레스의 견해로 적절하지 **않은** 것은?　25636-0048

① 플라톤: 서사시와 연극은 감각 세계를 모방한 양태가 다르다고 보았다.　[Ok | No]
② 플라톤: 모방된 대상을 다시 모방함으로써 세계를 이상과 현실로 나눈다고 보았다.　[Ok | No]
③ 플라톤: 인간을 이상 세계로부터 멀어지게 한다는 점에서 부정적인 대상으로 보았다.　[Ok | No]
④ 아리스토텔레스: 인간의 감정을 정화하고 인간이 쾌감을 느끼도록 한다고 보았다.　[Ok | No]
⑤ 아리스토텔레스: 있을 법한 일을 필연성에 따라 조직했다는 점에서 현실 세계의 창조적 모방이라고
　　보았다.　[Ok | No]

02 리쾨르의 관점에서 〈보기〉를 이해한 내용으로 적절하지 **않은** 것은?　25636-0049

〈보기〉

　타인을 대하는 태도에 관심이 많은 A는 의사의 삶을 다룬 소설을 읽었다. 소설에는 의사로서의 B의 삶이 다양한 에피소드를 통해 제시되어 있었다. 특히 B의 따뜻한 보살핌으로 건강을 회복한 어린 환자가 성인이 되어 B를 찾아왔고, 예전보다 몹시 바빠진 상황에서도 환자 한 명 한 명을 진심으로 대하는 B에게 어린 시절에 대한 고마움을 전달하는 에피소드를 A는 감명 깊게 읽었다.

① 작가는 소설을 쓰기 전에 의사의 행동이 어떤 의미를 지니는지 이해하고자 했겠군.　[Ok | No]
② B가 어린 환자를 돌보는 행동은 작가가 의미 있다고 판단하여 고른 것이겠군.　[Ok | No]
③ 소설 속 에피소드는 인간에게 공통적으로 나타나는 행동을 인과 관계에 따라 배치한 것이겠군.　[Ok | No]
④ A는 환자를 진심으로 대하는 B의 에피소드를 읽으며 사람들을 대하는 자신의 태도를 돌아보았겠군.　[Ok | No]
⑤ A는 소설을 읽고 B의 이야기 정체성을 따뜻한 내면을 지닌 인물로 파악할 수 있겠군.　[Ok | No]

내가 그리는 개념 마인드맵

　누군가의 **관점**을 설명한다면, 그 관점을 정확하게 이해해야 한다는 것. 둘 이상의 관점을 소개한다면, 그 관점들 간의 **차이점**에 주목해야 한다는 것. 오늘 수업의 포인트야. :)

10강 지문 패턴 3_자주 만나는 문제-해결책

오늘 꼭 알아야 할 개념 # 문제 # 해결책

STEP.1 개념 Hi

지난 시간에 지문을 읽으면서 주목해야 할 요소들에 대해 배웠어. 뭐였지? '개념 정의-특징-사례', '관점-차이점'이었지. 오늘은 여기에 또 한 가지 패턴을 추가해 보자.

개념 2 3 문제

지문에서 ㅁ ㅈ ㅈ 을 얘기하게 되면, 그에 대한 ㅎ ㄱ ㅊ 까지 제시하기 마련이야.

문제: 해결하기 어렵거나 난처한 대상 또는 상황(또는 논쟁, 논의, 연구 따위의 대상)

독서 지문에서는 대상의 **문제**만을 말하고 끝내는 경우는 별로 없어. 문제 곧 한계를 극복하기 위한 **해결책**을 제시하기 마련이거든. 지문에 대상의 **문제**와 그 **해결책**이 제시된다면 그것 또한 출제 요소야.

① ㄷ ㅈ

> **경마식 보도**는 경마 중계를 하듯 지지율 변화나 득표율 예측 등을 집중 보도하는 선거 방송의 한 방식이다. 경마식 보도는 선거일이 가까워질수록 증가한다. 새롭고 재미있는 정보를 원하는 시청자들의 요구에 부응하고, 방송사로서도 매일 새로운 뉴스를 제공하는 방편이 될 수 있기 때문이다. 경마식 보도는 선거와 정치에 무관심한 유권자들의 선거 참여, 정치 참여를 독려하는 장점이 있다. 하지만 흥미를 돋우는 데 치중하는 경마식 보도는 선거의 주요 의제를 도외시하고 경쟁 결과에 초점을 맞춰 선거의 공정성을 저해할 수 있다.

② ㅎ ㄱ

> **쾌락주의적 공리주의**는 최선의 결과를 쾌락의 증진으로 보는 이론이다. 다시 말해 인간의 심리적 경험인 쾌락을 본래적 가치로 여기고 있는 것이다. 이 이론에 따르면 도덕적으로 옳은 행위는 자신뿐 아니라, 그 행위가 영향을 미치는 모든 인간들의 쾌락을 가장 많이 증진하는 행위이다. 그러나 쾌락주의적 공리주의는 인간이 어떤 행위를 선택할 때 쾌락만을 추구하는 것이 아니라 다른 것을 추구하기도 한다는 것을 설명하기 어렵다는 **한계**를 지닌다.

개념 2 4 해결책

해결책은 문제나 한계를 ㄱ ㅂ 할 수 있는 ㅂ ㅇ 으로 제시돼. 그리고 문제점의 ㅇ ㅇ 이 함께 언급될 수 있어, 앞으로의 ㅈ ㅁ 도 살짝 덧붙을 수 있음!!

해결책: 어떠한 일이나 문제 따위를 해결하기 위한 방책

① ㅁ ㅈ ㅎ ㄱ

채널 부호화는 오류를 검출하고 정정하기 위하여 부호에 잉여 정보를 추가하는 과정이다. 송신기에서 부호를 전송하면 채널의 잡음으로 인해 오류가 발생하는데 이 **문제를 해결**하기 위해 잉여 정보를 덧붙여 전송한다.

② ㅂ ㅇ 및 ㄷ ㅇ

경마식 보도로부터 드러난 선거 방송의 **한계**를 **보완**하는 방책 중 하나로 선거 방송 토론회가 활용될 수 있다.

OIS 기술이 손 떨림을 훌륭하게 보정해 줄 수는 있지만 렌즈의 이동 범위에 **한계**가 있어 보정할 수 있는 움직임의 폭이 좁다. **디지털 영상 안정화(DIS) 기술**은 촬영 후에 소프트웨어를 사용해 흔들림을 보정하는 기술로 역동적인 상황에서 촬영한 동영상에 적용할 때 좋은 결과를 얻을 수 있다.

■ **초성 퀴즈 답** 문제점, 해결책, ① 단점 ② 한계 / 극복, 방안, 원인, 전망, ① 문제 해결 ② 보완, 대안

STEP.2 개념 Quiz

지문을 읽으면서 출제 요소를 찾는 연습을 계속해 보자. 지난 시간에 배웠던, '**개념 정의-특징**', '**관점-차이점**'도 잊으면 안 돼. 지금까지 배운 출제 요소들을 모두 찾아가며 읽는 연습을 해 보자.

| 고1 전국연합학력평가 |

1

　소비자들은 어떤 제품이나 서비스를 선택할 때 쉽사리 결정을 내리지 못한다. 이를테면 기능은 만족스럽지만 가격이 비싸거나, 반대로 가격은 만족스러운데 기능은 그렇지 않다거나 하는 경우를 들 수 있다. 이처럼 소비자들은 구매 과정에서 흔히 갈등을 겪게 되는데, 그중 가장 대표적인 것이 '접근 – 접근 갈등'이다. 이는 둘 이상의 바람직한 대안 중에서 하나만을 골라야 하는 경우에 어느 것을 선택해야 할지 결정하지 못해 발생하는 갈등이다. 이때 판매자는 대안들을 함께 묶어 제공함으로써 소비자가 겪는 '접근 – 접근 갈등'을 해소할 수 있다.

　그런데 다른 대안들을 함께 묶어 제공받지 못한 상태에서 하나의 대안만을 선택해야 했던 경우, 소비자들은 선택하지 않은 대안에 대한 아쉬움 때문에 심리적으로 불편함을 느끼게 된다. 소비자들은 이러한 심리적 불편함을 없애려 하는데, 이는 인지 부조화 이론으로 설명할 수 있다. 이 이론에 따르면 사람들은 자신의 생각과 태도가 자신이 한 행동과 서로 일치하기를 바라는데, 그렇지 않으면 심리적 긴장 상태가 발생하게 된다는 것이다. 이런 경우 사람들은 긴장 상태를 해소하기 위해 생각과 행동을 일치시키려 한다. 그렇다면 제품을 구입한 행동과 제품 구입 후에 자신의 선택이 최선이 아닐지도 모른다는 생각 사이의 부조화는 어떻게 극복될 수 있을까?

　인지 부조화 상태를 겪고 있는 소비자는 이를 해소하기 위해 선택하지 않은 제품의 단점을 찾아내거나 그 제품의 장점을 무시하기도 한다. 하지만 일반적으로는 자신의 구매 행동을 지지하는 부가 정보들을 찾아냄으로써 현명한 선택을 했다는 것을 스스로에게 확신시킨다. 특히 자동차나 아파트처럼 고가의 재화를 구매했을 경우에는 구매 직후의 인지 부조화가 심화되므로 이를 해소하려는 노력도 더 크게 나타난다. 이때 광고가 중요한 역할을 한다. 소비자들은 광고를 통해 자신이 선택한 제품의 장점을 재확인하거나 새로운 선택 이유를 찾아내려고 하는 것이다.

25636-0050

Q.1 '접근 - 접근 갈등'이란?

둘 이상의 바람직한 대안 중에서 <u>ㅎㄴ</u> 만을 골라야 하는 경우에 어느 것을 <u>ㅅㅌ</u> 해야 할지 <u>ㄱㅈ</u> 하지 못해 발생하는 갈등

Q.2 '접근 - 접근 갈등' 문제를 해소할 수 있는 방안은?

소비자가 선택할 수 있는 <u>ㄷㅇ</u> 들을 판매자가 함께 묶어 제공하는 방법

Q.3 '인지 부조화'란?

자신의 생각과 태도가 자신이 한 <u>ㅎㄷ</u> 과 서로 <u>ㅇㅊ</u> 하지 않을 때 발생하는 심리적 <u>ㄱㅈ</u> 상태

Q.4 인지 부조화 상태를 겪고 있는 일반적인 소비자의 문제를 해소하기 위한 방안은?

자신의 구매 행동을 <u>ㅈㅈ</u> 하는 부가 정보들을 찾아냄으로써 <u>ㅎㅁ</u> 한 선택을 했다는 것을 스스로에게 <u>ㅎㅅ</u> 시키는 방법

② 어떤 안건을 대하는 집단 구성원들의 생각은 각기 다르므로, 상이한 생각들을 집단적 합의에 이르게 하는 의사 결정 과정이 필요하다. 공공 선택 이론은 이처럼 집단을 구성하는 개인의 의사가 집단의 의사로 통합되는 과정을 다룬다. 직접 민주주의 하에서의 의사 결정 방법으로 단순 과반수제, 최적 다수결제, 점수 투표제 등이 있다.

단순 과반수제는 투표자의 과반수가 지지하는 안건이 채택되는 다수결 제도이다. 효율적으로 의사 결정이 이루어져 많이 사용되고 있으나, 각 투표자는 찬반 여부를 표시할 뿐 투표 결과에는 선호 강도가 드러나지 않아 안건 채택 시 사회 전체의 후생*이 감소할 가능성이 있다. 이는 다수의 횡포에 의해 소수의 이익이 침해되는 상황이 발생할 수 있음을 의미한다. 또한 어떤 대안들을 먼저 비교하는가에 따라 그 결과가 달라지는 '투표의 역설' 현상이 나타날 수 있다. 예를 들어, 갑, 을, 병 세 사람이 사는 마을에 정부에서 병원, 학교, 경찰서 중 하나를 지어 줄 테니 투표를 통해 선택하라고 제안하였고, 이때 세 사람의 선호 순위가 다음 〈표〉와 같다고 하자. 세 가지 대안을 동시에 투표에 부치면 하나의 대안으로 결정되지 않는다. 그래서 먼저 병원, 학교, 경찰서 중 두 대안을 선정하여 다수결로 결정한 후 남은 한 가지 대안과 다수결로 승자를 결정하면 최종적으로 하나의 대안이 결정된다. 즉, 비교하는 대안의 순서에 따라 〈표〉의 투표 결과는 달라지게 된다.

선호 순위 투표자	1순위	2순위	3순위
갑	병원	학교	경찰서
을	학교	경찰서	병원
병	경찰서	병원	학교

〈표〉

최적 다수결제는 투표에 따르는 총비용이 최소화되는 지점을 산정한 후, 안건의 찬성자 수가 그 이상이 될 때 안건이 통과되는 제도이다. 이때의 총비용은 의사 결정 비용과 외부 비용의 합으로 결정된다. 의사 결정 비용은 투표자들의 동의를 구하는 데 드는 시간과 노력에 따른 비용을 의미하며, 찬성표의 비율이 높을수록 증가한다. 외부 비용은 어떤 안건이 통과됨에 따라 그 안건에 반대하였던 사람들이 느끼는 부담을 의미하며, 찬성표의 비율이 높아질수록 낮아지며 모든 사람이 찬성할 경우에는 0이 된다. 안건 통과에 필요한 투표자 수가 증가할수록 의사 결정 비용이 증가하므로 의사 결정 비용 곡선은 우상향한다. 이와 달리 외부 비용은 감소하므로 외부 비용 곡선은 우하향하며, 두 곡선을 합한 총비용 곡선은 U자 형태로 나타난다. 이때 총비용이 최소화되는 곳이 최적 다수결제에서의 안건 통과의 기준이 되는 최적 다수 지점이 된다. 이 제도는 의사 결정 과정을 이론적으로 명쾌하게 설명할 수 있지만, 최적 다수결의 기준을 정하는 데 시간을 지나치게 소비하게 된다는 단점이 있다.

점수 투표제는 각 투표자에게 일정한 점수를 주고 각 투표자가 자신의 선호에 따라 각 대안에 대하여 주어진 점수를 배분하여 투표하는 제도로, 합산하여 가장 많은 점수를 얻은 대안이 선택된다. 투표자의 선호 강도에 따라 점수를 배분하므로 투표자의 선호 강도가 잘 반영된다. 소수의 의견도 투표 결과에 잘 반영되며, 투표의 역설이 나타나지 않는다는 장점이 있다. 하지만 전략적 행동에 취약하여 투표 결과가 불규칙하게 바뀔 수 있다는 단점이 있다. 전략적 행위란 어떤 투표자가 다른 투표자의 투표 성향을 예측하고 자신의 행동을 이에 맞춰 변화시킴으로써 자기가 원하는 것을 얻으려 하는 태도를 뜻한다. 이 행위는 어떤 투표 제도에서든 나타날 수 있으나, 점수 투표제에서 나타날 가능성이 높다.

* 후생 : 사회 구성원들의 복지 수준

25636-0051

Q.5 윗글의 내용을 정확하게 이해한 설명인지 O/X로 답해 보자.

① 어떤 투표제에서든 투표자의 전략적 행위가 나타날 수 있다.　　　　　　　　　　　　　　　　　　　O　X

② 단순 과반수제에서는 채택된 대안으로 인해 사회의 후생이 감소되기도 한다.　　　　　　　　　　O　X

③ 점수 투표제는 최적 다수결제와 달리 대안에 대한 선호 강도를 표시할 수 있다.　　　　　　　　O　X

④ 최적 다수결제는 단순 과반수제와 달리 안건 통과의 기준이 안건에 따라 달라질 수 있다.　　　O　X

Q.6 단순 과반수제, 최적 다수결제, 점수 투표제의 장단점을 정리해 보자.

	장점	단점
① 단순 과반수제	• 의사 결정이 ㅎㅇ 적으로 이루어짐.	• 투표 결과에는 ㅅㅎ ㄱㄷ 가 드러나지 않아 안건 채택 시 사회 전체의 후생이 ㄱㅅ 할 가능성이 있음. • 'ㅌㅍ 의 역설' 현상이 나타날 수 있음.
② 최적 다수결제	• 의사 결정 ㄱㅈ 을 이론적으로 명쾌하게 설명할 수 있음.	• ㄱㅈ 을 정하는 데 시간을 지나치게 소비하게 됨.
③ 점수 투표제	• 투표자의 ㅅㅎ ㄱㄷ 가 잘 반영됨. • ㅅㅅ 의 의견도 투표 결과에 잘 반영됨. • ㅌㅍ 의 역설이 나타나지 않음.	• ㅈㄹ 적 행동에 취약하여 투표 ㄱㄱ 가 불규칙하게 바뀔 수 있음.

STEP.3 개념 Jump

이 지문을 읽는 목적은 '무엇이 문제인가, 그리고 그 해결 방법은 무엇인가. 해결책으로 제시된 방안에 또 다른 한계는 없는가?'를 중점적으로 생각해 보는 거야.

[01-02] 다음 글을 읽고 물음에 답하시오.

| 고2 전국연합학력평가 |

세계 경제 포럼의 일자리 미래 보고서는 기술이 발전함에 따라 향후 5년 간 500만 개 이상의 일자리가 사라질 것으로 경고했다. 실업률이 증가하면 사회적으로 경제적 취약 계층인 저소득층도 늘어나게 되는데, 지금까지는 '최저 소득 보장제'가 저소득층을 보호하는 역할을 담당해 왔다.

최저 소득 보장제는 경제적 취약 계층에게 일정 생계비를 보장해 주는 제도로 이를 실시할 경우 국가는 가구별 총소득*에 따라 지원 가구를 선정하고 동일한 최저 생계비를 보장해 준다. 가령 최저 생계비를 80만 원까지 보장해 주는 국가라면, 총소득이 50만 원인 가구는 국가로부터 30만 원을 지원 받아 80만 원을 보장받는 것이다. 국가에서는 이러한 최저 생계비의 재원을 마련하기 위해 일정 소득을 넘어선 어느 지점부터 총소득에 대한 세금을 부과하게 된다. 이때 세금이 부과되는 기준 소득을 '면세점'이라 하는데, 총소득이 면세점을 넘는 경우 총소득 전체에 대해 세금이 부과되어 순소득*이 총소득보다 줄어들게 된다. 그런데 국가에서 최저 생계비를 보장할 경우 면세점 이하나 그 부근의 소득에 속하는 일부 실업자, 저소득층은 일을 하여 소득을 올리는 것보다 일을 하지 않고 최저 생계비를 보장받는 것이 더 유리하다고 판단할 수 있다. 또한 지원 대상을 선정하기 위한 소득 및 자산 심사를 하게 되므로 관리 비용이 추가로 지출되며, 실제로는 최저 생계비를 보장받을 자격이 있지만 서류를 갖추지 못해 지원 대상에서 제외되는 가구가 생기기도 한다.

이러한 문제로 인해 기존의 복지 재원을 하나로 모아 국가 또는 지방 자치 단체에서 모든 구성원 개개인에게 아무 조건 없이 정기적으로 현금을 지급하는 ㉠'기본 소득제'가 대안으로 제시되고 있다. 모든 국민에게 일정액을 현금으로 지급할 경우 저소득층 또한 일을 한 만큼 소득이 늘어나게 되므로 최저 생계비를 보장받기 위해 사람들이 일부러 일자리를 구하지 않을 가능성이 낮다는 것이다. 동시에 기본 소득제는 자격 심사 과정이 없어 관리 비용이 절약될 뿐만 아니라 제도에서 소외된 빈곤 인구도 줄일 수 있다. 하지만 기본 소득제는 모든 국민에게 일정액이 지급되는 만큼, 이에 만족하는 사람들이 늘어나면 최저 소득 보장제를 실시할 때보다 오히려 일자리를 찾는 사람이 전체적으로 줄어들 것이란 우려도 동시에 제기되고 있다. 또한 복지 예산이 상대적으로 부족한 국가에서는 시행하기 어렵고 기본 소득 이상의 혜택을 받아야 하는 취약 계층에 더 많은 경제적 지원을 할 수 없는 문제 등이 있어 기본 소득제를 현실

사회에 적용하기까지는 많은 난관이 있을 것으로 예상된다.

그럼에도 불구하고 기본 소득제의 도입을 모색하고 있는 국가나 지방 자치 단체는 모든 국민들이 소득을 일정 부분 보장받는 만큼 생산과 소비가 촉진되고, 이로 인해 전체 경제가 활성화될 것이라 예상한다. 그래서 기본 소득제는 최근 인공 지능과 같은 기술의 발달이 몰고 올 실업 문제와 경제 불황을 효율적으로 극복하기 위한 현명한 대안으로 검토되고 있는 것이다.

*총소득: 세금 부과 이전, 또는 정부 지원 이전의 전체 소득
*순소득: 세금 부과 이후, 또는 정부 지원 이후의 실제 소득

01 윗글을 통해 해결할 수 **없는** 질문은?   25636-0052

① 최저 소득 보장제와 기본 소득제의 개념은 무엇인가?   [Ok | No]

② 최저 소득 보장제는 사회에서 어떤 역할을 담당하였는가?   [Ok | No]

③ 기본 소득제를 도입하여 얻을 수 있는 경제적 효과는 무엇인가?   [Ok | No]

④ 기본 소득제가 최저 소득 보장제의 대안으로 제시된 이유는 무엇인가?   [Ok | No]

⑤ 기본 소득제를 국가나 지방 자치 단체 차원에서 도입한 사례에는 어떤 것이 있는가?   [Ok | No]

02 윗글을 바탕으로 할 때, ㉠을 시행할 경우 나타날 수 있는 문제점으로 가장 적절한 것은?   25636-0053

① 과도한 생산으로 자원이 낭비되어 국가 경제가 침체될 것이다.   [Ok | No]

② 국가의 지원에 만족하는 사람이 늘어나 일자리가 전체적으로 줄어들 것이다.   [Ok | No]

③ 기본 소득을 동일하게 제공하므로 경제적 취약 계층에 대한 차등 지원이 어려울 것이다.   [Ok | No]

④ 소득에 대한 자격 심사를 하지 않아 국가 지원에서 제외되는 빈곤 인구가 늘어날 것이다.   [Ok | No]

⑤ 경제적 사회 안전망이 취약해지므로 일부 실업자는 국가의 지원을 받을 수 없을 것이다.   [Ok | No]

내가 그리는 개념 마인드맵

점점 지문을 읽으면서 주목해야 하는 출제 요소들이 늘어 가지? **누적 복습**하면서 **반복 연습**을 해야 진짜 내 것이 되는 거야. 꼭 기억하자. '개념 정의-특징-사례', '관점-차이점', '문제-해결책' :)

지문 패턴 4_자주 만나는 구조 분석-기능

오늘 꼭 알아야 할 개념 # 구조 분석 # 기능(역할)

STEP.1 개념 Hi

이번 시간에는 기술이나, 생명 과학, 예술 지문에서 자주 만날 수 있는 출제 요소를 정리해 볼 거야. 바로 대상의 **구조**를 분석하고, 각 구성 요소의 기능을 설명하는 지문에서 자주 볼 수 있는 패턴이야. '개념 정의-특징-사례', '관점-차이점', '문제-해결책'에 '구조 분석-기능'을 추가해 보자.

개념 25 구조 분석

특정한 대상의 ㄱ ㅈ 에 대한 정보를 제시하는 지문들이 있어.

구조: 부분이나 요소가 어떤 전체를 짜 이룸. 또는 그렇게 이루어진 얼개

분석

– 복잡한 현상이나 대상 또는 개념을, 그것을 구성하는 단순한 요소로 분해하는 일

– 얽혀 있거나 복잡한 것을 풀어서 개별적인 요소나 성질로 나눔.

– 개념이나 문장을 보다 단순한 개념이나 문장으로 나누어 그 의미를 명료하게 함.

– 물질의 성분, 즉 물질에 포함되어 있는 화합물, 단체, 원자, 분자의 조성과 함량 따위를 물리·화학적 방법을 써서 알아내는 일

분석은 우선 기본적으로 하나의 대상을 쪼개는 거야. 쪼개면 **여러 개의 구성 요소로** 나뉘겠지? 그 구성 요소 각각이 하는 **역할, 기능**을 파악해야 돼. 그리고 분석의 방법으로 대상을 설명 하면 그 내용이 **그림으로** 그려질 수 있거든. 그래서 대상을 분석해서 설명하는 내용이 지문에 나왔다면, 그 내용이 '**그림 문제**'와 연결되기 쉽다는 걸 기억하자! 분석의 방법이 쓰인 지문 옆에 떡하니 그림 문제가 있다면? 그 그림을 보면서 지문을 이해하는 게 도움이 될 때도 있어. 지문 속에서 대상을 **구성 요소별로** 분석해서 설명한다면, 그 내용이 바로 **출제 요소야.**

• ㄱ ㅈ ㅂ ㅅ

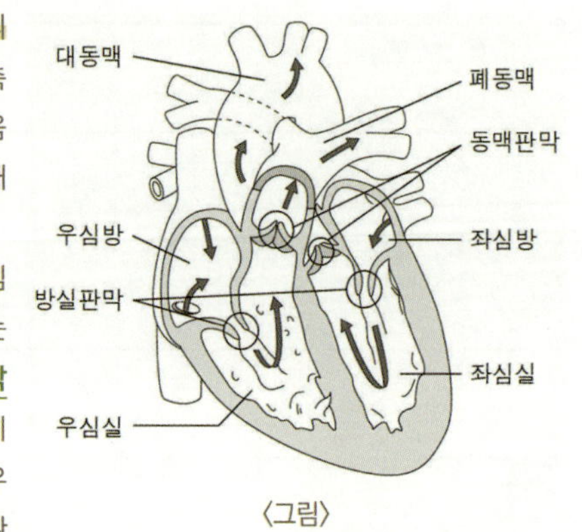

일반적으로 의사들은 청진기를 통해 들리는 심장음으로 환자의 상태를 점검한다. **심장**은 우리 몸에 혈액을 안정적으로 순환시키는 기관으로 펌프와 같은 작용을 하는데, 매우 짧은 시간에 수축과 이완을 반복한다. 이러한 심장의 주기적인 리듬을 '심장 박동'이라고 하며 이 과정에서 심장음이 발생되는 것이다. 그렇다면 심장 박동은 구체적으로 어떤 과정을 거쳐 일어나며, 심장음은 왜 발생하는 것일까?

이 궁금증을 해결하기 위해서는 우선 **심장의 구조**와 혈액의 순환 과정을 살펴볼 필요가 있다. 심장은 〈그림〉과 같이 **우심방**과 **우심실**, **좌심방**과 **좌심실**로 구성되어 있다. 각 심방과 심실 사이에는 **방실판막**이 있고, 우심실과 폐동맥 사이, 좌심실과 대동맥 사이에는 **동맥판막**이 있다. 여기서 **판막**은 혈액을 한 방향으로만 흐르게 하는 **역할**을 한다는 점에서 마치 한쪽으로만 열리는 출입문에 비유될 수 있다. **방실판막**은 심방에서 심실로만 열리는데, 심방의 압력이 심실의 압력보다 높을 경우에만 열린다. **동맥판막** 역시 압력의 차이로 인해 심실에서 동맥으로만 열린다. 그리고 혈액의 순환 과정은 다음과 같다. **혈액**은 몸 전체의 세포와 조직에 산소를 공급하고 이들로부터 이산화 탄소를 받은 후 우심방, 우심실을 거쳐 폐동맥을 통해 폐로 이동된다. 이후 폐에서 산소를 공급받은 혈액은 좌심방으로 되돌아와 좌심실을 거쳐 대동맥을 통해 몸 전체로 나가게 된다. 이 과정에서 **우심실과 좌심실**은 동시에 수축됨으로써 같은 양의 혈액을 폐나 몸 전체로 내보내는데, 혈액을 폐로 보내는 것보다 몸 전체로 보낼 때 더 강한 힘이 필요하므로 좌심실 벽이 우심실 벽보다 더 두껍다.

개 념 ｜ 2 6 ｜ 기능(역할)

기능: 하는 구실이나 작용을 함.
역할: 자기가 마땅히 하여야 할 맡은 바 직책이나 임무

- ㄱ ㄴ , ㅇ ㅎ

> 　인체는 70%가 수분이다. **수분**은 인체의 세포를 유지하고 세포가 일을 하면서 생성하는 여러 가지 노폐물을 배출하는 데 관여한다. 인체의 **세포**는 일종의 화력 발전소이다. 연기가 나지 않을 뿐이지 들어오는 음식을 잘 분해하고 연소시켜서 에너지를 만든다. 몸은 이 에너지를 이용하여 축구도 하고 달리기도 한다. 이때 여러 가지 노폐물이 발생하는데, 이 노폐물들을 인체 밖으로 내보내야 한다. 그래야만 몸이 늘 일정한 상태, 즉 항상성을 유지하게 된다. **노폐물을 몸 밖으로 내보내는 역할**은 주로 **신장**이 한다.
> 　**신장의 주 역할**은 노폐물을 걸러 내어 오줌으로 내보내는 것이다. 이 일이 진행되는 곳은 네프론이라는 장치인데, 신장 하나에 100만 개 정도가 있다. **네프론은 사구체, 보먼주머니, 세뇨관으로 이루어지**는데 이곳에서 **노폐물이 여과되**고 필요한 영양분, 즉 **포도당, 수분 등이 재흡수**되기도 한다.

■ **초성 퀴즈 답** 구조, 구조 분석 / 기능, 역할

STEP.2 개념 Quiz

대상의 각 **구조**와 그 **기능**을 설명하는 내용이 좀 복잡하지? 생소한 대상에 대한 설명일 때 더 그래. 이럴 때에는 **문제로 제시되는 그림**을 참고하는 게 좋아. 그림을 통해 제공하는 시각적인 정보가 지문의 **내용 이해**에 도움이 되거든.

| 고3 모의평가 |

1

1434년 7월 1일. 조선 왕조는 자격루(自擊漏)라고 불리는 자동 물시계를 국가의 새로운 표준 시계로 채택했다. 세종의 명을 받은 장영실은 더 정확한 물시계를 만들기 위해 시각을 측정하는 잣대의 길이를 4배가량 키워 눈금을 세밀하게 새겨 넣고, 물받이 통을 비울 때도 연속적으로 시간을 잴 수 있게 통을 2개로 늘렸다. 여기에 자동으로 시간을 알려 주는 장치를 더하여 자격루를 완성하였다.

자격루는 시각을 측정하는 물시계, 물시계에서 측정된 시간을 소리로 바꿔 주는 시보 장치, 물시계와 시보 장치를 연결해 주는 방목(方木) 등 크게 세 부분으로 이루어져 있다. 현재 만 원짜리 지폐에서 볼 수 있는 물시계 부분은, 물을 공급하는 항아리인 파수호에서 물을 흘려보내면 물받이 통인 수수호에 물이 고이는 구조로 되어 있다. 수수호에 띄워 놓은 잣대가 고인 물의 부력에 의해 떠오르면 잣대에 새긴 눈금을 읽어 시각을 알아낸다. 따라서 물시계의 정확도를 높이려면 수수호를 튼튼하게 제작하여 물이 가득 찼을 때 받는 수압에도 변형되지 않도록 만들 필요가 있었다. 실제 자격루의 수수호는 지금까지 원형을 그대로 유지하고 있다.

시보 장치의 상단에 설치된 3개의 시보 인형은 시(時), 경(更), 점(點)마다 각각 종, 북, 징을 쳐서 시간을 알린다. 시보 인형 가운데 하나는 시를 알려 준다. 매 시각마다 인형의 팔뚝과 연결된 제어 장치가 작동하여 인형의 팔뚝을 움직이고 그 움직임이 종을 울리게 한다. 시를 담당한 인형이 종을 울리면 곧이어 시보 장치 하단에서 12지신 가운데 그 시에 해당하는 동물 인형이 시 이름이 적힌 팻말을 들고 나온다. 예를 들어 자시(子時)에는 쥐 인형이 '자(子)'라는 글자가 적힌 팻말을 들고 나와 지금 울린 종소리가 자시라고 알려 준다. 이러한 일련의 동작은 시보 장치 안에 있는 복잡하면서도 정교한 기계에 의해 자동으로 진행된다. 경과 점을 알려 주는 다른 2개의 인형은 경점법이라는 우리의 고유한 시간 표시 방법에 따라 작동하면서 시간을 더 자세하게 알려 준다.

아날로그-디지털 신호 변환기의 원리가 들어 있는 방목은 시보 장치가 자동으로 작동할 수 있는 동력을 제공한다. 즉, 수수호에 물이 차올라 잣대가 떠오르면서 방목 안에 설치된 장치가 구리로 만든 작은 구슬을 차례대로 떨어뜨린다. 연속적으로 흘러내리는 물의 양인 아날로그 신호가 일정한 간격마다 구슬이 떨어지는 불연속적인 디지털 신호로 변환되는 것이다. 그리고 구슬이 떨어지면서 발생하는 운동 에너지는 시보 장치에 전달되어 시간을 알려 주는 데 사용된다. 한마디로 말해 자격루는 디지털 방식을 도입한 기계식 시계인 셈이다.

한편, 조선 왕조에는 자격루가 제작되기 전부터 시간을 측정하고 알려 주는 일을 담당하는 관청이 있었다. 물시계를 맡은 관리는 밤낮으로 물시계를 지켜보면서 시간을 알려 주었는데, 가끔씩 제때를 놓쳐 처벌되는 경우도 있었다. 이런 상황에서 자동 시보 장치를 가진 정확한 물시계의 제작은 모든 시계 제작 기술자의 꿈이었으며, 예로부터 정확한 시간을 알려 줄 책무를 지닌 왕의 소망이기도 하였다. 자격루는 그 꿈을 실현시킨 15세기의 첨단 기술이었던 것이다.

25636-0054

Q.1 다음 그림은 윗글을 읽고 자격루의 구조를 추정하여 그린 것이다. ⓐ~ⓓ의 명칭을 순서대로 적어 보자.

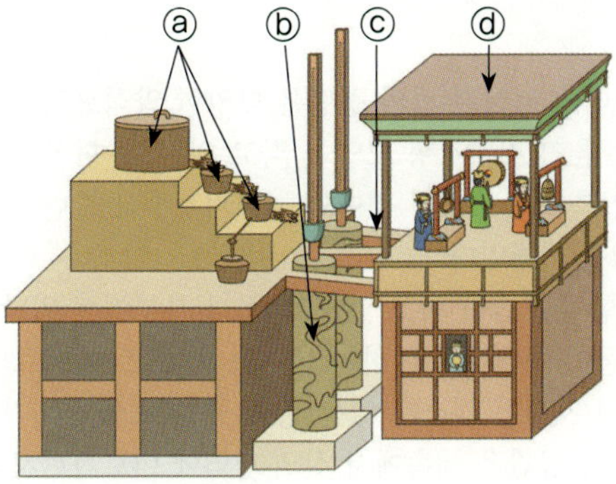

ⓐ:

ⓑ:

ⓒ:

ⓓ:

② 서양 건축 예술의 역사는 성당 건축을 빼놓고는 이해할 수 없다. 여러 시대에 걸쳐 유럽의 성당은 다양한 양식으로 변화해 왔다. 하지만 그 기본은 바실리카 형식에서 크게 벗어나지 않았다. 평면도상 긴 직사각형 모양을 하고 있는 이 형식은 고대 로마 제국 시대에서 비롯된 것으로 원래는 시장이나 재판소와 같은 공공 건축물에 쓰였던 것이다. 4세기경부터 출현한 바실리카식 성당은 이후 평면 형태의 부분적 변화를 겪으면서 중세 시대에 절정을 이루었다.

바실리카식 성당의 평면을 살펴보면, 초기에는 동서 방향으로 긴 직사각형의 모습을 하고 있다. 서쪽 끝부분에는 일반인들의 출입구와 현관이 있는 나르텍스가 있다. 나르텍스를 지나면 일반 신자들이 예배에 참여하는 네이브가 있고, 네이브의 양옆에는 복도로 활용되는 아일이 붙어 있다. 동쪽 끝부분에는 신성한 제단이 자리한 앱스가 있는데, 이곳은 오직 성직자만이 들어갈 수 있다. 이처럼 나르텍스로부터 네이브와 아일을 거쳐 앱스에 이르는 공간은 세속에서 신의 영역에 이르기까지의 위계를 보여 준다.

시간이 흐르면서 성직자의 위상이 점차 높아지고 종교 의식이 확대됨에 따라 예배를 진행하기 위한 추가적인 공간이 필요하게 되었다. 이에 따라 바실리카식 성당은 앱스 앞을 가로지르는 남북 방향의 트란셉트라는 공간이 추가되어 ㉠**열십자 모양의 건물**이 되었다. 이때부터 건물은 더욱 웅대하고 화려해졌는데, 네이브의 폭도 넓어지고 나르텍스에서 앱스까지의 길이도 늘어났으며 건물의 높이도 높아졌다.

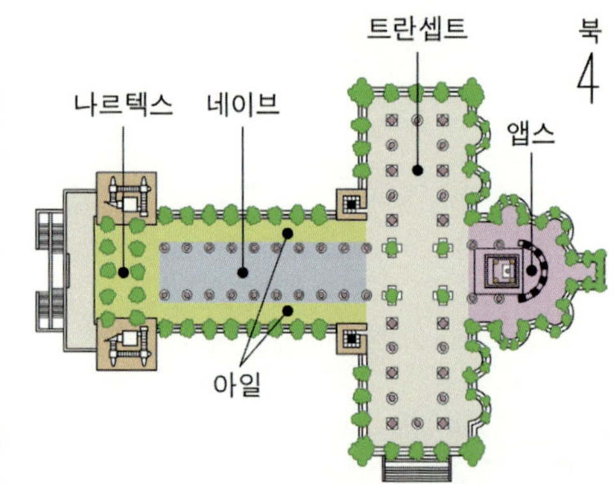

절정기의 바실리카식 성당은 외부에서 보면 기둥이나 창 등을 통해 하늘을 향한 수직선이 강조된 인상을 준다. 이는 신에게 가까이 가려는 인간의 욕망이 표현된 것이다. 출입구 쪽의 외벽과 기둥에는 신이나 성인의 모습을 새겨 넣기도 하고, 실내의 벽과 천장에는 천국과 지옥 이야기 등을 담은 그림을 채워 넣기도 하였다. 특히 벽면에는 스테인드글라스로 구성된 커다란 창을 사람의 키보다 높게 설치하여 창을 통과한 빛이 다양한 색채로 건물 내부 공간에 풍부하게 퍼지도록 하였다. 이는 서양의 중세인들이 모든 미의 원천을 신이라고 보고 빛은 신의 속성을 상징한다고 보았던 것과 관련되어 있다. 이처럼 바실리카식 성당은 기능적 공간으로만 존재한 것이 아니라, 건축을 중심으로 조각, 회화, 공예 등이 한데 어우러져 당대의 미의식을 표현한 종합 예술로서의 성격을 지니고 있다.

Q.2 ㉠의 각 실내 공간의 특징을 정리해 보자.

① 나르텍스: ㅎㄱㅁ 으로 건물의 ㅊㅇㄱ 역할을 한다.

② 네이브: ㅇㅂ ㅅㅈ 들이 ㅇㅂ 에 참여하는 곳이다.

③ 트란셉트: ㅈㄱ ㅇㅅ 이 확대되면서 추가된 공간이다.

④ 아일: 사람들이 ㅇㅂ 를 보기 위해서 다니는 ㅂㄷ 이다.

⑤ 앱스: ㅈㄷ 이 놓인 곳으로 성당 내에서 제일 ㅅㅅ 한 곳이다.

Q.3 윗글과 보기 를 통해 이끌어 낼 수 있는 반응으로 적절한 설명인지 O/X로 답해 보자.

보기

고대 그리스인들은 인간을 미의 원천으로 인식했다. 그리스 파르테논 신전은 긴 직사각형 모양으로 건물 각 부분의 공간 구성에는 인체 비례가 적용되었고, 지붕에 있는 신들의 조각에도 마찬가지였다. 건물 외부는 대리석으로 만들어져 빛의 방향에 따라 다양한 색채를 띠며, 길게 뻗은 기단 등을 주로 활용하여 수평선을 강조한 인상을 준다.

① 파르테논 신전은 바실리카식 성당과는 달리 건물에 조각 장식을 새겨 넣지 않았군. ☐O ☐X
② 파르테논 신전은 바실리카식 성당과는 달리 외부에서 보면 수직선이 강조된 인상을 주는군. ☐O ☐X
③ 파르테논 신전과 바실리카식 성당은 모두 빛을 통해 건물의 내부를 강조했군. ☐O ☐X
④ 파르테논 신전과 바실리카식 성당은 모두 평면의 형태가 열십자 모양을 하고 있군. ☐O ☐X
⑤ 파르테논 신전과 바실리카식 성당은 모두 당대의 미의식이 건물의 공간 구성에 영향을 주었군. ☐O ☐X

STEP.3 개념 Jump

[01-03] 다음 글을 읽고 물음에 답하시오.　　　　　　　　　　　　　　　　　| 고2 전국연합학력평가 |

시각 기관인 눈은 시각을 감지하는 데에 관여하는 안구, 안구를 움직이는 근육이나 안구를 보호하는 눈꺼풀과 같은 부속 기관으로 이루어져 있다. 이 중 안구는 두개골의 오목한 부위인 안와에 들어있는 공 모양의 구조물이다.

〈그림〉의 안구를 보면, 안구벽은 세 층으로 되어 있다. 바깥층은 공막인데, 검은자위 부분에서 투명하게 변형되어 ⑦**각막**을 이룬다. 각막

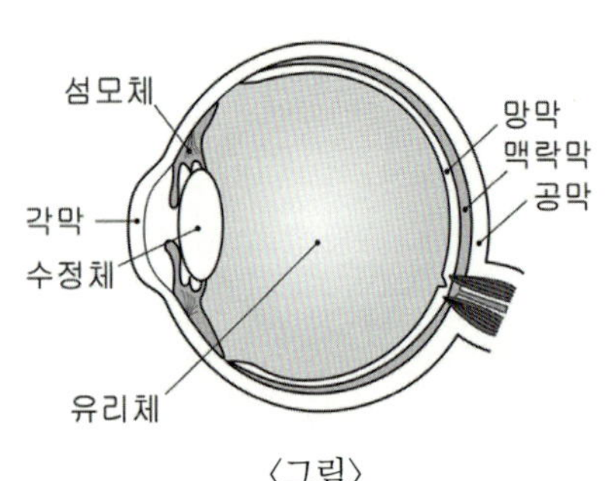

은 빛을 통과시켜 망막에 상을 맺게 해준다. 중간층은 ⓒ**맥락막**, 섬모체 등으로 구성된다. 맥락막에는 안구의 각 부분에 영양분을 공급하는 혈관 중 다수가 밀집해 있어 빛의 통과를 막아, 빛이 공막으로 분산되지 않도록 하여 상이 잘 맺히도록 한다. 섬모체는 수정체와 가느다란 실로 연결되어 있어, 수정체가 물체의 원근에 따라 초점을 조절하는 것을 돕는다. 안쪽층은 빛을 감지하는 ⓒ**망막**이다. 안구벽 안쪽에는 유리체가 넓은 부위를 차지하고 있고, 유리체의 앞쪽에는 수정체가 자리 잡고 있다.

그런데 이러한 안구는 단단하지 않다. 단단하지 않은 물체가 기압에 저항해 원래의 모양을 유지하기란 쉽지 않다. 내부 기압이 외부 기압보다 낮으면 물체는 찌그러지며, 반대의 경우에는 부풀어 오를 수 있다. 빛을 수용하고 상을 맺게 하는 눈의 특성상, 약간의 모양 변화로도 빛의 방향이 틀어져 초점이 달라지기 때문에 정확한 안구 형태를 유지하는 것은 매우 중요하다.

이를 일차적으로 담당하는 것은 유리체이다. 안구 내부에서 가장 많은 면적을 채우고 있는 유리체는 투명한 젤 형태

의 물질이다. 유리체는 안구 내압을 적정하게 유지함으로써 맥락막에 대하여 망막을 지지해 주고, 안구벽의 붕괴를 방지함으로써 안구의 형태를 유지하는 역할을 한다. 하지만 눈은 단순한 구조가 아니기에, 이것만으로는 안구 전체뿐 아니라 안구를 구성하는 각 부분을 정확한 형태로 유지하기 어렵다.

이 경우 가장 문제가 되는 것이 각막과 수정체 사이의 '안방'이라는 공간이다. 만약 이 공간이 비어 있다면 외부에서 누르는 기압과 이에 대응하기 위해 유리체가 밀어내는 압력 때문에 각막과 수정체는 서로 달라붙거나 찌그러질 가능성이 높다. 그러면 수정체가 원활하게 움직이기가 어려워진다. 따라서 눈은 수정체와 각막 사이의 공간에 채워진 방수로 적절한 내부 압력을 유지한다.

'방에 든 물'을 뜻하는 방수(房水)는 투명한 약알칼리성 액체로, 눈물과는 구별된다. 방수는 안방에 들어차 각막의 형태를 유지하고, 혈관 분포가 없어 투명한 구조인 각막이나 수정체에 영양분을 공급하고 노폐물을 배출하는 역할을 한다. 단순히 공간을 채우는 것만이 아니라 영양분을 공급한다는 것은 방수가 순환되는 물이라는 전제를 포함한다. 섬모체에서 만들어진 방수는 안방을 채우고 섬유주라는 조직을 통해 배출된 후 슐렘관으로 흡수되어 심장으로 들어가 혈액에 합류된다.

눈의 구조와 시력 유지를 위해 꼭 필요한 방수는 적정량이 제대로 흘러야 한다. 제 역할을 다한 방수는 흘러나가야 하는데, 섬유주의 구조 변화나 슐렘관에 이상이 생기는 등의 이유로 이 과정이 원활하지 않으면 문제가 발생한다. 방수의 배출 여부와 관계없이 섬모체는 계속 방수를 만들어내기 때문에 결국 과도한 방수로 안압이 높아진다. 그 결과 안구의 모든 조직에 압력이 가해져 문제가 생기는데, 그중 특히 약한 조직인 시신경이 먼저 심하게 손상을 받게 된다.

---

01 윗글에 대한 이해로 적절하지 **않은** 것은?　　　　　　　　　　　　　25636-0056

① 각막은 공막과 달리 투명하다.　　　　　　　　　　　　　　　　　　Ok | No

② 수정체는 빛이 통과할 수 있는 구조이다.　　　　　　　　　　　　　Ok | No

③ 유리체는 맥락막에 대하여 망막을 지지해 준다.　　　　　　　　　　Ok | No

④ 섬모체는 수정체와 연결되어 물체의 원근을 감지한다.　　　　　　　Ok | No

⑤ 방수는 슐렘관을 거쳐 심장으로 들어가 혈액에 합쳐진다.　　　　　Ok | No

02 윗글을 참고할 때, 〈보기〉의 ㉮~㉰에 들어갈 말로 적절한 것은? 25636-0057

〈보기〉

　　안방이 비어 있다면, 외부에서 누르는 기압에 대응하기 위해 유리체가 (㉮)는 압력 때문에 안방이 찌그러질 가능성이 높다. 따라서 방수가 이 공간을 채우는데, 만약 방수의 공급량에 비해 배출량이 (㉯)지게 되면 안압이 (㉰)하여 시신경이 손상된다.

	㉮	㉯	㉰
①	밀어내	적어	상승
②	밀어내	적어	하강
③	밀어내	많아	상승
④	당기	많아	하강
⑤	당기	많아	상승

03 ㉠~㉢에 대한 이해로 적절한 것은? 25636-0058

① ㉠에는 영양분을 공급하는 혈관이 다수 밀집되어 있다. Ok No
② ㉢은 수정체가 초점을 조절하는 것을 돕는다. Ok No
③ ㉠과 ㉡은 안구를 보호하는 데 필요한 부속 기관이다. Ok No
④ ㉡은 빛의 분산을 막아 ㉢에서 상을 맺는 것을 돕는다. Ok No
⑤ ㉢을 통과한 빛이 ㉠에서 감지된다. Ok No

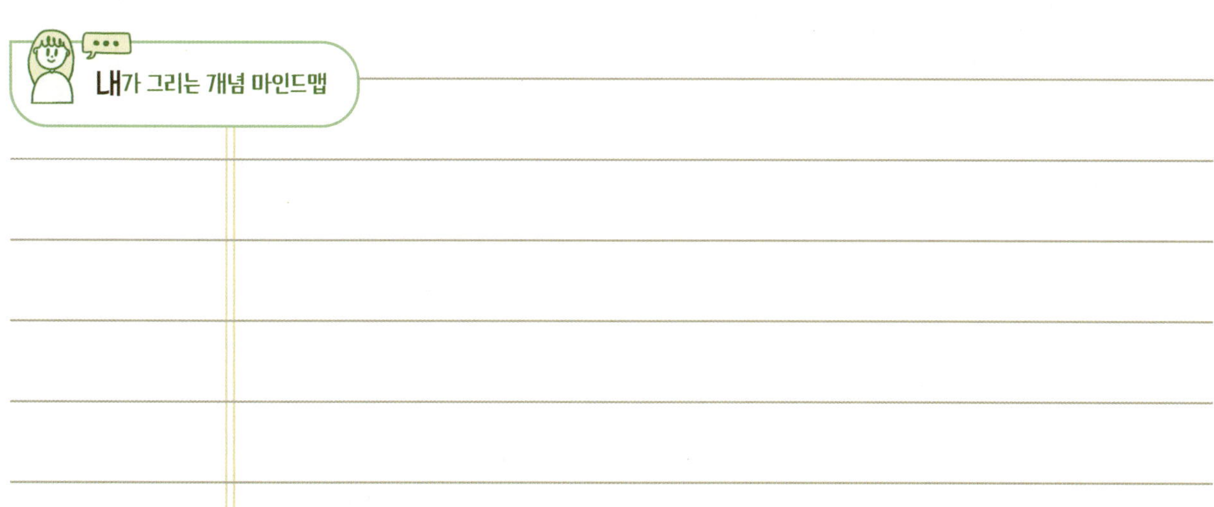

오늘 공부한 지문 패턴은 '**구조 분석-기능(역할)**'이라는 출제 요소를 다루고 있는 것들이야. 기출 지문을 공부할 때, '**구조 분석**'에는 '**기능(역할)**'이라는 요소가 짝 지어 나올 수 있다는 것을 짐작하면서 읽어야겠지? :)

오늘 꼭 알아야 할 개념   # 원리-인과   # 방법-과정

STEP.1   개념 Hi

12강은 지문의 패턴을 공부하는 마지막 시간이야. 우리가 공부한 지문의 패턴들을 떠올려 볼까? '개념 정의-특징-사례', '관점-차이점'에 '구조 분석-기능', 그리고 오늘 공부할 '원리-방법' 패턴을 추가해 놓으면 돼. :)

개념 27   원리-인과

어떤 지문에서는 대상의 작동 ㅇㄹ나, 특정한 상황이나 현상이 왜 발생했는지, 어떻게 이루어진 것인지를 자세히 설명할 때가 있어. A가 ㅇㅇ이 되어 B라는 ㄱㄱ가 나타나고, 다시 그 B가 C라는 또 다른 ㄱㄱ로 이어지기도 해. 우리는 앞으로 그런 정보들의 연결 관계를 'ㅇㄹ'라고 이해해 보자. 원리를 설명한 정보는 특성상 정보의 양이 많고 복잡할 때가 많아. 그렇기 때문에 그런 정보는 더 정확하게 내용을 이해하고 생각하는 연습을 해야 돼.

원리: 사물의 근본이 되는 이치

인과: 원인과 결과를 아울러 이르는 말

'원리'가 어떤 사전적 의미를 가지고 있는지는 알겠지? 특히 **과학·기술**이나 **경제** 지문에서 화제와 관련된 **원리**를 설명할 때가 많아. 그럴 때는 정보들의 **인과 관계**를 따져가면서 내용을 사실적으로 이해하는 것이 우선이야. 원리를 설명하는 내용이 등장하면 눈을 동그랗게 뜨고 더 집중해서 읽어 보자. 지문 속에서 대상의 **작동 원리**, 특정한 현상과 관련된 **인과 관계**를 설명하는 내용이 나오면, 그게 바로 출제 요소야.

① ㅈㄱ-ㄱㄱ (A ㅇㅁ B이다)

> 압전 변환기의 핵심 부품인 압전 소자는 압력을 받으면 전기를 발생시키는데 이것을 압전 효과라고 한다. 초음파를 압전 소자에 가해 주면 압전 소자에 미치는 공기의 압력이 변하면서 압전 효과로 인해 고주파 교류가 발생한다.

> 전통적인 통화 정책은 정책 금리를 활용하여 물가를 안정시키고 경제 안정을 도모하는 것을 목표로 한다. 중앙은행은 경기가 과열되었을 때 정책 금리 인상을 통해 경기를 진정시키고자 한다. 정책 금리 인상으로 시장 금리도 높아지면 가계 및 기업에 대한 대출 감소로 신용 공급이 축소된다. 신용 공급의 축소는 경제 내 수요를 줄여 물가를 안정시키고 경기를 진정시킨다.

② ㅂㄹ-ㅂㅂㄹ (A ㅇㅅㄹ B이다)

> 별의 겉보기 밝기는 지구에 도달하는 별빛의 양에 의해 결정된다. 과학자들은 단위 시간 동안 단위 면적에 입사하는 빛 에너지의 총량을 '복사 플럭스'라고 정의하였는데 이 값이 클수록 별이 더 **밝게** 관측된다. 그러나 별의 **복사 플럭스 값**은 **빛이 도달되는 거리의 제곱**에 반비례하기 때문에 **별과의 거리**가 멀수록 그 별은 더 **어둡게** 보인다. 이처럼 겉보기 밝기는 거리에 따라 다르게 관측되기 때문에 별의 실제 밝기는 절대 등급으로 나타낸다. 예를 들어, '리겔'의 경우 겉보기 등급은 0.1 정도이지만, 절대 등급은 −6.8 정도에 해당한다.

절대 등급은 별이 지구로부터 10파섹*(약 32.6광년)의 거리에 있다고 가정했을 때 그 별의 겉보기 등급으로 정의한다. **별의 실제 밝기**는 별이 매초 방출하는 에너지의 총량인 **광도**가 클수록 **밝아지게** 된다. **광도**는 **별의 반지름의 제곱**과 별의 표면 온도의 네제곱에 비례한다. 즉, **별의 실제 밝기**는 **별의 표면적**이 클수록, **표면 온도**가 높을수록 **밝**다.

***파섹**: 거리의 단위로서 1파섹은 3.086×10^{13}km, 즉 약 3.26광년에 해당한다.

개 념 2 8 방법-과정

'단계에 따른 ㄱ ㅈ '을 설명하는 일은 결국 어떤 일의 ' ㅂ ㅂ '에 대한 설명일 수 있어. 예를 들어 '단호박 오리 치즈찜'을 만드는 방법을 설명한다는 것은 결국 요리 과정에 대한 서술이 될 테니까. 그러니까 '과정'과 '방법'을 정확히 구분해서 생각할 필요는 없다는 거야. :)

방법: 어떤 일을 해 나가거나 목적을 이루기 위하여 취하는 수단이나 방식
과정: 일이 되어가는 경로

어떤 **방법**에 대해 쉽게 전달하려면 **단계별**로 조목조목 설명해야 할 거야. 또 방법을 설명하다 보면 자연스럽게 그 과정에 적용된 **원리**가 드러나기도 해. 그러다 보면 정보량이 많아지고 내용도 복잡해지는 거지. 복잡한 **원리**와 **방법**이 제시돼 있다면 기억하자. '아, 이 내용이 바로 출제 요소구나!'

① ㅇ ㄹ

　그렇다면 뇌에 있는 **섭식 중추나 포만 중추는 어떻게 몸속 영양분의 상태에 따라 식욕을 조절**하는 것일까? 여기에서 중요한 역할을 하는 것이 혈액 속을 흐르는 영양소인데, 특히 탄수화물에서 분해된 '포도당'과 지방에서 분해된 '지방산'이 중요하다. 먼저 ①탄수화물은 식사를 통해 섭취된 후 소장에서 분해되면, ②포도당으로 변해 혈액 속으로 흡수된다. 그러면 ③혈중 포도당의 농도가 높아지고, 이를 줄이기 위해 ④췌장에서 '인슐린'이라는 호르몬이 분비된다. 이 포도당과 인슐린이 혈액을 타고 시상 하부로 이동하여 ⑤포만 중추의 작용은 촉진하고 섭식 중추의 작용은 억제한다. 반면에 지방은 피부 아래의 조직에 중성 지방의 형태로 저장되어 있다가 ①공복 상태가 길어지면 혈액 속으로 흘러가 간(肝)으로 운반된다. 그러면 부족한 에너지를 보충하기 위해 ②간에서 중성 지방이 분해되고, 이 과정에서 생긴 ③지방산이 혈액을 타고 시상 하부로 이동하여 ④섭식 중추의 작용은 촉진하고 포만 중추의 작용은 억제한다. 이와 같은 작용 원리에 따라 우리의 식욕은 자연스럽게 조절된다.

② ㄷ ㄱ , ㅅ ㅅ

　일반적으로 **생체 인식 시스템**에서는 '생체 정보 수집', '전처리', '특징 데이터 추출', '정합'의 **과정**을 거치는데 지문 인식 시스템도 이를 따른다. **생체 정보 수집 단계**는 지문 입력 장치를 사용하여 지문 영상을 얻는 과정에 해당한다. **전처리 단계**에서는 지문 형태와 무관한 영상 정보를 제거하고 지문 형태의 특징이 부각되도록 지문 영상을 보정한다. **특징 데이터 추출 단계**에서는 전처리 단계에서 보정된 영상으로부터 각 지문이 가진 고유한 특징 데이터를 추출한다. 특징 데이터로는 융선의 분포 유형, 융선의 위치와 연결 상태 등이 사용된다. **정합 단계**에서는 사전에 등록되어 있는 특징 데이터와 지문 조회를 위해 추출된 특징 데이터를 비교하여 유사도를 계산한다. 이 값이 기준치보다 크면 동일한 사람의 지문으로 **판정**한다.

■ **초성 퀴즈 답**　원리, 원인, 결과, 결과, 원리, ① 조건-결과, 이면 ② 비례-반비례, 일수록 / 과정, 방법, ① 원리 ② 단계, 순서

STEP.2 개념 Quiz

지문에서 **원리**와 **방법**을 꼼꼼히 짚어 가며 읽는 연습은 **고난도 문항** 연습과 직결돼. 어려울 것 같다고 미리 겁먹지 말고 도전해 보자.

| 고2 전국연합학력평가 |

국내외 사정으로 경기가 불안정할 때에 정부와 중앙은행은 경기 안정 정책을 펼친다. 정부는 정부 지출과 조세 등을 조절하는 재정정책을, 중앙은행은 통화량과 이자율을 조정하는 통화정책을 활용한다. 이 정책들은 경기 상황에 따라 달리 활용된다. 경기가 좋지 않을 때에는 총수요*를 증가시키기 위해 정부 지출을 늘리거나 조세를 감면하는 확장적 재정정책이나 통화량을 늘리고 이자율을 낮추는 확장적 통화정책이 활용된다. 또 경기 과열이 우려될 때에는 정부 지출을 줄이거나 세금을 올리는 긴축적 재정정책이나 통화량을 줄이고 이자율을 올리는 긴축적 통화정책이 활용된다. 이러한 정책들의 효과 여부에 대해서는 이견들이 존재하는데 대표적으로 '통화주의'와 '케인스주의'를 들 수 있다. 두 학파의 입장 차이를 확장적 정책을 중심으로 살펴보자.

먼저 정부의 시장 개입을 최소화해야 한다고 보는 통화주의는 화폐 수요가 소득 증가에 민감하게 반응한다고 주장했다. 여기서 화폐란 물건을 교환하기 위한 수단을 말하고, 화폐 수요는 특정한 시점에 사람들이 보유하고 싶어 하는 화폐의 총액을 의미한다. 통화주의에서는 화폐 수요의 변화에 따라 이자율 변화가 크게 나타나고 이자율이 투자 수요에 미치는 영향도 크다고 보았다. 따라서 불경기에 정부 지출을 증가시키는 재정정책을 펼치면 국민 소득이 증가함에 따라 화폐 수요가 크게 증가하고 이에 영향을 받아 이자율이 매우 높게 상승한다고 보았다. 더불어 이자율에 크게 영향을 받는 투자 수요는 높아진 이자율로 인해 예상된 투자 수요보다 급격히 감소하면서 경기를 호전시키지 못한다고 보았다. 이 때문에 확장적 재정정책의 효과가 기대보다 낮을 것이라 주장했다. 결국 불황기에는 정부 주도의 재정정책보다는 중앙은행의 통화정책을 통해 통화량을 늘리고 이자율을 낮추는 방식을 택하면 재정정책과 달리 투자 수요가 증가하여 경기를 부양시킬 수 있다고 본 것이다.

반면에 경기 안정을 위해 정부의 적극적인 개입이 필요하다고 보는 케인스주의는 화폐를 교환 수단으로만 보지 않고 이자율과 역의 관계를 가지는 투기적 화폐 수요가 존재한다고 보았다. 투기적 화폐 수요는 통화량이 늘어나도 소비하지 않고 더 높은 이익을 얻기 위해 화폐를 소유하고자 하는 수요이다. 따라서 통화정책을 통해 통화량을 늘리고 이자율을 낮추면 투기적 화폐 수요가 늘어나 화폐가 시중에 돌지 않기 때문에 투자 수요가 거의 증가하지 않는다고 본 것이다. 즉 케인스주의는 실제로 사람들이 화폐를 거래 등에 얼마나 자주 사용하였는지가 소득의 변화보다 화폐 수요에 크게 영향을 미친다고 본 것이다. 그래서 케인스주의는 확장적 재정정책을 시행하여 정부 지출이 증가하면 국민 소득은 증가하지만, 소득의 변화가 화폐 수요에 미치는 영향이 작기 때문에 화폐 수요도 작게 증가할 것이라 보았다. 이에 따라 이자율도 낮게 상승하기 때문에 투자 수요가 예상된 것보다 작게 감소할 것이라 보았던 것이다.

또한 확장적 재정정책의 효과는 승수 효과와 구축 효과가 나타나는 정도에 따라 달리 볼 수 있다. 승수 효과란 정부의 재정 지출이 그것의 몇 배나 되는 국민 소득의 증가로 이어지면서 소비와 투자가 촉진되는 것을 의미한다. 케인스주의는 이러한 승수 효과를 통해 경기 부양이 가능하다고 보았다. 한편 승수 효과가 발생하기 위해서는 케인스주의가 주장한 바와 같이 정부 지출을 늘렸을 때 이자율의 변화가 거의 없어 투자 수요가 예상 투자 수요보다 크게 감소하지 않아야 한다. 그런데 정부가 재정정책을 펼치기 위해 재정 적자를 감수하고 국가가 일종의 차용 증서인 국채를 발행해 시중의 돈을 빌리게 되는 경우가 많다. 국채 발행으로 시중의 돈이 정부로 흘러 들어가면 이자율이 오르고 이에 대한 부담으로 가계나 기업들의 소비나 투자 수요가 감소되는 상황이 발생하게 된다. 결국 세금으로 충당하기 어려운 재정정책을 펼치기 위해 국채를 활용하는 과정에서 이자율이 올라가고 이로 인해 민간의 소비나 투자를 줄어들게 하는 구축 효과가 발생하게 된다는 것이다. 통화주의에서는 구축 효과에 의해 승수 효과가 감쇄되어 확장적 재정정책의 효과가 기대보다 줄어들 것이라고 본 것이다.

이처럼 경기를 안정화시키기 위해 특정한 정책의 긍정적 효과만을 고려하여 정책을 시행하게 될 경우 예상치 못한 문제들이 발생하여 기대했던 경기 안정을 가져오지 못할 수 있다. 경제학자들은 재정정책과 통화정책의 의의를 인정하면서, 이 정책들을 적절하게 활용한다면 경기 안정이라는 목적을 달성하는 데에 중요한 열쇠가 될 수 있을 것이라 보았다.

* 총수요: 국내에서 생산된 재화와 서비스에 대해 모든 경제 주체들이 일정 기간 동안 구입하고자 하는 것

25636-0059

Q.1 윗글을 통해 해결할 수 있는 질문인지 O/X로 답해 보자.

① 정부의 재정 적자를 해소하는 방법은 무엇인가?　　　　　　　　　　　O　X
② 확장적 정책과 긴축적 정책의 시행 시기는 언제인가?　　　　　　　　　O　X
③ 투기적 화폐 수요가 투자 수요에 미치는 영향은 무엇인가?　　　　　　　O　X
④ 정부의 지출 증가가 국민 소득에 미치는 영향은 무엇인가?　　　　　　　O　X
⑤ 정부와 중앙은행이 각각 활용하는 경기 안정 정책은 무엇인가?　　　　　O　X

Q.2 윗글을 바탕으로 할 때, **보기**의 ①~④에 들어갈 말을 골라 써 보자.

보기

　국내 사정으로 경기가 (①**과열/침체**)되어 정부가 긴축적 재정정책을 사용하면 시중 통화량이 (②**증가/감소**)하고, 이에 따라 이자율이 변동한다. 이러한 정책을 통해 경기가 안정되었지만 대외 경제 상황에 의해 경기 (③**과열/침체**)이/가 우려된다면, 중앙은행의 경우 통화량을 줄이고 이자율을 (④**올려/내려**) 경기 안정을 도모할 수 있다.

①

②

③

④

지역난방은 열병합 발전소에서 전기 생산을 위해 사용된 열을 회수하여 인근 지역의 난방에 활용하는 것이다. 지역난방에서는 회수된 열로 데워진 물을 배관을 통해 인근 지역으로 공급함으로써 열을 수송하는 방식을 주로 사용하는데, 근래에는 열 수송의 효율성을 높이기 위해 상변화 물질을 활용하는 방식을 개발하고 있다.

열 수송에 사용되는 상변화 물질이란, 상변화를 할 때 수반되는 잠열을 효율적으로 사용하기 위해 활용되는 물질을 말한다. 상변화란, 물질의 상태를 고체, 액체, 기체로 분류할 때, 주변의 온도나 압력 변화에 의해 어떤 물질이 이전과 다른 상태로 변하는 것을 의미하는데, 얼음이 물이 되거나 물이 수증기가 되는 것 등이 이에 해당한다. 이러한 변화에는 열이 수반되는데, 이를 '잠열'이라고 한다. 예를 들어 비커에 일정량의 얼음을 넣고 가열하면 얼음의 온도가 올라가게 되고, 0℃에 도달하면 얼음이 물로 변하기 시작하여 비커 속에는 얼음과 물이 공존하게 된다. 그런데 비커 속 얼음이 모두 물로 변할 때까지는 온도가 올라가지 않고 계속 0℃를 유지하는데, 이는 비커에 가해진 열이 물질의 온도 변화가 아닌 상변화에 사용되었기 때문이다. 이렇게 상변화에 사용된 열이 잠열인데, 이는 물질의 온도 변화로 나타나지 않는 숨어 있는 열이라는 뜻이다. 잠열은 물질마다 그 크기가 다르며, 일반적으로 물질이 고체에서 액체가 되거나 액체에서 기체가 될 때, 또는 고체에서 바로 기체가 될 때에는 잠열을 흡수하고 그 반대의 경우에는 잠열을 방출한다. 한편 비커를 계속 가열하여 얼음이 모두 녹아 물이 된 후에는 다시 온도가 올라가기 시작한다. 이렇게 얼음의 온도가 올라가거나 물의 온도가 올라가는 것처럼 온도 변화로 나타나는 열을 '현열'이라고 한다.

그렇다면 상변화 물질의 특성을 이용하여 열 수송을 하면 어떤 장점이 있는 것일까? 상변화 물질을 활용하여 열 병합 발전소에서 인근 지역 공동 주택으로 열을 수송하는 과정을 통해 이를 살펴보자. 열 병합 발전소에서는 발전에 사용된 수증기를 열 교환기로 보낸다. 열 교환기로 이동한 수증기는 열 수송에 사용되는 물에 열을 전달하여 물을 데운다. 이 물 속에는 고체 상태의 상변화 물질이 담겨 있는 마이크로 단위의 캡슐이 섞여 있다. 이 상변화 물질의 녹는점은 물의 어는점과 끓는점 사이에 있기 때문에, 물이 데워져 물의 온도가 상변화 물질의 녹는점 이상이 되면 상변화 물질은 액체로 상변화하게 된다. 액체가 된 상변화 물질이 섞인 물은 열 교환기에서 나와 온수 공급관을 통해 인근 지역 공동 주택 기계실의 열 교환기로 이동한다. 이 과정에서 상변화 물질이 고체로 상변화되지 않아야 하므로 이동하는 물의 온도는 상변화 물질의 녹는점 이상으로 유지되어야 한다.

공동 주택 기계실의 열 교환기로 이동한 물과 캡슐 속 상변화 물질은 공동 주택의 찬물에 열을 전달하면서 온도가 내려간다. 이렇게 공동 주택의 찬물을 데우는 과정에서 상변화 물질의 온도가 상변화 물질의 녹는점 이하로 내려가면 캡슐 속 상변화 물질은 액체에서 고체로 상변화하면서 잠열을 방출하게 되는데, 이 역시 찬물을 데우는 데 사용된다. 즉 온수 공급관을 통해 이동해 온 물의 현열과 캡슐 속 상변화 물질의 현열, 그리고 상변화 물질의 잠열이 공동 주택의 찬물을 데우는 데 모두 사용되는 것이다. 이렇게 데워진 공동 주택의 물은 각 세대의 난방기로 공급되어 세대 난방을 하게 되고, 상변화 물질 캡슐이 든 물은 온수 회수관을 통해 다시 발전소로 회수되어 재사용된다.

이와 같이 상변화 물질을 활용한 열 수송 방식을 사용하면 현열만 사용하던 기존의 열 수송 방식과 달리 현열과 잠열을 모두 사용할 수 있으므로 온수 공급관을 통해 보내는 물의 온도를 현저히 낮출 수 있어 열 수송의 효율성이 개선된다. 이때 상변화 물질 캡슐의 양을 늘릴수록 열 수송에 활용할 수 있는 잠열의 양은 증가하겠지만 캡슐의 양이 일정 수준 이상으로 늘어나면 물이 원활하게 이동할 수 없으므로 캡슐의 양을 증가시키는 데에는 한계가 있다.

25636-0060

Q.3 윗글을 바탕으로 〈보기〉에 대해 이해한 내용으로 적절한지 O/X로 답해 보자.

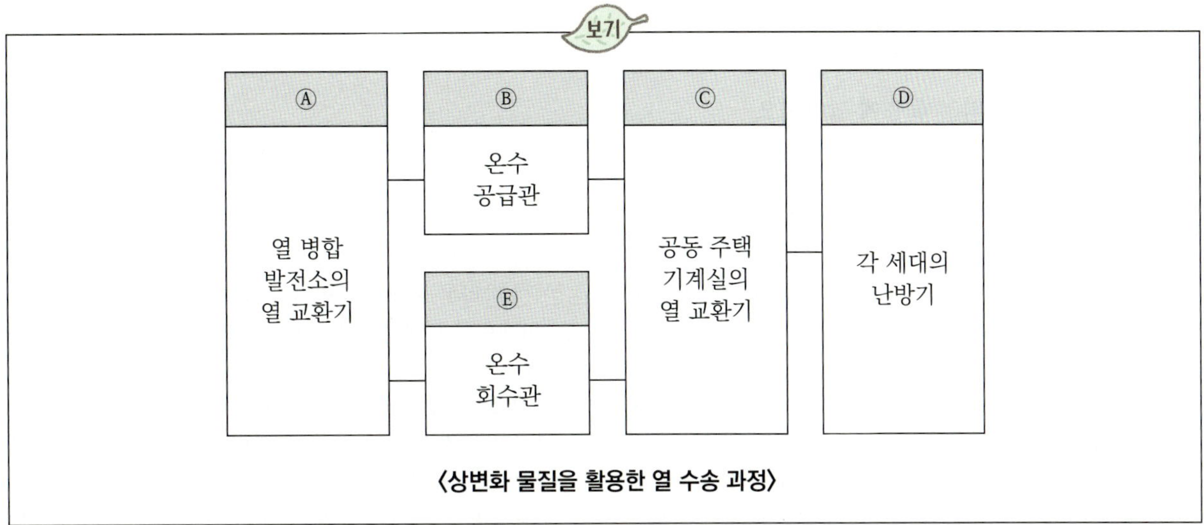

① Ⓐ에서 캡슐 속 상변화 물질의 온도는 상변화 물질의 녹는점 이상으로 올라가겠군.　　O　X

② Ⓑ에서는 물에 있는 캡슐 속 상변화 물질의 상변화가 일어나지 않겠군.　　O　X

③ Ⓑ와 Ⓔ를 통해 이동하는 물에 있는 상변화 물질의 상태는 서로 같겠군.　　O　X

④ Ⓒ에서 공동 주택의 찬물은 현열과 잠열에 의해 데워져 Ⓓ에 공급되겠군.　　O　X

⑤ Ⓔ를 통해 회수된 물에 있는 상변화 물질은 Ⓐ에서 다시 상변화 과정을 거쳐 재사용되겠군.　　O　X

Q.4 윗글을 읽은 학생이 〈보기1〉을 보고 〈보기2〉와 같이 메모했을 때, ①~③에 들어갈 말을 골라 써 보자.

보기1

　A 기업에서는 녹는점이 15 ℃인 상변화 물질을 벽에 넣어 밤과 낮의 온도 차가 크더라도 벽의 온도를 일정하게 만들 수 있는 기술을 연구하고 있다.

보기2

　벽의 온도가 15 ℃보다 높아지면 이 상변화 물질은 (①액체/고체)로 상변화할 것이고, 이때 잠열을 (②흡수/방출)할 것이다. 이렇게 상변화가 일어나는 중에는 상변화 물질의 온도가 (③유지될/상승할) 것이다.

①

②

③

STEP.3 개념 Jump

마무리는 수능 문제로 해 볼까? 배경지식을 확장할 수 있는 지문이기도 하니까, 꼼꼼히 읽으면서 지문에서 설명한 **원리**와 **방법**을 잘 이해하고 기억해 두자.

[01-02] 다음 글을 읽고 물음에 답하시오.

| 대학수학능력시험 |

어떤 물체가 물이나 공기와 같은 유체 속에서 자유 낙하할 때 물체에는 중력, 부력, 항력이 작용한다. 중력은 물체의 질량에 중력 가속도를 곱한 값으로 물체가 낙하하는 동안 일정하다. 부력은 어떤 물체에 의해서 배제된 부피만큼의 유체의 무게에 해당하는 힘으로, 항상 중력의 반대 방향으로 작용한다. 빗방울에 작용하는 부력의 크기는 빗방울의 부피에 해당하는 공기의 무게이다. 공기의 밀도는 물의 밀도의 1,000분의 1 수준이므로, 빗방울이 공기 중에서 떨어질 때 부력이 빗방울의 낙하 운동에 영향을 주는 정도는 미미하다. 그러나 스티로폼 입자와 같이 밀도가 매우 작은 물체가 낙하할 경우에는 부력이 물체의 낙하 속도에 큰 영향을 미친다.

물체가 유체 내에 정지해 있을 때와는 달리, 유체 속에서 운동하는 경우에는 물체의 운동에 저항하는 힘인 항력이 발생하는데, 이 힘은 물체의 운동 방향과 반대로 작용한다. 항력은 유체 속에서 운동하는 물체의 속도가 커질수록 이에 상응하여 커진다. 항력은 마찰 항력과 압력 항력의 합이다. 마찰 항력은 유체의 점성 때문에 물체의 표면에 가해지는 항력으로, 유체의 점성이 크거나 물체의 표면적이 클수록 커진다. 압력 항력은 물체가 이동할 때 물체의 전후방에 생기는 압력 차에 의해 생기는 항력으로, 물체의 운동 방향에서 바라본 물체의 단면적이 클수록 커진다.

안개비의 빗방울이나 미세 먼지와 같이 작은 물체가 낙하하는 경우에는 물체의 전후방에 생기는 압력 차가 매우 작아 마찰 항력이 전체 항력의 대부분을 차지한다. 빗방울의 크기가 커지면 전체 항력 중 압력 항력이 차지하는 비율이 점점 커진다. 반면 스카이다이버와 같이 큰 물체가 빠른 속도로 떨어질 때에는 물체의 전후방에 생기는 압력 차에 의한 압력 항력이 매우 크므로 마찰 항력이 전체 항력에 기여하는 비중은 무시할 만하다.

빗방울이 낙하할 때 처음에는 중력 때문에 빗방울의 낙하 속도가 점점 증가하지만, 이에 따라 항력도 커지게 되어 마침내 항력과 부력의 합이 중력의 크기와 같아지게 된다. 이때 물체의 가속도가 0이 되므로 빗방울의 속도는 일정해지는데, 이렇게 일정해진 속도를 종단 속도라 한다. 유체 속에서 상승하거나 지면과 수평으로 이동하는 물체의 경우에도 종단 속도가 나타나는 것은 이동 방향으로 작용하는 힘과 반대 방향으로 작용하는 힘의 평형에 의한 것이다.

01 윗글을 통해 알 수 있는 내용으로 가장 적절한 것은?

25636-0061

① 스카이다이버가 낙하 운동할 때에는 마찰 항력이 전체 항력의 대부분을 차지하게 된다. `Ok` `No`

② 물체가 유체 속에서 운동할 때 물체 전후방에 생기는 압력 차는 그 물체의 속도를 증가시킨다. `Ok` `No`

③ 낙하하는 물체의 속도가 종단 속도에 이르게 되면 그 물체의 가속도는 중력 가속도와 같아진다. `Ok` `No`

④ 균일한 밀도의 액체 속에서 낙하하는 동전에 작용하는 부력은 항력의 크기에 상관없이 일정한 크기를 유지한다. `Ok` `No`

⑤ 균일한 밀도의 액체 속에 완전히 잠겨 있는 쇠막대에 작용하는 부력은 서 있을 때보다 누워 있을 때가 더 크다. `Ok` `No`

02 윗글을 바탕으로 〈보기〉에 대해 탐구한 내용으로 가장 적절한 것은?

25636-0062

〈보기〉

　크기와 모양은 같으나 밀도가 서로 다른 구 모양의 물체 A와 B를 공기 중에 고정하였다. 이때 물체 A와 B의 밀도는 공기보다 작으며, 물체 B의 밀도는 물체 A보다 더 크다. 물체 A와 B를 놓아주었더니 두 물체 모두 속도가 증가하며 상승하다가, 각각 어느 정도 시간이 지난 후 각각 다른 일정한 속도를 유지한 채 계속 상승하였다. (단, 두 물체는 공기나 다른 기체 중에서 크기와 밀도가 유지되도록 제작되었고, 물체 운동에 영향을 줄 수 있는 기체의 흐름과 같은 외적 요인들이 모두 제거되었다고 가정함.)

① A와 B가 고정되어 있을 때에는 A에 작용하는 항력이 B에 작용하는 항력보다 더 작겠군.　Ok No

② A와 B가 각각 일정한 속도를 유지할 때 A에 작용하고 있는 항력은 B에 작용하고 있는 항력보다 더 작겠군.　Ok No

③ A에 작용하는 부력과 중력의 크기 차이는 A의 속도가 증가하고 있을 때보다 A가 고정되어 있을 때 더 크겠군.　Ok No

④ A와 B 모두 일정한 속도에 도달하기 전에 속도가 증가하는 것으로 보아 A와 B에 작용하는 항력이 점점 감소하기 때문에 일정한 속도에 도달하는 것이겠군.　Ok No

⑤ 공기보다 밀도가 더 큰 기체 내에서 B가 상승하여 일정한 속도를 유지할 때 B에 작용하는 항력은 공기 중에서 상승하여 일정한 속도를 유지할 때 작용하는 항력보다 더 크겠군.　Ok No

내가 그리는 개념 마인드맵

나만 어려운 게 아니야. 원리와 방법을 설명하는 지문은 정보의 양이 많기 때문에, 누구나 어렵게 느낄수 있어. 중요한 정보가 무엇인지 구분해 내고, 차근차근 원리와 방법을 짚어 가며 읽는 연습을 반복하면, 잘 해낼 수 있어. :)

오늘 꼭 알아야 할 개념 # 세부 내용 파악   # 내용 전개 방식 파악

STEP.1 너의 시험에도 출제될 VIP 단골 패턴

독서 파트에 안 나오려야 안 나올 수가 없는, 반드시 꼭 나오는 문제 패턴은 바로 지문의 내용을 **사실적**으로 읽고 이해할 수 있는지를 묻는 '세부 내용 확인' 일명 '내용 일치' 문제와 '내용 전개 방식 파악' 문제야. 잘 봐 봐. 이런 문제들 정말 자주 봤지? 지문과 선지의 내용을 침착하게 견주어 보면 누구나 풀 수 있겠지만, 사실 지문 내용이 아주 어렵고 복잡하거나, 지문이 담고 있는 정보의 양이 어마어마하게 많을 때는 오답률이 쑥 올라가기도 해. 꼭 나오는 이 문제, 어떻게 해야 잘 풀 수 있을까?

📑 세부 내용 파악 문제

| 2024학년도 대학수학능력시험 |

8. 윗글을 이해한 내용으로 적절하지 **않은** 것은?

① 데이터가 수치로 구성되지 않아도 최빈값을 구할 수 있다.

② 데이터의 특징이 언제나 하나의 수치로 나타나는 것은 아니다.

❸ 데이터가 정상적으로 수집되었다면 이상치가 존재하지 않는다.

④ 데이터에 동일한 수치가 여러 개 있어도 중앙값으로 결측치를 대체할 수 있다.

⑤ 데이터를 수집하는 과정에서 측정 오류가 발생한 값이라도 이상치가 아닐 수 있다.

| 2025학년도 수능 대비 9월 모의평가 |

5. ㉠, ㉡에 대한 이해로 가장 적절한 것은?

① ㉠은 소비자 후생 증대 효과가 시장 경쟁 제한의 폐해보다 작은 경우에 허용된다.

② ㉠을 '공정 거래법'에서 금지하는 목적은 사업자의 가격 결정의 자유를 제한하기 위한 것이다.

③ ㉡을 할 때 사업자는 영업의 자유를 보호받지만 표현의 자유는 보호받지 못한다.

❹ ㉡은 사업자가 자사의 홈페이지에 직접 작성해서 게시한 이용 후기를 광고로 활용하는 것을 포함하지 않는다.

⑤ ㉠은 사업자와 소비자 간에, ㉡은 소비자와 소비자 간에 직접 일어나는 행위이다.

| 2024학년도 대학수학능력시험 |

12. (가), (나)에 대한 설명으로 가장 적절한 것은?

① (가)는 『한비자』의 철학사적 의의를 설명하고 『한비자』와 『노자』의 사회적 파급력을 **비교**하고 있다.

② (가)는 한비자가 추구한 이상적인 사회를 소개하고 그 실현을 위해 『노자』를 수용한 입장의 **한계**를 설명하고 있다.

❸ (나)는 특정 개념을 중심으로 『노자』에 대한 여러 학자의 견해를 **시간의 흐름에 따라 제시**하고 있다.

④ (나)는 여러 유학자가 『노자』를 해석한 의도를 각각 제시하고 그 차이로 인해 발생한 학자 간의 **이견을 절충**하고 있다.

⑤ (가)와 (나)는 모두, 『노자』에 대해 다양한 시각에서 제시된 **비판이 심화되는 과정**을 **구체적 사례**와 함께 설명하고 있다.

| 2025학년도 수능 대비 6월 모의평가 |

4. 윗글의 **내용 전개 방식**으로 가장 적절한 것은?

　❶ 대상의 **개념**과 **장단점**을 제시하고 **보완책**을 소개한다.

　② 유사한 **원리들을 분석**하고 이를 **하나의 이론으로 통합**한다.

　③ **대립**하는 유형을 들어 이론적 근거의 **변천 과정**을 설명한다.

　④ **가설**을 세우고 그에 대해 **현실적인 사례**를 들어 가며 검토한다.

　⑤ **문제 상황의 근본 원인**을 진단하고 **해결책에 대한 상반된 입장**을 해설한다.

STEP.2　VIP 문제 접근법

🗐 *세부 내용* 파악 문제

Tip.1　**지문에서 제시한 정보를**
　　　① 문장의 대상이나 서술어를 **교체**했는지 확인
　　　② 지문에서 사용한 표현을 달리하여 **재진술**했는지 확인

Tip.2　지문 읽기 전에 선지의 **핵심어**를 미리 훑어 읽고 표시

Tip.3　지문을 한두 문단 단위로 **끊어 읽으면서** 실시간으로 지문과의 내용 일치 여부를 판단

🗐 *내용 전개 방식* 파악 문제

Tip.1　기출문제 선지 속 **개념**부터 철저히 정리

Tip.2　**접속어**의 도움을 받아 **문단 간의 관계**를 정확히 파악

Tip.3　'**적절한 것은?**'이라고 물었다면 지문을 다 읽고 풀기
　　　'**적절하지 않은 것은?**'이라고 물었다면 지문을 읽으면서 실시간으로 풀기

STEP.3 개념 Jump

[01-02] 다음 글을 읽고 물음에 답하시오.

| 고2 전국연합학력평가 |

공동 소유란 하나의 물건을 두 명 이상이 공동으로 소유하는 것을 말하며, 그 물건을 공유물이라고 한다. 공유물을 소유하는 공유자는 자신의 지분에 대해 권리를 갖는다. 지분이란 공유물에 대해 가지는 소유의 비율을 의미하며, 공유자는 자신의 지분은 본인의 의사에 따라 자유로이 처분할 수 있지만 공유물을 처분하기 위해서는 공유자 전원의 동의가 필요하다.

공유자는 법률의 규정이나 별도의 특약이 있는 경우를 제외하고는 자신이 원하면 언제든지 공유물 분할을 요청할 수 있다. 공유물 분할이란 공유물을 지분에 따라 나누어 공유 관계를 종료하는 것을 말한다. 원칙적으로 공유물 분할은 당사자 전원이 참여한 협의를 통해 진행되나 공유자 중 일부가 분할에 협력하지 않아 협의에 의한 분할이 이루어지기 어려운 경우에는 재판에 의한 분할을 받을 수 있다. 공유물 분할 청구 소송은 공유자 전원이 소송 당사자가 되는 필수적 공동 소송으로, 분할을 희망하는 공유자가 나머지 공유자들을 상대로 법원에 소송을 제기하여 분할을 청구하는 것이다.

협의 또는 재판에 의해 공유물을 분할하는 방법에는 현물 분할, 대금 분할, 가격 배상이 있다. 협의로 분할이 이루어진다면 그 방법을 공유자들이 임의로 선택할 수 있으나 재판에 의하여 공유물을 분할하는 경우에는 현물 분할의 방법에 의함이 원칙이다. 현물 분할은 공유물 그 자체를 분량적으로 나누는 방법이다. 토지를 분할하는 경우 원칙적으로는 면적이 그 공유 지분의 비율과 같도록 분할해야 하나, 토지의 형상이나 위치 등으로 인해 경제적 가치가 균등하지 않을 때에는 경제적 가치가 지분 비율에 상응하도록 현물 분할하는 것도 허용된다. 또한 세 명 이상이 공유하는 물건을 현물 분할하는 경우에는 분할 청구자의 지분 한도 내에서 현물 분할을 하고 분할을 원하지 않는 나머지 공유자들은 공유 관계로 남는 것도 허용된다.

현물 분할의 예외 사유에 해당하면 대금 분할을 한다. 공유물의 성질이나 위치, 공유물 분할 후 사용 가치 등에 비추어 현물 분할이 곤란하거나 부적절한 경우와 공유자 중 한 사람이라도 현물 분할 후 단독 소유하게 될 부분의 가치가 분할 전 소유 지분의 가치보다 현저히 줄어들 염려가 있는 경우에 법원은 공유물의 경매를 명하여 그 대금을 분할하게 할 수 있다.

마지막으로 특별한 사정이 있는 경우에는 가격 배상이 허용된다. 가격 배상은 법원이 공유물 전체를 특정인이 소유하도록 허용하여, 소유하게 되는 자로 하여금 다른 공유자에게 지분의 합리적인 가격을 배상하게 하는 것이다.

법원은 세 가지 방법 중 분할 청구자가 원하는 방법에 구애받지 않고 재량에 따라 합리적인 방법으로 분할을 명할 수 있다. 공유 관계의 복잡한 상황을 고려하여 내린 법원의 공정한 판단은 공유 관계의 원만한 해소를 도모한다는 의의가 있다.

📑 내용 전개 방식 파악 문제

01 윗글에 대한 설명으로 가장 적절한 것은?　　25636-0063

① 공유물 분할의 장단점을 제시한 후 그 의의를 밝히고 있다. [Ok|No]

② 공유물 분할의 개념을 정의하고 분할 사례를 열거하고 있다. [Ok|No]

③ 공유물 분할 방법의 한계를 검토한 후 대안을 제시하고 있다. [Ok|No]

④ 공유물 분할 방법을 구분한 후 각각의 특징을 설명하고 있다. [Ok|No]

⑤ 공유물 분할의 절차를 단계별로 제시한 후 각 단계에서의 유의점을 밝히고 있다. [Ok|No]

📑 세부 내용 파악 문제

02 윗글을 이해한 내용으로 적절하지 <u>않은</u> 것은?　　25636-0064

① 공유자는 보유한 공유물의 지분을 나머지 공유자들의 동의를 구하지 않고 처분할 수 있다. [Ok|No]

② 공유자 전원이 대금을 나눠 갖는 분할 방법은 법원이 개입하지 않으면 공유자들이 선택할 수 없다. [Ok|No]

③ 공유자는 공유물 분할을 제한하는 법률의 규정이나 별도의 특약이 없는 경우에 공유 관계 종료를 요
청할 수 있다. [Ok|No]

④ 공유자가 세 명 이상인 경우에 현물 분할을 원하지 않는 공유자들은 법원의 판단에 따라 공유 관계로
남을 수 있다. [Ok|No]

⑤ 공유자 중 특정인이 법원의 판단에 따라 공유물 전체를 소유하게 될 경우 다른 공유자에게 지분의 가
격을 배상해야 한다. [Ok|No]

소크라테스 이후의 전통 형이상학에서는 현실 세계를 불완전하고 거짓된 세계로 간주하고, 보편적 진리로 이루어진 현실 너머의 세계를 참된 세계라고 여겼다. 그들은 삶의 목적이 현실 너머에 있는 초월적 가치의 추구에 있다고 보았으며, 이성적 사유를 통해 이를 발견하고자 하였다. 이것은 삶의 외부에 있는 절대적 가치를 토대로 삶의 의미를 찾고자 하는 사유 방식이었다. 바로 이 점에 반기를 든 철학자가 니체이다.

니체에 따르면, 삶은 삶을 둘러싼 가치들의 근원이며, 가치 평가의 출발점이다. 그리고 가치는 삶에 유용한가, 즉 그것이 삶을 더 강하게 만들어 주는가에 따라 평가된다. 그런데 전통 형이상학은 '도덕적 선'이라는 절대적 가치를 삶의 궁극적인 목적으로 여기고, 이에 따라 개별적 삶을 재단하려 하였다. 이에 따르면 삶의 본능적 욕망은 억압되어야 하는 것이며, 현실적인 삶은 개선되어야 하는 부정적인 것이다. 따라서 현실적인 삶을 긍정하고 그 속에서 끊임없이 발전하고자 하는 태도는 '도덕적 선'에 부합하지 않는, 무가치한 현실적 욕구들을 충족하려는 태도에 지나지 않게 된다. 결국 현실적인 삶 자체도 무의미한 것이 되고 만다. 니체는 그 자체로 목적이어야 할 삶을 초월적 가치 실현의 수단으로 간주하는 전도된 사유 방식에 전적으로 반대하였다.

니체는 전통 형이상학의 도덕 가치를 좇으며 '노예'로 살아가는 대신 각자가 '주인'으로서 스스로의 삶을 살아갈 것을 강조했다. 그러기 위해서는 끊임없이 무언가를 넘어서고 더 높은 것으로 나아가고자 하는 욕망, 즉 '힘에의 의지'가 필요하다고 보았다. 이것은 자신 내면의 힘과 능력을 더 높은 차원으로 발휘하고자 하는 의지이기도 하다. 하나의 '힘에의 의지'가 다른 '힘에의 의지'를 이겨도 또 다른 '힘에의 의지'가 수시로 나타나므로, 이것은 창조와 생산이 무한히 이루어지게 하는 의지이다. 니체는 '힘에의 의지'를 자연스러운 것으로 수용할 때 현재의 자신을 극복하고 새로운 가치를 창조할 수 있다고 보았다.

니체에 따르면, 삶을 긍정하고 상승시키고자 하는 '강자'들은 삶에 유용한 가치들을 끊임없이 추구한다. 각각의 삶이 자신의 상승을 위해 '힘에의 의지'를 중심으로 경합하기도 하는데, 이때 필요한 것이 '아곤(Agon)', 즉 경쟁이다. 이것은 자신과 동등하거나 자신보다 뛰어난 사람을 넘어서려고 하는 것으로, 자신이 가진 힘의 크기를 확인하고 더 상승시키기 위해 필요한 과정이다. 그렇기에 아곤의 궁극적 목적은 경쟁자의 제압이 아니라 자신의 성장에 있다. 자신이 뛰어넘고자 하는 강자는 자신을 자극하고 발전시키는 선의의 파트너가 된다. 상대를 이기고자 하는 데서 오는 고통이 클수록 상대가 강하다는 뜻이며, 이때 고통은 오히려 성장의 원동력이 된다. 물론 강자들 사이에서도 힘의 차이에 따르는 위계는 존재한다. 그러나 이때의 위계는 일방적 계급 질서가 아니다. 승패는 존재하지만, 비교를 통해서 자신의 힘을 평가하고 좀 더 성장하고자 노력하였음을 서로 인정하므로, 강자와 상대적 약자 간의 힘의 위계는 지배적 형태가 아니라 상호 존중의 형태로 드러난다. 즉, 니체의 아곤은 자신의 삶을 긍정하고 자신의 성장을 위해 타자를 존중하는 태도라고 할 수 있다.

니체는 삶을 긍정한다는 것은 삶이 마주하는 어려움을 잘 극복하고 성장하고자 하는 태도를 의미한다고 보았다. '강자를 넘어서려고 하는 의지'를 옹호한 니체의 철학은, 현실을 살아가는 우리 자신의 삶을 그 자체로 긍정할 수 있는 철학적 토대를 마련하였다는 점에서 의미가 있다.

📑 내용 전개 방식 파악 문제

03 다음은 윗글을 읽고 학생이 수행한 활동지의 일부이다. 학생의 응답으로 적절하지 <u>않은</u> 것은?　　25636-0065

질문	학생의 응답	
	예	아니요
① 니체 철학의 등장 배경을 전통 형이상학과 관련지어 제시하였는가?	✔	
② 니체 철학과 전통 형이상학의 공통점과 차이점을 밝혔는가?		✔
③ 니체 철학의 변천 과정을 통시적인 관점에서 드러내었는가?		✔
④ 니체 철학의 핵심 개념을 사례를 들어 설명하였는가?	✔	
⑤ 니체 철학이 지닌 의의를 밝히며 마무리하였는가?	✔	

(Ok No)

📑 세부 내용 파악 문제

04 윗글의 내용과 일치하지 <u>않는</u> 것은?　　25636-0066

① 전통 형이상학에서는 현실 세계와 별개로 참된 세계가 존재한다고 생각하였다. (Ok No)
② 전통 형이상학에서는 절대적 가치를 발견하는 방법으로 이성적 사유를 제시하였다. (Ok No)
③ 니체는 무가치한 현실적 욕구를 충족하려는 태도도 삶을 개선하는 데 기여한다고 보았다. (Ok No)
④ 니체는 사람들이 자신보다 우월한 사람을 넘어서고자 하는 의지를 긍정적으로 평가하였다. (Ok No)
⑤ 니체는 삶에서 오는 어려움을 극복하고 성장하고자 하는 것이 삶을 긍정하는 태도라고 여겼다. (Ok No)

내가 그리는 개념 마인드맵

글의 **내용과 형식을 사실적으로** 이해하는 것은 읽기 방법 중 가장 기본이 되는 방법이라고 배웠지? 글의 내용과 형식을 사실적으로 이해하는 연습은 기본 중의 기본이야. 꾸준히 연습하면서 **나만의 문제 접근법**을 확립해 보자.

오늘 꼭 알아야 할 개념　# 세부 내용 추론　# 생략된 전제(근거) 추론

STEP.1　너의 시험에도 출제될 VIP 단골 패턴

　　지난 시간에 웬만하면 다들 정답을 찾을 수 있는 문제 패턴을 공부했어. 독서 지문을 사실적으로 잘 읽었는지를 체크하는 가장 기본적인 문제 패턴이 '세부 정보 확인'이라면 거기에서 조금 더 생각하기를 요구하는 문제들이 있거든. 지문 속에 근거가 있긴 있는데, 내용 일치 문제처럼 대놓고 설명해 주지 않은 내용들에 대해 '지문의 내용을 근거로 해서 **추론해 봐.**'라고 조금 더 생각하기를 요구하는 문제들이야. 이런 패턴의 문제들은 사실적 사고를 측정하는 문제들보다 오답률이 상대적으로 높은 편이야. 그렇다면? 연습 고고!

📑 *세부 내용 추론* 문제

| 2025학년도 수능 대비 6월 모의평가 |

6. 윗글을 읽고 **추론**한 내용으로 적절하지 **않은** 것은?

① 스톡옵션의 권리를 가진 경영자는 주식 가격이 미리 정해 놓은 것보다 하락하더라도 손실을 입지 않을 수 있다.

❷ 스톡옵션은 경영자의 성과 보상에 미래의 주식 가치가 관련된다는 점에서 주식 평가 보상권과 차이가 있다.

③ 경영 공시는 주주가 기업 경영 상황을 파악하여 기업 가치를 평가하는 데 유용한 제도가 될 수 있다.

④ 사외 이사 제도는 기업의 의사 결정에 외부 인사를 참여시켜 경영의 개방성을 높일 수 있는 제도라 평가할 수 있다.

⑤ 경영 공시 제도와 사외 이사 제도는 기업의 중요 정보에 대한 경영진의 독점을 완화할 수 있다.

| 2025학년도 수능 대비 9월 모의평가 |

4. 윗글을 통해 **알 수 있는 내용**으로 적절하지 **않은** 것은?

① 부당한 광고 행위에 대해서는 재판매 가격 유지 행위와 달리 형사 처벌이 내려질 수 있다.

② 거래 단계별 사업자에게 거래 가격을 강제하는 것은 유통 조직의 효율성 저하를 초래한다.

③ 재판매 가격 유지 행위의 정당성을 인정받고자 하는 사업자는 그 행위의 정당성을 입증할 책임을 진다.

❹ 경험적 사실을 바탕으로 한 추천·보증은 심사 지침에 따라 해당 분야의 전문적 지식에 부합해야 한다.

⑤ 공정 거래 위원회가 고시하는 출판된 저작물의 사업자는 거래 상대방 사업자에게 기준 가격을 지정할 수 있다.

📑 *생략된 전제(근거) 추론* 문제

| 2024학년도 대학수학능력시험 |

9. 윗글을 참고할 때, **㉠의 이유**로 가장 적절한 것은?

> **㉠ 대푯값으로 평균보다 중앙값을 주로 사용한다.**

❶ 중앙값은 극단에 있는 이상치의 영향을 덜 받기 때문이다.

② 중앙값을 찾기 위해 데이터를 나열할 때 이상치는 제외되기 때문이다.

③ 데이터의 개수가 많아질수록 이상치도 많아지고 평균을 구하기 어렵기 때문이다.

④ 이상치가 포함되면 평균을 구하는 것이 중앙값을 찾는 것보다 복잡하기 때문이다.

⑤ 이상치가 포함되면 평균은 데이터에 포함되지 않는 값일 가능성이 큰 반면 중앙값은 항상 데이터에 포함된 값이기 때문이다.

| 2025학년도 수능 대비 9월 모의평가 |

10. ㉠의 이유로 가장 적절한 것은?

> ㉠ **블록체인에 포함된 데이터는 일부가 지워지더라도 복원이 용이하다.**

① 블록체인에 포함된 데이터는 변경이 쉽기 때문이다.

❷ 블록체인이 여러 노드들에 중복 저장되기 때문이다.

③ 승인 과정에 참여하는 노드 수에 제한이 있기 때문이다.

④ 데이터가 블록체인에 포함되기 위해서는 승인 과정을 필요로 하기 때문이다.

⑤ 동일한 데이터가 블록체인에 연결된 서로 다른 블록에 이중으로 포함되어 있기 때문이다.

STEP.2) VIP 문제 접근법

🗐 *세부 내용 추론* 문제

> **Tip.1** 기본적으로 **세부 내용 파악하기** 패턴과 **접근법은 동일함.**

> **Tip.2** 어디까지나 **지문에서 확인할 수 있는 정보**를 근거로 삼아 추론할 수 있는 것을 골라야 함.
> **자신의 배경지식**에 기대어 답을 골라서는 안 됨.

🗐 *생략된 전제(근거) 추론* 문제

> **Tip.1** '**전제**'라는 개념이 다소 어렵게 느껴진다면, '**근거**' 혹은 '**이유**'로 바꾸어 이해하기

> **Tip.2** 의외로 답은 **가까이**에 있을 때가 많음.
> 밑줄 친 문장의 **앞뒤 문맥**을 잘 읽어 보기

STEP.3 개념 Jump

> 추론적 사고력을 측정하는 문제는 지문의 내용을 정확히 이해한 것을 바탕으로 보다 깊이 있는 사고를 해야 정답을 찾을 수 있어. 배운 Tip들을 적용해서 추론하기 문제들을 풀어 보자.

[01-02] 다음 글을 읽고 물음에 답하시오.　　　　　　| 고1 전국연합학력평가 |

매매 계약, 유언 등과 같은 법률 행위가 법률 효과를 발생시키려면 성립 요건과 효력 요건을 갖추어야 한다. 성립 요건은 법률 행위가 성립되기 위한 요건으로, 성립 요건을 갖추지 못한 경우 법률 행위가 불성립했다고 한다. 효력 요건은 이미 성립한 법률 행위가 효력을 발생하는 데 필요한 요건으로, 이를 갖추어 효력을 발생시켰을 때 법률 행위가 유효하다고 한다.

그런데 법률 행위는 성립하였지만, 효력 요건이 불충분하여 그 법률 행위가 성립한 당시부터 법률상 당연히 그 효력이 발생하지 않는 경우 그 법률 행위는 무효가 된다. ㉠법률 행위의 무효는 무효 사유가 존재한다면 특정인의 무효 주장이 없이도 그 법률 행위가 처음부터 효력이 없는 것이 되며, 기간이 경과해도 무효라는 사실은 변하지 않는다.

한편 ㉡법률 행위의 취소는 법률 행위로서 일단 효력이 발생하였다가 어떤 사유가 있어 그 법률 행위가 성립한 당시로 소급하여 효력을 잃게 되는 경우를 말한다. 법률 행위의 취소가 확정되면 법률상의 효력이 무효와 같아지지만, 취소 사유가 존재하더라도 취소권을 가진 특정인이 취소를 주장할 때만 그 법률 행위의 효력이 없어질 수 있다는 점에서 무효와 차이가 있다. 또한 취소권은 일정한 기간이 경과하면 소멸되고, 취소권이 소멸된 법률 행위는 결국 유효한 것으로 확정된다.

무효인 법률 행위에서는 아무런 효력도 생기지 않으며, 법적으로는 아무것도 없는 것이라 보기 때문에 소급하여 유효로 할 수 있는 대상이 없는 상태라 할 수 있다. 그래서 무효인 법률 행위, 즉 무효 행위는 다른 법률 행위로 전환을 하기도 하고, 추인함으로써 그때부터 새로운 법률 행위가 되게 만들기도 한다. 무효는 이미 성립된 법률 행위를 전제로 하기 때문에 이러한 전환이나 추인이 가능한 것이며, 만약 법률 행위가 불성립했다면 전환이나 추인은 할 수 없다. 무효 행위를 전환한다는 것은 무효인 법률 행위가 다른 법률 행위로서의 효력 요건은 갖추고 있을 때, 그 법률 행위로서의 효력을 인정하는 것을 말한다. 이때 전환을 위해서는 당사자가 무효임을 알았더라면, 그 법률 행위가 아니라 처음부터 다른 법률 행위를 했을 것이라고 인정되어야 한다. 무효 행위의 전환의 예로는, 징계 해고로서 효력 요건을 갖추지 못해 무효가 된 법률 행위가 징계 휴직으로서의 효력 요건은 갖추고 있을 때 징계 휴직으로 전환하여 법률 행위가 유효가 되는 경우를 들 수 있다.

무효 행위를 추인한다는 것은 무효가 된 법률 행위가 갖추지 못했던 효력 요건을 추후에 보충하여 새로운 법률 행위로서의 효력을 인정하는 것을 말한다. ㉮무효 행위를 추인하면 그 무효 행위가 처음 성립한 때로 소급하여 유효한 것이 되는 것이 아니라 추인한 때부터 새로운 법률 행위를 한 것으로 본다. 민법은 원칙적으로 무효 행위의 추인을 인정하지 않지만, 무효 원인이 소멸한 상태이고 당사자가 기존 법률 행위가 무효임을 알고 추인한 경우에 한해서는 추인을 인정하고 있다.

법률 행위가 무효가 되면 그 법률 행위에 따른 법률 효과도 생기지 않으므로 무효 행위를 근거로 하는 청구권도 부인된다. 따라서 해당 법률 행위에 따라 채무가 있는 경우 상대방이 청구권을 행사할 수 없으므로 채무를 이행할 필요가 없다. 만약 이미 채무가 이행된 경우라면 수령자는 해당 이득을 반환해야 하는 부당 이득 반환 의무를 진다. 무효는 시간이 흘러도 그대로 유지되지만, 부당 이득의 반환 청구권은 소멸 시효가 있으므로 영구적으로 주장할 수 있는 것은 아니다.

🔲 *세부 내용 추론* 문제

01 ㉠, ㉡에 대한 이해로 적절하지 **않은** 것은?   25636-0067

① ㉠은 효력 요건이 불충분하여 법률상 당연히 효력이 발생하지 않는 경우이다. `Ok | No`

② ㉡은 취소 사유가 존재하더라도 법률 행위의 효력이 발생하는 경우가 있다. `Ok | No`

③ ㉠과 ㉡은 모두 법률 행위가 성립한 것을 전제로 한다. `Ok | No`

④ ㉡은 ㉠과 달리 법률 행위의 효력 유무에 변화를 줄 수 있는 기한이 존재한다. `Ok | No`

⑤ ㉡은 ㉠과 달리 특정인의 주장이 없어도 법률 행위의 효력이 없어질 수 있다. `Ok | No`

🔲 *생략된 전제(근거) 추론* 문제

02 ㉮의 이유를 추론한 내용으로 가장 적절한 것은?   25636-0068

① 법률 행위를 추인할 때 추인의 조건을 갖춘 상태라면 이를 소급하여 유효한 것으로 만들 수도 있기 때문이다. `Ok | No`

② 추인으로 인해 무효 행위의 유효 요건이 보충되면서 새로운 법률 행위로서 효력을 발생시킬 필요가 없어졌기 때문이다. `Ok | No`

③ 무효인 법률 행위는 법적으로 아무것도 없는 것이어서 소급해서 추인할 수 있는 대상 자체가 없는 상태이기 때문이다. `Ok | No`

④ 무효인 법률 행위가 성립한 때를 정확하게 증명할 수 없다면 추인을 통해 유효하게 된 시점도 특정할 수 없기 때문이다. `Ok | No`

⑤ 무효인 법률 행위는 원칙적으로 추인할 수 없도록 법률상으로 정해 놓은 것이어서 추인을 통해 유효한 것이 될 수는 없기 때문이다. `Ok | No`

물이 담긴 욕조의 마개를 빼면 물이 배수구 주변에서 회전하며 소용돌이를 일으킨다. 배수구에서 멀리 떨어져 있으면 빨려 들어가는 속도의 크기가 0에 가깝고, 배수구 중앙에 가까울수록 속도가 빨라진다. 원운동을 하는 물체의 이동 거리, 즉 호의 길이가 시간에 따라 변하는 비율을 원주 속도라고 한다. 욕조의 소용돌이 중심과 가장 가까운 부분에서 최대 원주 속도가 나오고, 소용돌이 중심에서 멀어져 반지름이 커짐에 따라 원주 속도가 감소한다. 이 소용돌이를 '자유 소용돌이'라 하는데, 배수구로 들어간 물은 물체의 자유낙하처럼 중력의 영향 아래 물 자체의 에너지로 운동을 유지한다.

　이와 달리 컵 속의 물을 숟가락으로 강하게 휘젓거나 컵의 중심선을 회전축으로 하여 컵과 물을 함께 회전시키는 상황을 생각해 보자. 이때 원심력 등이 작용해 중심의 물 입자들이 컵 가장자리로 쏠려 컵 중앙에 있는 물의 압력이 낮아지면서 가운데가 오목한 소용돌이가 만들어진다. 회전이 충분히 안정되면 물 전체의 회전 속도, 즉 회전하는 물체의 단위 시간당 각도 변화 비율인 ㉠**각속도가 똑같아져 마치 팽이가 돌듯이 물 전체가 고체처럼 회전한다.** 이때 물은 팽이의 회전과 같이 회전 중심은 원주 속도가 0이 되고 중심에서 멀어질수록 반지름에 비례하여 원주 속도가 증가하는 분포를 보인다. 이 소용돌이를 '강제 소용돌이'라 하는데, 용기 안의 물이 회전 운동을 유지하려면 에너지를 외부에서 인위적으로 제공해야 한다.

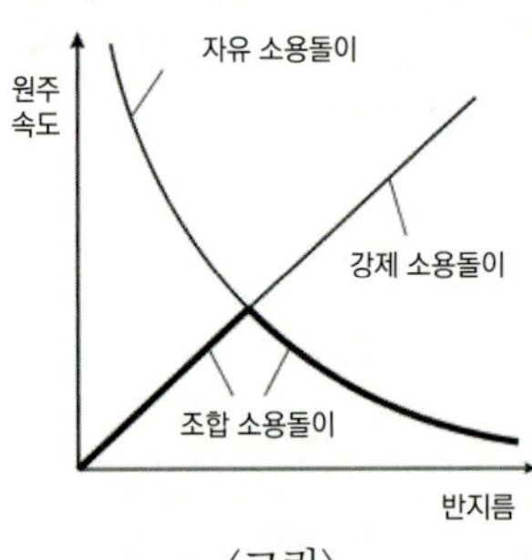

숟가락으로 컵 안에 강제 소용돌이를 만든 후 숟가락을 빼고 일정한 시간 동안 관찰하면 가운데에는 강제 소용돌이, 주변에는 자유 소용돌이가 발생한다. 〈그림〉에서 보는 것처럼 이를 '랭킨의 조합 소용돌이'라고 한다. 이는 전체를 강제로 회전시킨 힘을 제거했을 때 바깥쪽에서는 원주 속도가 서서히 떨어지고, 중심에서는 원주 속도가 유지되는 상태의 소용돌이다. 조합 소용돌이에서는 소용돌이 중심에서 원주 속도가 최소가 되고, 강제 소용돌이에서 자유 소용돌이로 전환되는 점에서 원주 속도가 최대가 된다. 조합 소용돌이의 예로 ㉡**태풍의 소용돌이**를 들 수 있다.

　이러한 원리를 적용한 분체 분리기는 기체나 액체의 흐름으로 분진 등 혼합물을 분리하는 장치이다. 혼합물에 작용하는 원심력도 이용하기 때문에 원심 분리기, 공기의 흐름이 기상 현상의 사이클론과 비슷해서 사이클론 분리기라고도 한다. 그 예로 쓰레기용 필터가 없는 가정용, 산업용 사이클론식 청소기를 들 수 있다. 원통 아래에 원추 모양의 통을 붙이고 원추 아래에 혼합물 상자를 두는데, 내부 중앙에는 별도의 작은 원통인 내통이 있다. 혼합물을 함유한 공기를 원통부 가장자리를 따라 소용돌이를 만들어 시계 방향으로 흘려보내면, 혼합물은 원통부와 원추부 벽면에 충돌하여 떨어져 바닥에 쌓인다. 유입된 공기는 아래쪽 원추부로 향할수록 원주 속도를 증가시키는 자유 소용돌이를 만들고, 원추부 아래쪽에서는 강해진 자유 소용돌이가 돌면서 강제 소용돌이를 만들어 낸다. 강제 소용돌이는 용기 중앙의 내통에서 혼합물이 없는 공기로 흐르게 되어 반시계 방향으로 돌며 배기된다.

03　㉠을 통해 알 수 있는 것은?　　25636-0069

① 각속도가 시간이 지남에 따라 점점 빨라지겠군.　Ok｜No
② 단위 시간당 각도가 변하는 비율이 수시로 달라지겠군.　Ok｜No
③ 각속도는 회전 중심에서 가깝든 멀든 상관없이 일정하겠군.　Ok｜No
④ 강제 소용돌이의 수면 어느 지점에서나 원주 속도는 항상 같겠군.　Ok｜No
⑤ 강제 소용돌이는 자유 소용돌이와 같은 원주 속도 분포를 보이겠군.　Ok｜No

04　윗글을 바탕으로 ㉡을 이해할 때,  의 ⓐ~ⓒ에 들어갈 말로 적절한 것은?　　25636-0070

〈보기〉

　태풍 중심 부분은 '태풍의 눈'이라 하고 (　ⓐ　)의 중심에 해당한다. 강제 소용돌이와 자유 소용돌이의 경계층에 해당하는 부분은 '태풍의 벽'이라고 하여 바람이 (　ⓑ　). 이는 윗글 〈그림〉의 (　ⓒ　)에 해당한다.

	ⓐ	ⓑ	ⓒ	
①	자유 소용돌이	강하다	자유 소용돌이와 강제 소용돌이의 교차점	Ok｜No
②	자유 소용돌이	약하다	반지름이 가장 큰 자유 소용돌이의 지점	Ok｜No
③	강제 소용돌이	강하다	반지름이 가장 작은 자유 소용돌이의 지점	Ok｜No
④	강제 소용돌이	약하다	반지름이 가장 큰 강제 소용돌이의 지점	Ok｜No
⑤	강제 소용돌이	강하다	자유 소용돌이와 강제 소용돌이의 교차점	Ok｜No

내가 그리는 개념 마인드맵

> 글의 내용에 숨겨진 내용을 **추론**하며 읽는 연습을 통해서 글의 의미를 보다 폭넓게 이해할 수 있게 될 거야. 어려울 수도 있지만 포기하지 말고, 연습 또 연습하자! :)

오늘 꼭 알아야 할 개념   # 구체적 사례에 적용

STEP.1 **너의 시험에도 출제될 VIP 단골 패턴**

독서 지문에는 구체적인 사례가 제시될 때가 많아. 좀 추상적이고 복잡한 내용을 설명해야 할 때는 **사례**를 들어 설명하면 독자들의 이해를 도울 수 있거든. 근데 이게 또 **출제 요소**로 작용한다는 것! 출제자는 지문에서 설명한 추상적이고 복잡한 정보를 우리가 잘 이해했는지 확인하기 위해 지문에서 설명한 사례와 **유사한 또 다른 사례**를 <보기>로 제시하며 묻거나, **조건이 다른 새로운 사례**를 통해 질문을 던지기도 해.

📑 **구체적 사례에 적용 문제**

| 2024학년도 대학수학능력시험 |

7. ㉮~㉱에 따라 <보기>에 대한 언론 보도를 평가한 내용으로 적절하지 **않은** 것은?

〈보기〉

다음은 ○○ 방송사의 의뢰로 △△ 여론 조사 기관에서 세 차례 실시한 당선인 예측 여론 조사 결과의 일부이다. (세 조사 모두 신뢰 수준 95%, 오차 범위 8.8%P임.)

구분		1차 조사	2차 조사	3차 조사
조사일		선거일 15일 전	선거일 10일 전	선거일 5일 전
조사 결과	A 후보	42%	38%	39%
	B 후보	32%	37%	38%
	C 후보	18%	17%	17%

① 1차 조사 결과를 선거일 14일 전에 "A 후보, 10%P 이상의 차이로 B 후보와 C 후보에 우세"라고 보도하는 것은 ㉯와 ㉱ 중 어느 것에도 위배되지 않겠군.

❷ 2차 조사 결과를 선거일 9일 전에 "A 후보는 B 후보에 조금 앞서고, C 후보는 3위"라고 보도하는 것은 ㉯에 위배되지만, ㉱에 위배되지 않겠군.

③ 3차 조사 결과를 선거일 4일 전에 "A 후보는 오차 범위 내에서 1위"라고 보도하는 것은 ㉮와 ㉰에 모두 위배되겠군.

④ 1차 조사 결과를 선거일 14일 전에 "A 후보 1위, B 후보 2위, C 후보 3위"라고 보도하는 것은 ㉯에 위배되지 않고, 2차 조사 결과를 선거일 9일 전에 같은 표현으로 보도하는 것은 ㉱에 위배되겠군.

⑤ 2차 조사 결과를 선거일 9일 전에 "B 후보, A 후보와 오차 범위 내 경합"이라고 보도하는 것은 ㉰에 위배되지 않고, 3차 조사 결과를 선거일 4일 전에 같은 표현으로 보도하는 것은 ㉮에 위배되겠군.

| 2025학년도 수능 대비 9월 모의평가 |

11. 윗글을 바탕으로 〈보기〉를 이해한 내용으로 가장 적절한 것은? [3점]

〈보기〉

노드 수가 10개로 고정된 블록체인 기술을 사용하고 있는 A 업체는 이전에 사용하던 작업 증명 대신 속도가 더 빠른 합의 알고리즘을 개발해, 유통 분야에서 요구되는 성능을 초과 달성했다. 한편 B 업체는 최근 A 업체보다 데이터의 위조 불가능성을 향상시킨 블록체인 기술을 개발했다. 이 기술은 노드 수에 제한이 없지만 현재는 200개의 노드가 참여하고 있다. 승인 과정에는 작업 증명을 사용한다.

① A 업체의 블록체인 기술은 이전보다 확장성과 보안성이 모두 높아졌겠군.

② B 업체의 블록체인 기술은 노드 수가 증가할수록 보안성과 확장성이 모두 높아지겠군.

❸ B 업체의 블록체인 기술은 노드 수가 감소하면 성능은 높아지고 탈중앙성이 낮아지겠군.

④ A 업체의 블록체인 기술은 B 업체와 달리 공개형이고, B업체보다 탈중앙성이 낮겠군.

⑤ A 업체의 블록체인 기술은 B 업체와 승인 과정이 다르고, B 업체보다 무결성이 높겠군.

〈보기〉를 통해 사례를 제시하기도 하지만, 선지를 통해 다섯 개의 사례를 제시하기도 해.

| 2018학년도 대학수학능력시험 |

31. `미세 조정 정책 수단`의 사례로 적절하지 **않은** 것은?

① 예기치 못한 외환 손실에 대비한 환율 변동 보험을 수출 주력 중소기업에 제공한다.

② 원유와 같이 수입 의존도가 높은 상품의 경우 해당 상품에 적용하는 세율을 환율 변동에 따라 조정한다.

❸ 환율의 급등락으로 금융 시장이 불안정할 경우 해외 자금 유출과 유입을 통제하여 환율의 추세를 바꾼다.

④ 환율 급등으로 수입 물가가 가파르게 상승했을 때, 수입 대금 지급을 위해 외화를 빌리는 수입 업체에 지급 보증을 제공한다.

⑤ 수출입 기업을 대상으로 국내외 금리 변동, 해외 투자 자금 동향 등 환율 변동에 영향을 주는 요인들에 대한 정보를 제공한다.

STEP.2 VIP 문제 접근법

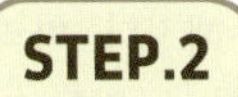 **구체적 사례**에 적용 문제

`Tip.1` 적용해야 할 핵심 정보를 지문에서 분명히 파악한 뒤, 제시된 구체적 사례와 각 요소를 침착하게 짝 지어 볼 것.

`Tip.2` 사례에 적용해야 할 핵심 정보는 대부분 다음과 같음.
① 화제의 개념 정의, 특징, 사례
② 관점, 차이
③ 원리, 과정, 방법

STEP.3 개념 Jump

구체적 사례에 적용하기 패턴의 문제는 거의 대부분 [3점]짜리 문제로 구성돼. 사례를 이해하기 위한 지문 속 출제 요소를 정확하게 읽고 사례를 분석한 뒤, 적절한 선지를 판별해 보자.

[01-02] 다음 글을 읽고 물음에 답하시오.

| 고1 전국연합학력평가 |

(가) 하이데거는 인간을 자신의 존재 의미에 대한 물음을 제기할 수 있는 '현존재'라고 정의하고 삶의 실존적 의미를 탐구했다. 하이데거에 따르면 현존재는 정해진 운명에 따라 살아가는 것이 아니라 살아가는 동안 계속해서 무언가가 될 수 있는 가능성을 바탕으로 자신의 존재 이유를 스스로 만들어 나갈 수 있다.

그런데 현존재는 자신이 속한 사회가 요구하는 체제에 따라 살아가기 때문에, 자기 자신의 고유성을 드러내는 본래적 삶을 살지 않고 세상이 시키는 대로 살게 되곤 한다. 하이데거는 이를 현존재가 익명의 타인들인 '세인(世人)'으로서 존재하며 비본래적인 삶을 살아가는 것이라고 보았다. 세인은 특정한 누군가가 아닌 익명성을 지닌 모든 타인이기에, 세인의 일원이 된 현존재는 자신의 고유성을 잃고 살아가게 되는 것이다.

그렇다면 비본래적 삶에서 해방되어 본래적 삶으로 나아가려면 어떻게 해야 할까? 이에 대해 하이데거는 삶이 유한하다는 인식, 즉 죽음에 대한 인식이 필요하다고 강조하였다. 하이데거에게 죽음은 현존재가 반드시 맞이하게 된다는 점에서 확실성을 가지며, 삶의 일부분으로서 '아직 오지 않음'의 상태로 존재한다. 다시 말해, 죽음은 현존재 외부에 있는 사건이 아니라 현존재 자체에 내재해 있는 것이다. 또한 죽음은 다른 누군가가 대신해 줄 수 없는, 나 스스로만이 경험할 수 있는 고유한 것이기에 대체불가능성을 지닌다. 따라서 죽음이야말로 다른 사람과 구별되는 나의 가장 고유한 가능성이며, 나의 죽음을 적극적으로 대면할 때 자신의 진정한 개인적 삶을 인식하고 본래적 삶을 살아가는 계기를 마련할 수 있는 것이다.

하지만 죽음을 적극적으로 대면하지 않고 단순히 내가 죽는다는 사실을 아는 것으로 그칠 때는 본래적 삶을 살아갈 수 없다. 자신이 죽는다는 사실을 인식하면 현존재는 불안을 느끼게 되고, 그로부터 벗어나기 위해 스스로를 세인으로 전락시켜 자신의 죽음을 은폐하기 때문이다. 그리하여 타인의 죽음을 보면서도 자신의 고유한 죽음에 대해서는 잘 실감하지 못하고, 오히려 죽음이 자신과는 무관한 사건이라고 외면하며 죽음의 확실성을 부정하게 된다. 하이데거는 죽음에 대한 이러한 회피와 무관심이 현존재를 자신의 가장 고유한 가능성으로부터 멀어지게 한다고 보았다.

따라서 하이데거는 삶의 변화를 위해, 죽음이 주는 불안으로부터 달아나지 않고 죽음을 대면하여 선취할 것을 요구하였다. 죽음은 아직 오지 않았지만, 죽음이라는 가능성 앞에 미리 자신을 세워봄으로써 과거의 비본래적 삶을 반성해야 한다는 것이다. 이러한 하이데거의 관점은 자신의 존재 의미를 스스로 결정하며 살아가겠다는 새로운 결단을 통한 실존적 삶을 제시했다는 점에서 의미를 지닌다.

(나) 사르트르는 인생을 하나의 긴 기대라고 정의하였다. 인간은 존재하는 한 무엇인가를 기대하고, 그런 기대를 넘어 다시 기대를 갖게 되는 실존적 존재 방식을 취한다는 것이다. 그리고 인간은 그러한 기대를 실현하기 위해 현재의 자신을 부정하고 미래를 향해 새로운 자신을 만들어 나갈 수 있는 자유를 가진 존재라고 보았다.

하지만 삶을 의미 있게 형성해 나가는 기대와 자유는 예기치 않은 순간에 필연적으로 다가오는 죽음과 동시에 중지되므로 죽음은 나의 존재 방식인 기대를 차단하는 것이며, 이는 곧 나의 사라짐을 뜻한다. 이와 관련하여 사르트르는 죽음을 나와 관련 없이, 외부에서 우연히 나에게 찾아오는 하나의 사실일 뿐이라고 보고, 이를 '죽음의 우연성'이라고 하였다. 이 같은 단순한 사실로서의 죽음은 삶의 일부분으로 존재하는 것이 아니며, 모든 기대와 가능성을 무의미하게 만드는 것이다.

무언가에 의미를 부여하는 주체인 '나'가 사라지면 자신의 죽음에 의미를 부여하는 것도 불가능해진다. 따라서 죽은 나의 삶이나 죽음에 의미를 부여할 수 있는 자는 나 자신이 아니라, 나와 마찬가지로 자유를 가지고 살아가는 또 다른 주체인 타자이다. 가령 어떤 청년이 한 권의 책을 쓰고 갑자기 죽었다고 하자. 이때 그의 죽음이나 그가 남긴 책에 대해서는 철저히 타자에 의해서만 그 의미가 부여된다. 이렇듯 사르트르는 자신의 죽음의 의미를 스스로 결정할 수 없다는 점에서 죽음이 나라는 존재에 속한 것이 아니라고 보았다. 그리고 죽음은 그 자체로서는 삶에서 의미를 지닐 수 없기 때문에 삶과 단절된 상태라고 주장하는 등 죽음은 삶에서 실감될 수 없는 것임을 강조하였다.

이러한 사르트르의 견해는 죽음을 지나치게 타자 중심적인 관점에서 바라보았다는 점에서 비판을 받기도 하지만 다른 사람의 죽음을 받아들이는 '나'에게는 좋은 위로가 될 수 있다. 고인의 삶은 타자인 나의 시선에서 재구성되므로, 이를 통해 고인과의 기억을 긍정적으로 승화시켜 상실의 아픔을 극복할 수 있기 때문이다.

결국 사르트르에게 실존적 삶을 논하는 데 있어 중요한 것은 죽음에 대한 인식이 아니라 현재의 삶을 주체적으로 살아가는 태도이다. 여기서 주체적 태도란 내게 주어진 자유를 발휘하여 스스로 선택을 내리며 그에 대해 후회나 변명 없이 책임을 지는 것을 말한다. 이처럼 사르트르의 관점은 인간이 죽음에 연연하지 않고 자기 자신의 실존적 의미를 스스로 정립해 나갈 수 있게 하는 것이라고 볼 수 있다.

🔖 구체적 사례에 적용 문제　　　　25636-0071

01 (나)의 사르트르의 관점에서  의 야스퍼스를 비판한다고 가정했을 때, 그 내용으로 가장 적절한 것은?

> ── 보기 ──
>
> 　야스퍼스는 '죽음은 나와 함께 변한다.'라고 말하며 죽음에 대한 태도가 고정적이지 않다고 주장했다. 자신의 죽음을 어떻게 받아들이느냐에 따라 죽음은 보편적이고 객관적인 사실일 수도 있고, 주관적인 의미를 지닌 것일 수도 있다는 것이다. 이때 전자의 경우는 죽음을 모든 것을 무의미하게 만들어 버리는 허망한 종말로서 인식하는 데 그치지만, 후자의 경우는 자신의 태도에 따라 죽음의 의미를 판단하며 참다운 자기 자신으로서 실존할 수 있게 된다.

① 죽음은 삶의 일부분이 아니므로 인간은 자신의 죽음을 맞이해야만 실존적 의미를 지닐 수 있다. [Ok｜No]
② 죽음은 나와 상관없이 찾아오는 우연한 사실이므로 인간은 자신의 죽음의 의미를 판단할 수 없다. [Ok｜No]
③ 인간은 자유를 발휘하며 살아갈 수 있으므로 자신의 관점에서 자신의 죽음을 해석하여 실존할 수 있다. [Ok｜No]
④ 죽음은 나의 사라짐을 의미하므로 인간은 자신의 죽음의 의미를 찾지 못해 실존적 삶을 살아갈 수 없다. [Ok｜No]
⑤ 인간은 각자의 기대에 따라 무언가에 의미를 부여하며 살아가므로 자신의 죽음을 주관적인 의미로만 인식할 수 있다. [Ok｜No]

🔖 구체적 사례에 적용 문제　　　　25636-0072

02 다음은 학생이 작성한 일기이다. (가)의 하이데거와 (나)의 사르트르의 입장에서 이를 분석한 내용으로 적절하지 **않은** 것은?

> 　2024. 09. ○○. 날씨 맑음 ☀
> 　오늘은 오랜만에 영화를 보고 왔는데, 주인공이 인생의 유한성을 깨달은 이후부터 삶에 최선을 다하는 모습이 무척 인상 깊었다. 사실 인생의 유한성에 대해 생각해 본 적이 없었는데, 내 삶에 끝이 있다고 생각하니 별 고민 없이 다른 사람들을 따라 무심코 선택했던 일들을 돌아보게 된다. 이제는 내가 진정으로 원하는 내 삶의 모습을 생각해 봐야지. 내가 좋아하면서 가치도 있는 일이 뭐가 있을까……. 그래, 좋은 소설을 쓰면 내가 세상을 떠난 후에도 사람들이 내 삶을 가치 있게 기억해 줄 테니 훌륭한 작가가 되어야겠다! 그리고 이 다짐을 지키기 위해 내 삶의 마지막 순간을 항상 떠올리며 최선을 다해 살아가야겠다.

① 하이데거는 '인생의 유한성에 대해 생각해 본 적이 없'던 것을 현존재가 비본래적 삶에서 해방되지 않은 상태라고 보겠군. [Ok｜No]
② 하이데거는 '별 고민 없이 다른 사람들을 따라 무심코 선택했던 일들을 돌아보'는 것을 현존재가 세인으로 존재했던 삶을 반성하는 자세라고 여기겠군. [Ok｜No]
③ 사르트르는 '내가 세상을 떠난 후에도 사람들이 내 삶을 가치 있게 기억해' 주는 것에 대해 나의 삶이 타자에 의해 재구성되는 것으로 해석하겠군. [Ok｜No]
④ 하이데거와 사르트르는 모두, '내가 진정으로 원하는 내 삶의 모습'에 대해 고민하는 것을 삶의 실존적 의미를 찾아가는 과정으로 판단하겠군. [Ok｜No]
⑤ 하이데거와 사르트르는 모두, '내 삶의 마지막 순간을 항상 떠올리며 최선을 다'하겠다는 태도가 주체적인 삶을 살아가는 데 필요하다는 점에 대해 동의하겠군. [Ok｜No]

　과학 수사에서 'DNA 분석'은 범인을 추정하거나 피해자의 신분 등을 확인할 때 중요한 수단으로 사용된다. DNA 분석이란 혈흔이나 모발 같은 샘플로부터 DNA를 채취하여 동일인 여부를 확인하는 방법으로, 현재 'STR 분석법'이 가장 많이 사용되고 있다. 'STR(Short tandem repeat)'은 '짧은 연쇄 반복'이라는 뜻으로, 'STR 분석법'은 DNA의 특정 구간에서 짧은 염기 서열이 연쇄적으로 반복하여 나타나는 부분을 분석하는 방법이다.

　STR 분석법의 원리를 알기 위해서는 상동 염색체, DNA, 염기 서열에 대한 이해가 필요하다. 체세포의 핵에는 모양과 크기가 동일한 염색체가 2개씩 쌍으로 존재하는데, 이들 염색체를 '상동 염색체'라 한다. 상동 염색체는 부계(父系)와 모계(母系)에서 각각 하나씩 물려받는다. 이 상동 염색체를 구성하는 가장 중요한 물질이 유전자를 포함하고 있는 DNA이다. DNA는 아데닌(A), 구아닌(G), 사이토신(C), 티민(T)이라는 네 종류의 염기 약 30억 개로 구성되는데, 이 염기들이 'AGGCTA…'와 같은 형태로 이어져 있다. 이것을 DNA의 염기 서열이라고 한다.

　상동 염색체 내 특정 위치의 DNA 염기 서열을 분석해 보면 짧은 염기 서열이 연속적으로 반복해서 나타나는 특정 구간이 있다. 그리고 사람마다 반복되는 횟수가 다르다는 특징이 있다. STR 분석법은 바로 이 점에 착안하여 샘플 간 비교를 통해 동일인 여부를 확인한다.

　STR 분석을 하기 위해서는 먼저, 분석하려는 염색체 내의 위치가 특정되어야 하는데, 이때 그 위치를 '좌위'라고 한다.

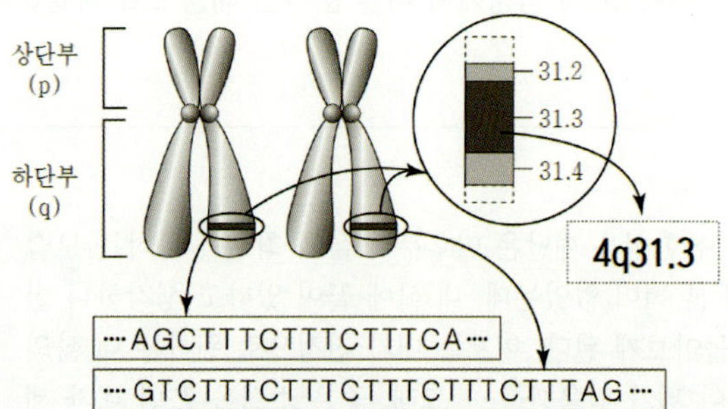

'갑'이라는 사람의 어떤 좌위가 〈그림〉과 같이 '4q31.3'일 때, 이 좌위의 '4'는 염색체 번호를, 'q'는 염색체 하단부를, '31.3'은 염색대* 번호를 가리킨다. 이 좌위에는 염기 서열 'CTTT'가 반복되고 있는데, 왼쪽 염색체에서는 세 번, 오른쪽 염색체에서는 다섯 번 반복되고 있다. 이 경우 분석된 결과를 왼쪽부터 표시하여 '3-5'형태로 나타낼 수 있다. 즉, '갑'은 4번 염색체 하단부(q)의 31.3번 염색대 위치에 'CTTT'가 '3-5'인 유전형을 가지고 있는 것이다. 이렇게 상동 염색체의 특정 위치에 나타나는 STR을 분석하여 '3-5'와 같은 결괏값으로 표기하는 것을 'DNA 프로필'이라고 한다.

　현재 우리나라를 비롯한 여러 나라에서는 20개의 좌위를 표준으로 하여 과학 수사에 동일하게 활용하고 있다. 비교 샘플의 DNA 프로필이 20개 좌위에서 모두 동일하다면, 비교 샘플이 동일인의 것일 확률이 100%에 가깝다. 이런 이유로 STR 분석법은 과학 수사에서 큰 성과를 거두고 있으며, 관련 기술이 발전할수록 좌위의 개수도 늘어나 더 정밀한 분석이 가능할 것이다.

***염색대**: 염색체를 염색할 때 발생하는 띠 모양

📑 구체적 사례에 적용 문제

03 윗글을 바탕으로 〈보기〉를 이해한 내용으로 적절하지 **않은** 것은?

〈보기〉

보석 가게에 도난 사건이 발생하였다. 출동한 경찰은 범죄 현장에서 범인의 손톱을 발견하고 DNA를 분석하였다. 다음 날 목격자의 제보에 따라 '을'을 용의자로 지목한 후, '을'의 모발로 DNA 분석을 의뢰하였다.

〈범인 손톱의 DNA 프로필과 좌위 정보〉

DNA 프로필		좌위 정보	
좌위	결괏값	위치	반복되는 염기 서열
①	5-3	5q33.1	AGAT
②	6-6	13q31.1	TATC
③	2-7	5q23.2	AGAT
⋮	⋮	⋮	⋮
⑳	8-4	7q21.11	GATA

(단, 좌위는 임의로 4개의 정보만 제시함.)

① 범인은 7번 염색체의 하단부 특정 염색대에 'GATA' 배열이 네 번 반복되는 DNA를 가지고 있군.　　Ok | No

② 범인은 부계와 모계에서 받은 염색체의 STR 반복 횟수가 동일하게 나오는 좌위를 하나 이상 가지고 있군.　　Ok | No

③ '을'의 'DNA 프로필'을 만들기 위해서는 '을'의 5번 염색체가 두 번 이상 분석에 활용되겠군.　　Ok | No

④ '을'이 범인이라면 ①과 ③에서 모계에서 받은 염색체의 'AGAT' 반복 횟수의 합이 12보다 클 수 없겠군.　　Ok | No

⑤ '을'의 분석 결과가 ②에서 '4-8', ⑳에서 '8-4'로 나온다면 ⑳의 결괏값만으로도 '을'을 범인으로 확정할 수 있겠군.　　Ok | No

😊💬 **내가 그리는 개념 마인드맵**

😊💬 우와 이렇게 독서 열다섯 강을 모두 끝냈어. 마지막 **구체적 사례에 적용하기** 문제들이 어려웠을 수도 있지만, 우리의 연습과 노력은 계속된다! 앞으로도 끊임없이 기출문제들 속에서 **반복되는 패턴을 찾는 공부**를 하면 돼. 반복되는 것들이 보이기 시작하면 제대로 공부하고 있는 거야. 넘 수고했어. :)

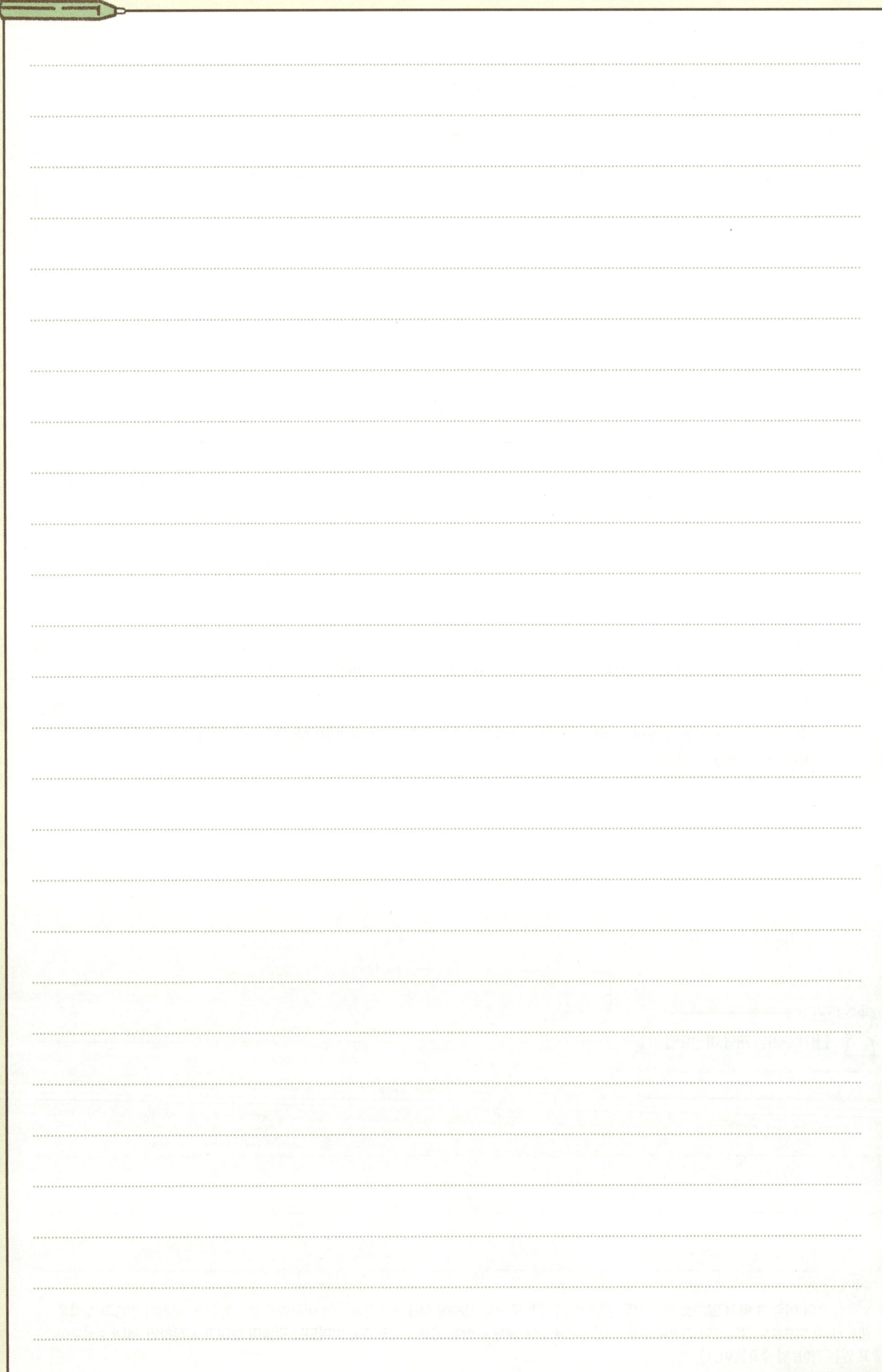

정답 모아서 보기

독서

오늘 꼭 알아야 할 개념
\# 화제 \# 첫 문단

STEP.2 개념 Quiz
본문 | 6-7쪽

Q.1 윗글의 화제는 무엇일까?

해수를 담수로 만드는 여러가지 기술

Q.2 화제와 관련된 정보는?

전 세계적인 물 부족 현상으로 인해 해수를 담수(염분이 없는 물)로 만드는 기술이 필요하다. 왜냐하면 인간이 손쉽게 활용할 수 있는 담수의 양은 물의 총량 중 극히 일부이기 때문이다.

Q.3 앞으로 어떤 내용이 전개될까?

해수를 담수로 만드는 여러 가지 기술 소개(구체적 방법, 한계, 전망 등)

Q.4 윗글의 화제는 무엇일까?

세금(조세 채권)

Q.5 화제와 관련된 정보는?

세금이란 국가 또는 지방 자치 단체가 각종 행정 서비스 등에 필요한 경비를 마련하기 위해 어떤 대가를 지급하지 않고 납세 의무자로부터 징수하는 금전 또는 재물이다.
세금은 강제적으로 징수한다.

Q.6 앞으로 어떤 내용이 전개될까?

납세 의무의 성립, 납세 의무의 확정, 납세 의무의 소멸

Q.7 윗글의 화제는 무엇일까?

큐비즘

Q.8 화제와 관련된 정보는?

큐비즘은 20세기 초 유럽에서 탄생한 새로운 미술 양식이다.
20세기 초 유럽에서 일어난 과학 문명의 발전이 큐비즘 탄생에 영향을 미쳤다.
큐비즘의 목표는 대상의 본질을 구현하기 위해 그 근원적 형태를 그려 내는 것이다.

Q.9 앞으로 어떤 내용이 전개될까?

큐비즘의 특징, 큐비즘의 표현 기법, 큐비즘의 의의 등

STEP.3 개념 Jump
본문 | 8-9쪽

01 ① Ok ② Ok ③ No ④ Ok ⑤ Ok

오늘 꼭 알아야 할 개념
\# 끊어 읽기 \# 문단 \# 중심 어휘 \# 중심 문장
\# 문단의 소주제

STEP.2 개념 Quiz
본문 | 11-12쪽

Q.1 윗글의 중심 어휘는 무엇일까?

상대 습도

Q.2 그렇다면 윗글을 읽으면서 어떤 정보에 주목해야 할까?

상대 습도의 개념, 쾌적한 실내를 위해 상대 습도를 조절하는 방법 및 원리

Q.3 윗글의 중심 어휘는 무엇일까?

유동성

Q.4 그렇다면 윗글을 읽으면서 어떤 정보에 주목해야 할까?

유동성의 개념 및 특징, 유동성과 관련된 통화 정책, 유동성과 관련된 경제 현상 등

Q.5 윗글의 중심 문장은 무엇일까?

쾌락과 고통에 대한 지나친 감수성은 사람을 자기중심적이고 이기적으로 만들 수 있다.

Q.6 윗글이 말하고자 하는 바는 무엇일까?

쾌락과 고통에 대한 지나친 감수성이 가져올 수 있는 문제점

Q.7 윗글의 중심 문장은 무엇일까?

언어는 인간의 역사와 지리를 담고 있으므로 우리는 소멸 위험에 처한 언어에 관심을 가져야 한다.

Q.8 윗글이 말하고자 하는 바는 무엇일까?

언어의 소멸을 막아야 하는 이유

STEP.3 개념 Jump
본문 | 13쪽

01 ① Ok ② Ok ③ Ok ④ Ok ⑤ No

02 (마), 적정 기술의 특성과 한계

오늘 꼭 알아야 할 개념
접속어 # 지시어

STEP.2 개념 Quiz 본문 | 16-19쪽

Q.1 문장의 앞뒤 관계를 고려했을 때, 적절한 접속어는?

그러나

Q.2 그렇다면 윗글을 읽으면서 어떤 정보에 주목해야 할까?

주희의 관점을 비판한 정약용의 관점에 주목해야 한다.

Q.3 문장의 앞뒤 관계를 고려했을 때, 적절한 접속어는?

이처럼

Q.4 그렇다면 윗글을 읽으면서 어떤 정보에 주목해야 할까?

하나의 명제는 하나의 사실과 대응하여 참 또는 거짓으로 판단할 수 있다고 본 비트겐슈타인의 관점에 주목해야 한다.

Q.5 문장의 앞뒤 관계를 고려했을 때, 적절한 접속어는?

가령

Q.6 그렇다면 윗글을 읽으면서 어떤 정보에 주목해야 할까?

제시된 사례를 통해 공익을 위한 적법한 행정 작용으로 개인의 재산권에 특별한 희생이 발생한 경우, 이로 인한 손실은 국가가 보상해야 한다는 것을 이해하고, 그 정보에 주목해야 한다.

Q.7 문장의 앞뒤 관계를 고려했을 때, 적절한 접속어는?

따라서

Q.8 그렇다면 윗글을 읽으면서 어떤 정보에 주목해야 할까?

공용 침해 규정과 보상 규정은 하나의 법률에서 규정되어야 한다는 정보에 주목해야 한다.

Q.9 '이것', '그들', '이'가 의미하는 것은?

① 서양에서 동양에 비해 약 1,200년이나 지난 뒤에야 풍경화가 그려진 것
② 서양
③ 자연성은 신성과 반대 개념으로 이해됨. 인간과 자연은 대립 관계로 생각됨. 신과 인간은 합치될 수 없는 분리 개념으로 이해됨.

Q.10 '이것❶', '그것', '이것❷'가 의미하는 것은?

① 원자로
② 고갈되지 않고 기후 변화도 일으키지 않으며 안전한 에너지 자원
③ 대체 에너지원

Q.11 '이들❶', '이들❷'가 의미하는 것은?

① 프로트롬빈을 비롯한 혈액 응고 인자들
② 칼슘 이온과의 결합을 통해 활성화되는 혈액 응고 인자들(혈액 단백질, 비타민 K-의존성 단백질)

STEP.3 개념 Jump 본문 | 20-21쪽

01 ① Ok ② No ③ Ok ④ Ok ⑤ Ok

02 ① Ok ② Ok ③ Ok ④ Ok ⑤ No

오늘 꼭 알아야 할 개념
동의 # 유의 # 반의 # 대비 # 인과 # 상하
전체-부분 # 문맥을 고려한 의미 관계 파악

STEP.2 개념 Quiz 본문 | 23-26쪽

Q.1 <자료>는 [A], [B]의 관점을 정리한 것이다. ⓐ, ⓑ에 들어갈 말이 적절하게 짝 지어진 것은?

Q.2 [A]와 [B]는 서로 어떤 관계의 정보라고 할 수 있을까?

대비 관계

Q.3 그렇다면 윗글을 읽으면서 어떤 정보에 주목해야 할까?

시대나 장소와 무관하게 모든 사람들이 옳다고 여기는 보편적인 도덕이 존재한다는 관점과 언제 어디서나 옳다고 여겨지는 도덕은 존재하지 않는다고 보는 관점 사이의 차이점

Q.4 윗글에 나타난 여러 장치에 대한 설명으로 적절한지 O/X로 답해 보자.

① O ② X ③ O

Q.5 CD 드라이브 와 '디스크 모터, 광 픽업 장치,

광학계 구동 모터'는 어떤 관계일까?

전체-부분 관계

Q.6 그렇다면 윗글을 읽으면서 어떤 정보에

주목해야 할까?

CD 드라이브를 이루는 각 구성 요소들의 기능(역할)

Q.7 ㉠과 ㉡은 서로 어떤 관계의 정보라고 할 수 있을까?

인과 관계(원인-결과 관계)

Q.8 윗글을 바탕으로 할 때, 빈칸에 어떤 말이

들어가는 것이 적절할지 골라 보자.

① 감소
② 상승

Q.9 그렇다면 윗글을 읽으면서 어떤 정보에

주목해야 할까?

금리와 유동성의 관계를 고려한 국가의 통화 정책이 경기에 미치는
영향

Q.10 ㉠~㉢ 중 문맥상 지시하는 대상이 다른 하나는

뭘까?

㉣ 현실의 참모습

Q.11 그렇다면 윗글을 읽으면서 어떤 정보에

주목해야 할까?

대상의 살아 숨 쉬는 재현을 가능하게 한 영화의 특징

STEP.3 **개념 Jump**

본문 | 27쪽

01 ① Ok ② Ok ③ No ④ No

오늘 꼭 알아야 할 개념

\# 사실적 읽기

STEP.2 **개념 Quiz**

본문 | 29-31쪽

Q.1 공리주의가 주장하는 '옳은 행위'란 무엇일까?

최선

Q.2 공리주의가 말하는 '최선의 결과'란 무엇일까?

이익, 행복

Q.3 공리주의는 크게 쾌락주의적 공리주의,

선호 공리주의, 이상 공리주의 등으로

구분할 수 있는데, 그 구분의 기준은 무엇일까?

최선

Q.4 앞으로 어떤 내용이 전개될까?

쾌락주의, 선호, 이상, 최선

Q.5 쾌락주의적 공리주의가 생각하는 최선의 결과는

무엇일까?

쾌락

Q.6 쾌락주의적 공리주의의 한계는 무엇일까?

쾌락, 다른 것

Q.7 선호 공리주의가 생각하는 최선의 결과는

무엇일까?

선호, 선호

Q.8 선호 공리주의의 의의와 한계는 무엇일까?

① 쾌락주의, 선호, 최선
② 비정상, 정상

Q.9 이상 공리주의가 쾌락주의적 공리주의 및

선호 공리주의와 다른 점은 무엇일까?

쾌락, 이상

Q.10 이상 공리주의가 생각하는 최선의 결과는

무엇일까?

이상

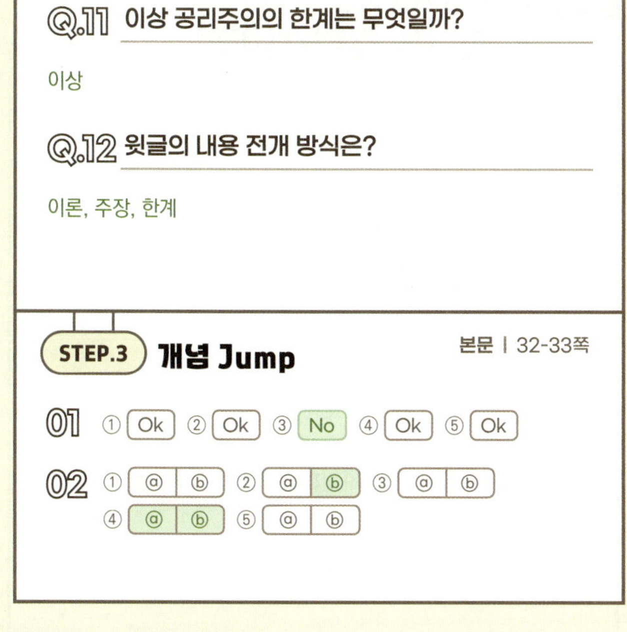

Q.11 이상 공리주의의 한계는 무엇일까?

이상

Q.12 윗글의 내용 전개 방식은?

이론, 주장, 한계

STEP.3 **개념 Jump**　본문 | 32-33쪽

01　① Ok　② Ok　③ No　④ Ok　⑤ Ok

02　① ⓐ ⓑ　② ⓐ ⓑ　③ ⓐ ⓑ
　　④ ⓐ ⓑ　⑤ ⓐ ⓑ

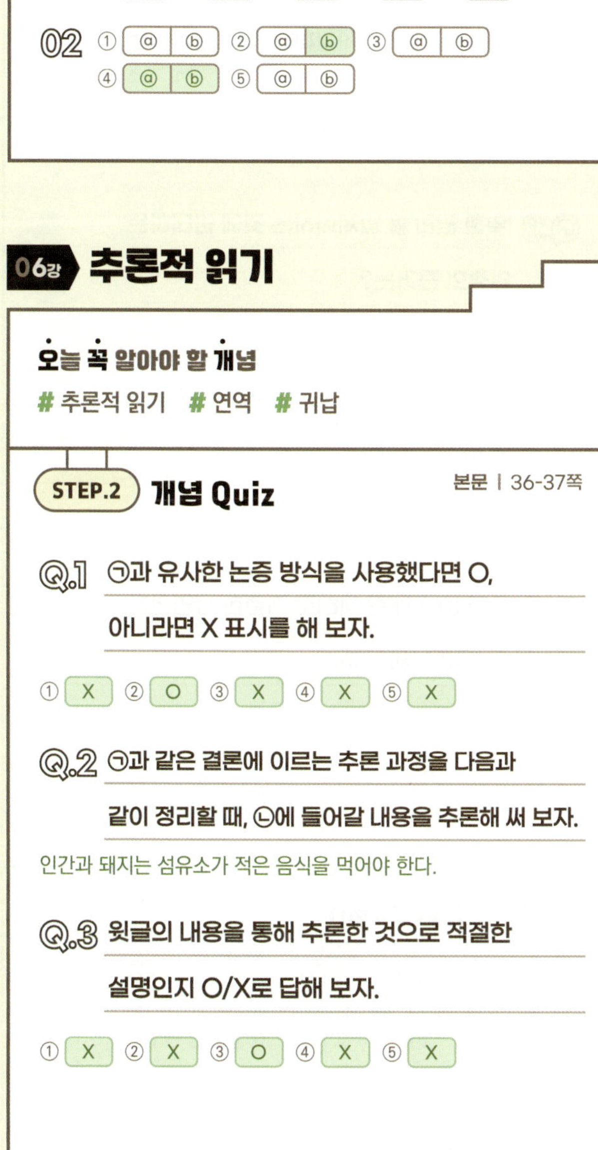

06강 추론적 읽기

오늘 꼭 알아야 할 개념
\# 추론적 읽기　\# 연역　\# 귀납

STEP.2 **개념 Quiz**　본문 | 36-37쪽

Q.1 ㉠과 유사한 논증 방식을 사용했다면 O, 아니라면 X 표시를 해 보자.

① X　② O　③ X　④ X　⑤ X

Q.2 ㉠과 같은 결론에 이르는 추론 과정을 다음과 같이 정리할 때, ㉡에 들어갈 내용을 추론해 써 보자.

인간과 돼지는 섬유소가 적은 음식을 먹어야 한다.

Q.3 윗글의 내용을 통해 추론한 것으로 적절한 설명인지 O/X로 답해 보자.

① X　② X　③ O　④ X　⑤ X

STEP.3 **개념 Jump**　본문 | 38-39쪽

01　① No　② No　③ No　④ No　⑤ Ok

02　① No　② Ok　③ Ok　④ Ok　⑤ Ok

03　① No　② No　③ Ok　④ No　⑤ No

07강 비판적 읽기

오늘 꼭 알아야 할 개념
\# 비판적 읽기　\# 내적 준거　\# 외적 준거

STEP.2 **개념 Quiz**　본문 | 42-45쪽

Q.1 [A]를 바탕으로 ⓐ~ⓔ를 분석한 내용으로 적절한지 O/X로 답해 보자.

① O　② X　③ O　④ O　⑤ O

Q.2 윗글을 읽고 ㉠에 대해 보인 반응으로 적절한지 O/X로 답해 보자.

① O　② X　③ O　④ O　⑤ O

Q.3 윗글의 서술상 특징에 대한 설명으로 적절한지 O/X로 답해 보자.

① O　② O　③ O　④ X　⑤ O

Q.4 <보기>를 바탕으로 윗글의 핵심 내용에 대해 제기할 수 있는 의문으로 적절한지 O/X로 답해 보자.

① O　② X　③ X　④ X　⑤ X

STEP.3 **개념 Jump**　본문 | 46-47쪽

01　① Ok　② Ok　③ No　④ Ok　⑤ Ok

02　① No　② No　③ Ok　④ No　⑤ No

오늘 꼭 알아야 할 개념
\# 개념 정의　\# 특징　\# 사례

STEP.2 개념 Quiz
본문 | 50-53쪽

Q.1 '가능태'란?

형상을 실현시킬 수 있는 가능적 힘이자 질료

Q.2 '현상태'란?

가능태에 형상이 실현된 어떤 상태

Q.3 '완전 현실태'란?

형상이 완전히 실현된 상태

Q.4 '운동'이란?

가능태에 있는 것이 완전 현실태를 향해 나아가는 이행 과정

Q.5 '아리스토텔레스'의 관점에서 형상과 질료에 대해 이해한 내용으로 적절한 설명인지 O/X로 답해 보자.

① O　② O　③ O　④ X　⑤ O

Q.6 ㉠에 따라 원인을 찾아낸 사례로 적절한지 O/X로 답해 보자.

① X　② X　③ X　④ O　⑤ X

Q.7 ㉡을 도식으로 나타낸 것으로 가장 적절한 것을 골라 보자. (이때 '- X'는 'X'라는 결과가 일어나지 않았음을 의미함.)

❶

STEP.3 개념 Jump
본문 | 54-55쪽

01 ① No　② Ok　③ Ok　④ Ok　⑤ Ok

02 ① No　② Ok　③ Ok　④ Ok　⑤ Ok

03 ① Ok　② No　③ Ok　④ Ok　⑤ Ok

오늘 꼭 알아야 할 개념
\# 관점　\# 차이점

STEP.2 개념 Quiz
본문 | 58-61쪽

Q.1 '잊힐 권리'란?

개인 정보, 유통 기한, 수정, 삭제, 폐기

Q.2 '잊힐 권리'를 법제화하는 것에 찬성하는 입장의 근거는?

인권

Q.3 '잊힐 권리'를 법제화하는 것에 반대하는 입장의 근거는?

표현, 알 / 기술적 / 비용

Q.4 윗글의 내용을 정확하게 이해한 설명인지 O/X로 답해 보자.

① O　② X　③ O

Q.5 ㉠과 ㉡에 대한 이해로 적절한 설명인지 O/X로 답해 보자.

① O　② X　③ X

STEP.3 개념 Jump
본문 | 62-63쪽

01 ① Ok　② No　③ Ok　④ Ok　⑤ Ok

02 ① Ok　② Ok　③ No　④ Ok　⑤ Ok

 지문 패턴 3_
자주 만나는 문제-해결책

오늘 꼭 알아야 할 개념
\# 문제   \# 해결책

STEP.2 개념 Quiz
본문 | 66-69쪽

Q.1 '접근 - 접근 갈등'이란?

하나, 선택, 결정

Q.2 '접근 - 접근 갈등' 문제를 해소할 수 있는 방안은?

대안

Q.3 '인지 부조화'란?

행동, 일치, 긴장

Q.4 인지 부조화 상태를 겪고 있는 일반적인

소비자의 문제를 해소하기 위한 방안은?

지지, 현명, 확신

Q.5 윗글의 내용을 정확하게 이해한 설명인지

O/X로 답해 보자.

① O ② O ③ O ④ O

Q.6 단순 과반수제, 최적 다수결제, 점수 투표제의

장단점을 정리해 보자.

① 효율, 선호 강도, 감소, 투표
② 과정, 기준
③ 선호 강도, 소수, 투표, 전략, 결과

STEP.3 개념 Jump
본문 | 70-71쪽

01 ① Ok ② Ok ③ Ok ④ Ok ⑤ No

02 ① No ② No ③ Ok ④ No ⑤ No

 지문 패턴 4_
자주 만나는 구조 분석-기능

오늘 꼭 알아야 할 개념
\# 구조 분석   \# 기능(역할)

STEP.2 개념 Quiz
본문 | 74-77쪽

Q.1 다음 그림은 윗글을 읽고 자격루의 구조를

추정하여 그린 것이다.

ⓐ~ⓓ의 명칭을 순서대로 적어 보자.

ⓐ 파수호
ⓑ 수수호
ⓒ 방목
ⓓ 시보 장치

Q.2 ㉠의 각 실내 공간의 특징을 정리해 보자.

① 현관문, 출입구
② 일반 신자, 예배
③ 종교 의식
④ 예배, 복도
⑤ 제단, 신성

Q.3 윗글과 <보기>를 통해 이끌어 낼 수 있는

반응으로 적절한 설명인지 O/X로 답해 보자.

① X ② X ③ X ④ X ⑤ O

STEP.3 개념 Jump
본문 | 78-79쪽

01 ① Ok ② Ok ③ Ok ④ No ⑤ Ok

02 ① ㉮ ㉯ ㉰ ② ㉮ ㉯ ㉰
     ③ ㉮ ㉯ ㉰ ④ ㉮ ㉯ ㉰
     ⑤ ㉮ ㉯ ㉰

03 ① No ② No ③ No ④ Ok ⑤ No

지문 패턴 5_
만나면 당황스러운 원리-방법

오늘 꼭 알아야 할 개념
\# 원리-인과 \# 방법-과정

STEP.2 개념 Quiz 본문 Ⅰ 82-85쪽

Q.1 윗글을 통해 해결할 수 있는 질문인지

O/X로 답해 보자.

① X ② O ③ O ④ O ⑤ O

Q.2 윗글을 바탕으로 할 때, <보기>의 ①~④에

들어갈 말을 골라 써 보자.

① 과열
② 감소
③ 과열
④ 올려

Q.3 윗글을 바탕으로 <보기>에 대해 이해한

내용으로 적절한지 O/X로 답해 보자.

① O ② O ③ X ④ O ⑤ O

Q.4 윗글을 읽은 학생이 <보기 1>을 보고

<보기 2>와 같이 메모했을 때,

①~③에 들어갈 말을 골라 써 보자.

① 액체
② 흡수
③ 유지될

STEP.3 개념 Jump 본문 Ⅰ 86-87쪽

01 ① No ② No ③ No ④ Ok ⑤ No

02 ① No ② No ③ No ④ No ⑤ Ok

문제 패턴 1_
웬만하면 다 맞혀

오늘 꼭 알아야 할 개념
\# 세부 내용 파악 \# 내용 전개 방식 파악

STEP.3 개념 Jump 본문 Ⅰ 90-93쪽

01 ① No ② No ③ No ④ Ok ⑤ No

02 ① Ok ② No ③ Ok ④ Ok ⑤ Ok

03 ① Ok ② Ok ③ Ok ④ No ⑤ Ok

04 ① Ok ② Ok ③ No ④ Ok ⑤ Ok

문제 패턴 2_
조금 더 생각해

오늘 꼭 알아야 할 개념
\# 세부 내용 추론 \# 생략된 전제(근거) 추론

STEP.3 개념 Jump 본문 Ⅰ 96-99쪽

01 ① Ok ② Ok ③ Ok ④ Ok ⑤ No

02 ① No ② No ③ Ok ④ No ⑤ No

03 ① No ② No ③ Ok ④ No ⑤ No

04 ① No ② No ③ No ④ No ⑤ Ok

문제 패턴 3_
<보기> 속 사례에 반응해

오늘 꼭 알아야 할 개념
\# 구체적 사례에 적용

STEP.3 개념 Jump 본문 Ⅰ 102-105쪽

01 ① No ② Ok ③ No ④ No ⑤ No

02 ① Ok ② Ok ③ Ok ④ Ok ⑤ No

03 ① Ok ② Ok ③ Ok ④ Ok ⑤ No

EBS

윤혜정 선생님 직접 집필, 강의

윤혜정의 개념의 나비효과

입문 편

2권
독서 · 문법_독서

윤혜정 선생님과 함께 네 꿈에 날개를 달아 줄, 만점 국어의 시작과 끝

개념의 나비효과 입문 편	개념의 나비효과 수능 편	개념의 나비효과 패턴 편	개념의 나비효과 고난도 기출 편
국어 공부 시작의 방향을 잡아주는 국어 입문서	개념부터 제대로 꼼꼼히 공부하는 수능 국어 개념	수능 국어의 패턴 연습으로 부족한 약점 보완	변별력 높은 기출문제로 완성하는 수능 국어

EBS

개정판

윤혜정 선생님 직접 집필, 강의

윤혜정의 개념의 나비효과

입문 편

첫술에도 배부르게 하는 국어 개념 공부의 첫걸음

2권
독서·문법_문법

국어 영역 No.1

문법

오늘 꼭 알아야 할 개념

STEP.1 개념 Hi

ㄷㄷㄷ 문법 싫다고? 어려울 것 같다고? ㅎㅎㅎ 고정관념을 버려. 왜 이래, 국어 원어민~! 넌 이미 많은 것을 그냥 알고 있어. 모르는데 알겠는 어마어마한 힘을 가지고 있는 국어 원어민이기 때문에, 차근차근 개념을 정리해서 쌓아 올린다면, 너도 문법을 잘할 수 있어. 심지어 좋아하게 될지도 몰라. :)

개 념 0 1 음운

완전 차근차근 알려 주지! 일단 **음운**이 뭔지부터 가르쳐 줄게.

✔ 음운

말의 ㄸ 을 구별하여 주는 ㅅ ㄹ 의 가장 작은 단위

분절 음운	자음	예 물/불, 빗/빛/빚
	모음	예 님/남
비분절 음운	장단	예 눈:[雪], 눈[目]
	억양	예 밥 먹어.(↘): 평서 밥 먹어?(↗): 의문 밥 먹어!(→): 명령

자음이나 모음 중 한 개만 바꿔도 의미가 전~혀 달라지잖아. 소리의 길이나 억양을 바꿔도 의미가 달라질 수 있어. 음운은 이렇게 의미를 바꿔 버릴 수 있는 힘이 있어.

개념 02 　자음(19개)

✔ 자음

목, 입, 혀 따위의 ㅂㅇ ㄱㄱ 에 의해 구강 통로가 좁아지거나 완전히 막히는 따위의 ㅈㅇ 를 받으며 나는 소리

자음의 분류 기준 두 가지는 ㅈㅇ ㅇㅊ 와 ㅈㅇ ㅂㅂ 이라는 걸 기억하자!

자음 체계표

조음 방법		조음 위치	입술소리	혀끝소리	센입천장소리	여린입천장소리	목청소리
			두 입술	윗잇몸+혀끝	딱딱한 입천장	말랑한 입천장	목청 사이
안울림 소리	파열음*	예사소리	ㅂ	ㄷ		ㄱ	
		된소리	ㅃ	ㄸ		ㄲ	
		거센소리	ㅍ	ㅌ		ㅋ	
	파찰음*	예사소리			ㅈ		
		된소리			ㅉ		
		거센소리			ㅊ		
	마찰음*	예사소리		ㅅ			ㅎ
		된소리		ㅆ			
울림 소리	비음*		ㅁ	ㄴ		ㅇ	
	유음*			ㄹ			

*파열음: 폐에서 나오는 공기를 일단 막았다가 그 막은 자리를 터뜨리면서 내는 소리

*파찰음: 파열음과 마찰음의 두 가지 성질을 다 가지는 소리

*마찰음: 입안이나 목청 따위의 조음 기관이 좁혀진 사이로 공기가 비집고 나오면서 마찰하여 나는 소리

*비음: 입안의 통로를 막고 코로 공기를 내보내면서 내는 소리

*유음: 혀끝을 잇몸에 가볍게 대었다가 떼거나, 잇몸에 댄 채 공기를 그 양옆으로 흘려보내면서 내는 소리

개념 03 　모음(10+11=21개)

✔ 모음

성대의 진동을 받은 소리가 목, 입, 코를 거쳐 나오면서, 그 통로가 좁아지거나 완전히 막히거나 하는 따위의 ㅈㅇ 를 받지 않고 나는 소리

✔ 단모음

소리를 내는 도중에 ㅇㅅ ㅁㅇ 이나 ㅎㅇ ㅇㅊ 가 달라지지 않는 모음

단모음 체계도

혀의 높이	혀의 앞뒤	전설 모음		후설 모음	
	입술 모양	평순 모음	원순 모음	평순 모음	원순 모음
고모음		ㅣ	ㅟ	ㅡ	ㅜ
중모음		ㅔ	ㅚ	ㅓ	ㅗ
저모음		ㅐ		ㅏ	

*단, 'ㅚ, ㅟ'는 **이중 모음**으로 발음할 수도 있음.

✔ 이중 모음

ㅇㅅ ㅁㅇ 이나 ㅎㅇ ㅇㅊ 를 처음과 나중이 서로 달라지게 하여 내는 모음 구성 요소 중 하나는 단모음이고 다른 하나는 반모음임.

반모음 'ĭ [j]'와 단모음이 결합해 만들어지는 이중 모음	ㅑ, ㅕ, ㅛ, ㅠ, ㅒ, ㅖ, ㅢ
반모음 'ŏ/ŭ[w]'와 단모음이 결합해 만들어지는 이중 모음	ㅘ, ㅙ, ㅝ, ㅞ

개념 04 음운의 변동

✔ 음운의 변동

어떤 음운이 일정한 환경에서 다른 음운으로 변하는 현상

음운의 변동 종류

교체	한 음운이 다른 음운으로 바뀌는 현상
탈락	한 음운이 없어지는 현상
첨가	없던 음운이 새로 생기는 현상
축약	두 음운이 합쳐져서 제3의 음운으로 바뀌는 현상

개념 05 교체 음절의 끝소리 규칙

✔ 음절의 끝소리 규칙

음절의 끝에서는 일곱 개의 자음으로만 발음되는 현상

➤ ㄱ, ㄴ, ㄷ, ㄹ, ㅁ, ㅂ, ㅇ (ㅅ은 없음 주의!)

표기한 받침		발음되는 대표음	예
ㄱ, ㄲ, ㅋ		ㄱ	박[박], **부엌[부억]**
ㄴ		ㄴ	산[산]
ㄷ, ㅌ, ㅈ, ㅊ, ㅅ, ㅆ, ㅎ	⇒	ㄷ	**밭[받], 꽃[꼳]**
ㄹ		ㄹ	말[말]
ㅁ		ㅁ	감[감]
ㅂ, ㅍ		ㅂ	밥[밥], **잎[입]**
ㅇ		ㅇ	강[강]

한 가지 더 배우기!

연음: 앞 음절의 끝 자음이 모음으로 시작되는 뒤 음절의 초성으로 이어져 나는 소리

잎이	⇒	**[이피]**	연음
잎 위에		**[입 위에 → 이뷔에]**	음절의 끝소리 규칙

개 념 0 6 교체 **비음화**

✔ 비음화

파열음인 'ㄱ', 'ㄷ', 'ㅂ'이 **비음**인 'ㄴ', 'ㅁ'의 영향을 받아

⬇

각각 'ㅇ', 'ㄴ', 'ㅁ'으로 바뀌는 현상

예 먹는다[멍는다], 닫는다[단는다], 입는다[임는다]
     부엌만[부억만 → 부엉만], 밭만[받만 → 반만], 꽃만[꼳만 → 꼰만]

> **한 가지 더 배우기!**
>
> ### ✔ 'ㄹ'의 비음화
>
> 뒷말 첫소리인 'ㄹ'이 앞말 받침인 'ㅁ', 'ㅇ'의 영향을 받아
>
> ⬇
>
> 'ㄴ'으로 바뀌는 현상
>
> 예 담력[담:녁], 종로[종노]

개 념 0 7 교체 **유음화**

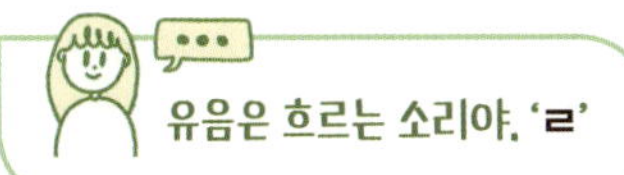

✔ 유음화

비음인 'ㄴ'이 **유음**인 'ㄹ'의 영향을 받아

⬇

'ㄹ'로 바뀌는 현상

예 달님[달림], 신라[실라], 물난리[물랄리]

개 념 0 8 교체 **된소리되기(경음화)**

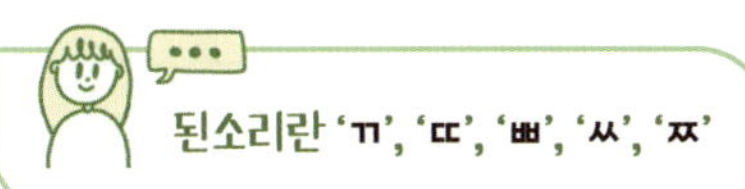

✔ 된소리되기

예사소리인 'ㄱ', 'ㄷ', 'ㅂ', 'ㅅ', 'ㅈ'이 **일정한 조건**에서

⬇

된소리인 'ㄲ', 'ㄸ', 'ㅃ', 'ㅆ', 'ㅉ'으로 바뀌는 현상

받침 'ㄱ(ㄲ, ㅋ, ㄳ, ㄺ), ㄷ(ㅅ, ㅆ, ㅈ, ㅊ, ㅌ), ㅂ(ㅍ, ㄼ, ㄿ, ㅄ)' 뒤	'ㄱ, ㄷ, ㅂ, ㅅ, ㅈ'	국밥[국빱], 닫다[닫따], 밟고[밥:꼬]
어간 받침 'ㄴ(ㄵ), ㅁ(ㄻ)' 뒤	어미의 첫 소리 'ㄱ, ㄷ, ㅅ, ㅈ'	신고[신:꼬], **신과**[신과], 굶고[굼:꼬]
한자어 받침 'ㄹ' 뒤	'ㄷ, ㅅ, ㅈ'	갈등[갈뜽], 발사[발싸]
관형사형 어미 '-(으)ㄹ' 뒤	'ㄱ, ㄷ, ㅂ, ㅅ, ㅈ'	할 것[할껃], 갈 데[갈떼]

[개념] [0] [9] 교체 **구개음화**

✔ **구개음화**

끝소리 'ㄷ', 'ㅌ'인 형태소가 모음 'ㅣ'나 반모음 'ĭ'로 시작되는 **형식 형태소**와 만나

⬇

각각 구개음인 'ㅈ', 'ㅊ'으로 바뀌는 현상

[예] 해돋이[해도디 → 해도지], 같이[가티 → 가치], 닫혀[다텨 → 다처]

한 가지 더 배우기!

구개음화는
1. 하나의 형태소 안에서는 일어나지 않음. [예] 견디다[견디다]
2. 받침 'ㄷ, ㅌ'과 실질 형태소가 만났을 때는 일어나지 않음.

밭이랑 논이 정말 넓구나.	⇨	**[바티랑 → 바치랑]**	**구개음화**
밭이랑에 옥수수를 심자.		**[받이랑 → 반니랑]**	**음·끝, ㄴ 첨가, 비음화**

■ **초성 퀴즈 답** 뜻, 소리 / 발음 기관, 장애, 조음 위치, 조음 방법 / 장애, 입술 모양, 혀의 위치 / 입술 모양, 혀의 위치

● 정답 128쪽

STEP.2 **개념 Quiz**

25636-0074

Q.1 각 어휘의 **정확한 발음**을 써 보고, 🍃**보기**의 규정이 적용된 사례에 해당하는지 O/X로 답해 보자.

🍃 **보기**

■**표준 발음법**■
【제23항】 받침 'ㄱ(ㄲ, ㅋ, ㄳ, ㄺ), ㄷ(ㅅ, ㅆ, ㅈ, ㅊ, ㅌ), ㅂ(ㅍ, ㄼ, ㄿ, ㅄ)'뒤에 연결되는 'ㄱ, ㄷ, ㅂ, ㅅ, ㅈ'은 된소리로 발음한다.

① (정답을) **묻다** [   ] O X   ② **낙지** [   ] O X
③ **답장** [   ] O X   ④ **손톱깎이** [   ] O X

EBS 윤혜정의 개념의 나비효과 🦋 입문 편

25636-0075

Q.2 각 어휘의 정확한 발음을 써 보고, 의 규정이 적용된 사례에 해당하는지 O/X로 답해 보자.

보기

■표준 발음법■
【제26항】 한자어에서, 'ㄹ' 받침 뒤에 연결되는 'ㄷ, ㅅ, ㅈ'은 된소리로 발음한다.

① 갈등   [   ]   O X   ② 꽃밭   [   ]   O X
③ 물질   [   ]   O X   ④ 발전   [   ]   O X

25636-0076

Q.3 각 어휘의 정확한 발음을 써 보고, 의 규정이 적용된 사례에 해당하는지 O/X로 답해 보자.

보기

■표준 발음법■
【제17항】 받침 'ㄷ, ㅌ(ㄾ)'이 조사나 접미사의 모음 'ㅣ'와 결합되는 경우에는, [ㅈ, ㅊ]으로 바꾸어서 뒤 음절 첫소리로 옮겨 발음한다.

① 끝이   [   ]   O X   ② 굳이   [   ]   O X
③ 여닫이   [   ]   O X   ④ 홑이불   [   ]   O X

25636-0077

Q.4 각 어휘의 정확한 발음을 써 보고, 보기를 참고하여 음운 변동에 관한 설명으로 적절한지 O/X로 답해 보자.

보기

■자음 체계표(일부)■

조음 방법 \ 조음 위치	입술소리	잇몸소리	여린입천장소리
파열음	ㅂ	ㄷ	ㄱ
비음	ㅁ	ㄴ	ㅇ
유음		ㄹ	

① 국물[   ]: 앞 자음 'ㄱ'이 뒤 자음 'ㅁ'과 조음 위치가 같아짐.   O X
② 잡는[   ]: 앞 자음 'ㅂ'이 뒤 자음 'ㄴ'과 조음 방법이 같아짐.   O X
③ 천리[   ]: 앞 자음 'ㄴ'이 뒤 자음 'ㄹ'과 조음 방법이 같아짐.   O X
④ 강릉[   ]: 뒤 자음 'ㄹ'이 앞 자음 'ㅇ'과 조음 위치가 같아짐.   O X

STEP.3 개념 Jump

01

 의 '학습 과제'를 바르게 수행하였다고 할 때, ㉠에 들어갈 단어로 적절한 것은?

[학습 자료]

음운은 단어의 뜻을 구별해 주는 소리의 가장 작은 단위이다. 특정 언어에서 어떤 소리가 음운인지 아닌지는 최소 대립쌍을 통해 확인할 수 있다. 최소 대립쌍이란, 다른 모든 소리는 같고 단 하나의 소리 차이로 의미가 구별되는 단어의 쌍을 말한다. 예를 들어, 최소 대립쌍 '감'과 '잠'은 [ㄱ]과 [ㅈ]의 차이로 인해 의미가 구별되므로 'ㄱ'과 'ㅈ'은 서로 다른 음운이다.

[학습 과제]

앞사람이 말한 단어와 최소 대립쌍인 단어를 말해 보자.

① 꿀　　　② 답　　　③ 둘　　　④ 말　　　⑤ 풀

02

<보기>는 수업의 일부이다. '학습 활동'의 결과로 가장 적절한 것은?

25636-0079

〈보기〉

선생님: 단어를 발음할 때, 어떤 음운이 앞이나 뒤의 음운의 영향으로 바뀌어 달라지는 경우가 있습니다. 그 결과, 조음 방법만 바뀌거나 조음 방법과 조음 위치가 모두 바뀝니다. 아래 자료를 참고해 '학습 활동'을 수행해 봅시다.

조음 방법 ＼ 조음 위치	입술소리	잇몸소리	센입천장소리	여린입천장소리
파열음	ㅂ	ㄷ		ㄱ
파찰음			ㅈ	
비음	ㅁ	ㄴ		ㅇ
유음		ㄹ		

영향의 방향	음운이 바뀌는 양상	
달님 (앞 음운의 영향)	달님[달림]	조음 방법의 변화
작문 (뒤 음운의 영향)	작문[장문]	조음 방법의 변화
해돋이 (뒤 음운의 영향)	해돋이[해도지]	조음 방법과 조음 위치의 변화

[학습 활동]

뒤 음운의 영향을 받아서 앞 음운이 조음 방법만 바뀌는 단어를 ㄱ~ㄹ에서 골라 보자.

ㄱ. 난로[날로] ［앞 음운］［조음 방법］　　ㄴ. 맏이[마지] ［앞 음운］［조음 방법］

ㄷ. 실내[실래] ［앞 음운］［조음 방법］　　ㄹ. 톱날[톰날] ［앞 음운］［조음 방법］

① ㄱ, ㄴ　　　② ㄱ, ㄹ　　　③ ㄴ, ㄷ

④ ㄴ, ㄹ　　　⑤ ㄷ, ㄹ

03

〈보기〉의 학습 활동을 수행한 결과로 적절한 것은?

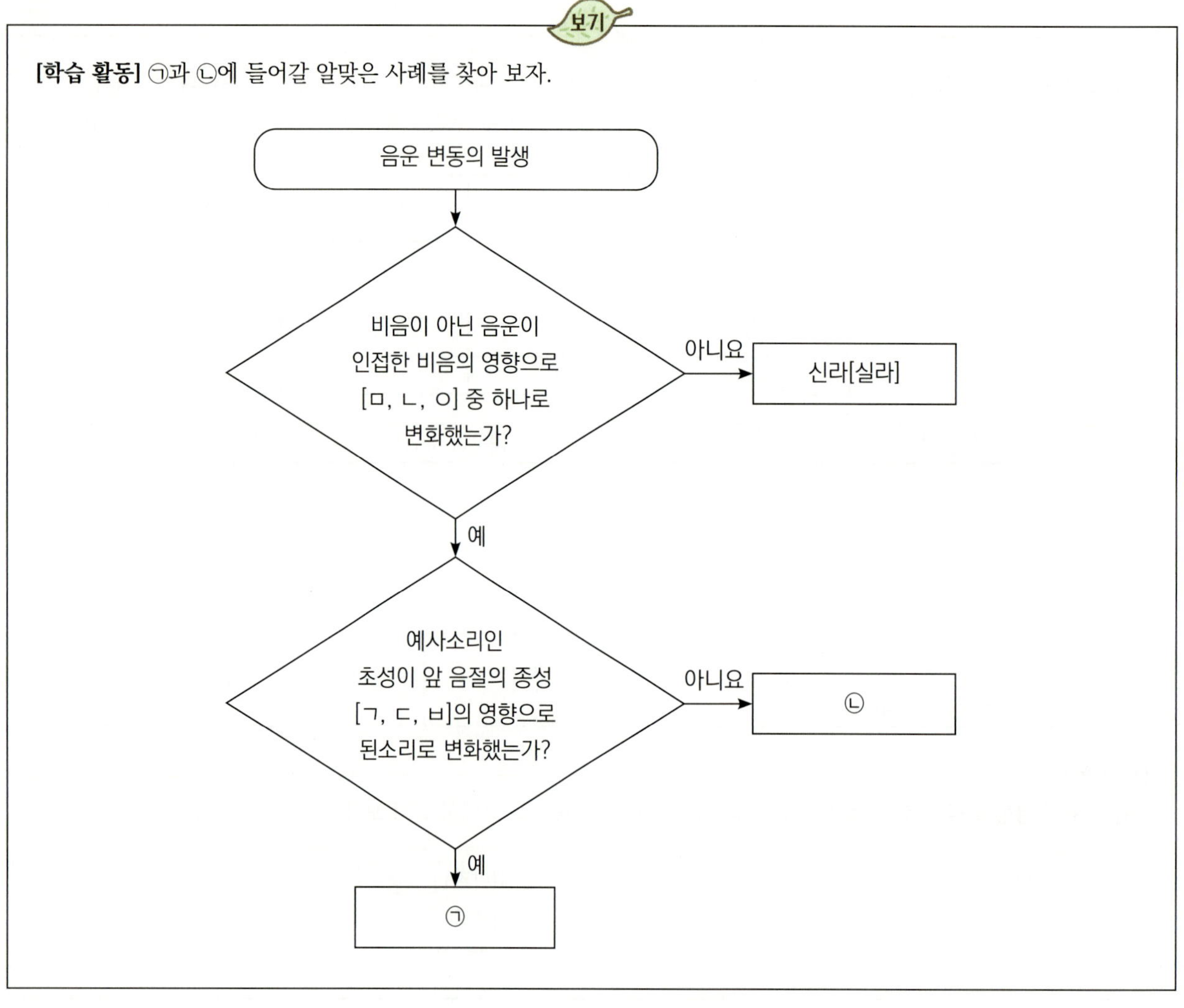

	㉠			㉡		
①	옷맵시[온맵씨]	비음화	경음화	꽃말[꼰말]	비음화	경음화
②	덮개[덥깨]	비음화	경음화	묵념[뭉념]	비음화	경음화
③	부엌문[부엉문]	비음화	경음화	앞날[암날]	비음화	경음화
④	광안리[광알리]	비음화	경음화	권력가[궐력까]	비음화	경음화
⑤	귓속말[귇쏭말]	비음화	경음화	습득물[습뜽물]	비음화	경음화

04

 의 [활동]을 수행한 결과로 적절하지 **않은** 것은?

25636-0081

[활동] 제시된 단어의 발음을 [자료]와 연결해 보자.

신라, 칼날, 생산량, 물난리, 불놀이

[자료]

㉠ 'ㄹ'의 앞에서 'ㄴ'이 [ㄹ]로 발음되는 경우
㉡ 'ㄹ'의 뒤에서 'ㄴ'이 [ㄹ]로 발음되는 경우
㉢ 'ㄴ'의 뒤에서 'ㄹ'이 [ㄴ]으로 발음되는 경우

① '신라'는 ㉠에 따라 [실라]로 발음하는군. Ok | No
② '칼날'은 ㉡에 따라 [칼랄]로 발음하는군. Ok | No
③ '생산량'은 ㉢에 따라 [생산냥]으로 발음하는군. Ok | No
④ '물난리'는 ㉠, ㉡에 따라 [물랄리]로 발음하는군. Ok | No
⑤ '불놀이'는 ㉡, ㉢에 따라 [불로리]로 발음하는군. Ok | No

내가 그리는 개념 마인드맵

음운의 변동 중 교체 현상들을 공부했어. 오늘 배운 개념들은 정말 중요하니까, 잊지 않도록 반복해서 복습해 놓도록 하자. :)

오늘 꼭 알아야 할 개념

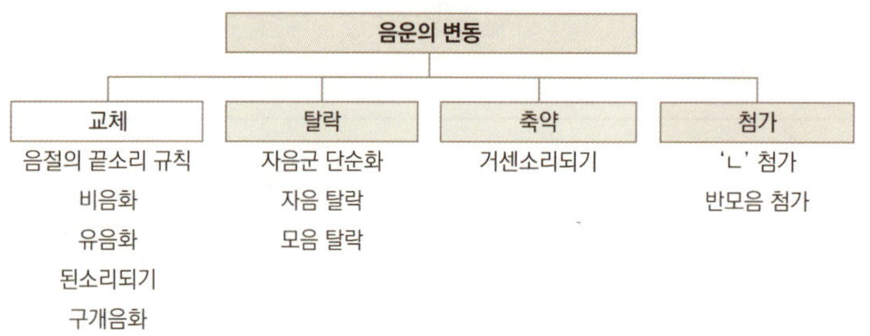

음운의 변동			
교체	탈락	축약	첨가
음절의 끝소리 규칙	자음군 단순화	거센소리되기	'ㄴ' 첨가
비음화	자음 탈락		반모음 첨가
유음화	모음 탈락		
된소리되기			
구개음화			

STEP.1 개념 Hi

지난 시간에 이어 음운의 변동을 공부해 보자. 이 시간에는 탈락, 축약, 첨가를 배워볼 거야.

개념 10 · 탈락 자음군 단순화

받침에는 서로 다른 **두 개의 자음**이 올 수가 있어. 그런 걸 **겹받침**이라고 해.

✔ 자음군 단순화

음절의 끝이나 자음 앞에 두 개의 자음(겹받침)이 올 때,

⬇

이 중에서 **한 자음이 탈락**하는 현상

 여덟[여덜], 닭[닥], 젊다[점:따]

아래 내용을 외우려고 하지 말고, 사례를 중심으로 정확한 발음을 확인해 보자. :)

'ㄳ', 'ㄵ', 'ㄼ, ㄽ, ㄾ', 'ㅄ'	둘째 자음이 탈락하고 [ㄱ, ㄴ, ㄹ, ㅂ]으로 발음	몫[목], 앉다[안따], 여덟[여덜], 외곬[외골], 핥다[할따], 값[갑]
'ㄺ, ㄻ, ㄿ'	첫째 자음이 탈락하고 [ㄱ, ㅁ, ㅂ]으로 발음	닭[닥], 젊다[점:따], 읊다[읍다 →읍따]

예외가 있는 ㄼ : 첫째 자음이 탈락	'밟-' + 자음	밟다[밥:따], 밟지[밥:찌]
	넓죽하다, 넓둥글다	넓죽하다[넙쭈카다], 넓둥글다[넙뚱글다]
예외가 있는 ㄺ : 둘째 자음이 탈락	어간 끝 'ㄺ' + 'ㄱ'으로 시작하는 어미	맑게[말께], 굵거나[굴꺼나]

개 념 1 1 탈락 **자음 탈락**

자음인 'ㅎ'과 'ㄹ'이 탈락하는 경우를 알아보자.

✔ 'ㅎ' 탈락

'ㅎ'으로 끝나는 어간이 모음으로 시작하는 **형식 형태소**와 결합할 때
↓
'ㅎ'이 탈락하는 현상

예 낳은[나은], 않은[아는], 싫어도[시러도]

✔ 'ㄹ' 탈락

'ㄹ'이 끝소리인 어간이 몇몇 어미와 결합하거나, 'ㄹ'이 끝소리인 어근이 다른 어근이나 접사와 결합할 때
↓
'ㄹ'이 탈락하는 현상

예 알- + -니 → 아니?[아니], 울- + -는 → 우는[우ː는], 말 + 소 → [마소], 바늘 + -질 → [바느질]

개 념 1 2 탈락 **모음 탈락**

모음인 'ㅡ'가 탈락하는 경우를 알아보자.

✔ 'ㅡ' 탈락

'ㅡ'으로 끝나는 어간이 모음 'ㅏ/ㅓ'로 시작하는 어미와 결합할 때,
↓
어간의 'ㅡ'가 탈락하는 현상.

예 쓰- + -어서 → 써서[써서], 뜨- + -어 → 떠[떠]

개 념 1 3 축약 **거센소리되기(격음화)**

예사소리는 'ㄱ', 'ㄷ', 'ㅂ', 'ㅅ', 'ㅈ', 거센소리는 'ㅋ', 'ㅌ', 'ㅍ', 'ㅊ'이 있어.

✔ 거센소리되기

예사소리인 'ㄱ', 'ㄷ', 'ㅂ', 'ㅈ'가 'ㅎ'을 만나
↓
거센소리인 'ㅋ', 'ㅌ', 'ㅍ', 'ㅊ'로 바뀌는 현상

예 먹히다[머키다], 입학[이팍]

개념 14 첨가 'ㄴ' 첨가

✔ 'ㄴ' 첨가

합성어 및 파생어에서 앞말이 자음으로 끝나고 뒷말이 모음 'ㅣ'나 반모음 'ㅣ[j]'로 시작할 때

↓

'ㄴ'이 그 사이에 첨가되는 현상

예 꽃 + 잎 → 꽃잎[꼳닙 → 꼰닙], 맨 + 입 → 맨입[맨닙], 한 + 여름 → 한여름[한녀름]

개념 15 첨가 **반모음 첨가**

✔ 반모음 첨가

모음으로 끝나는 형태소 뒤에 단모음으로 시작하는 형태소가 올 때 반모음 'ㅣ[j]'가 첨가되는 현상

예 피- + -어 → 피어[피어/피여], 되- + -어 → 되어[되어/되여]

한 가지 더 배우기!

✔ 사이시옷

사잇소리 현상이 나타났을 때 쓰는 'ㅅ'의 이름. 순우리말 또는 순우리말과 한자어로 된 합성어 가운데 앞말이 모음으로 끝날 때 뒷말의 첫소리가 된소리로 나거나, 뒷말의 첫소리 'ㄴ', 'ㅁ' 앞에서 'ㄴ' 소리가 덧나거나, 뒷말의 첫소리 모음 앞에서 'ㄴㄴ' 소리가 덧나는 것 따위에 받치어 적음.

예 아랫방[아래빵/아랟빵], 아랫니[아랜니], 나뭇잎[나문닙]

✔ 정답 128쪽

STEP.2 개념 Quiz

25636-0082

Q.1  의 규정을 참고할 때, 단어의 발음이 올바른지 O/X로 답해 보자.

■표준 발음법■
【제10항】 겹받침 'ㄳ', 'ㄵ', 'ㄼ, ㄽ, ㄾ', 'ㅄ'은 어말 또는 자음 앞에서 각각 [ㄱ, ㄴ, ㄹ, ㅂ]으로 발음한다.
　　　　　다만, '밟-'은 자음 앞에서 [밥]으로 발음하고, '넓-'은 다음과 같은 경우에 [넙]으로 발음한다.
　　　　　넓-죽하다[넙쭈카다]　　넓-둥글다[넙뚱글다]

① 넋[넉]　　O　X　　　　② 밟다[밥:따]　　O　X
③ 넓다[넙따]　　O　X　　　　④ 핥다[할따]　　O　X

25636-0083

Q.2 밑줄 친 단어를 의 규정에 맞게 발음하였는지 O/X로 답해 보자.

■표준 발음법■
【제14항】 겹받침이 모음으로 시작된 조사나 어미, 접미사와 결합되는 경우에는, 뒤엣것만을 뒤 음절 첫소리로 옮겨 발음한다. (이 경우, 'ㅅ'은 된소리로 발음함.)

① 바닥에 곬이 잡히다. → [골씨]　　　　　　　　　　　　　　　　　O　X
② 오늘도 닭을 먹고 싶다. → [다글]　　　　　　　　　　　　　　　　O　X
③ 선생님은 참 젊어 보인다. → [절머]　　　　　　　　　　　　　　　O　X
④ 오늘의 경험은 값을 매길 수가 없다. → [갑쓸]　　　　　　　　　　O　X

Q.3 밑줄 친 단어의 **정확한 발음**을 써 보고, 보기 의 규정에서 설명한 사례인지 O/X로 답해 보자.

보기

■**표준 발음법**■
【제17항】 받침 'ㄷ, ㅌ(ㄾ)'이 조사나 접미사의 모음 'ㅣ'와 결합되는 경우에는, [ㅈ, ㅊ]으로 바꾸어서 뒤 음절 첫소리로
　　　　 옮겨 발음한다.

① 문은 굳게 **닫혀** 버렸다.　　　　→ [　　　　]　　　　　　　O　X
② 하늘에 별이 **숱하게** 있다.　　　　→ [　　　　]　　　　　　　O　X
③ 우리는 신기하게 모두 **맏이**였다.　→ [　　　　]　　　　　　　O　X
④ 친구와 **같이** 세계여행을 할 작정이다. → [　　　　]　　　　　　O　X

Q.4 각 어휘의 **정확한 발음**을 써 보고, 보기 의 규정에서 설명한 ㉠에 해당하는 사례인지

O/X로 답해 보자.

보기

■**한글 맞춤법**■
【제30항】 사이시옷은 다음과 같은 경우에 받치어 적는다.
1. 순우리말로 된 합성어로서 앞말이 모음으로 끝난 경우
　　　　　　　　　　⋮
2. 순우리말과 한자어로 된 합성어로서 앞말이 모음으로 끝난 경우
　(1) 뒷말의 첫소리가 된소리로 나는 것
　(2) 뒷말의 첫소리 'ㄴ, ㅁ' 앞에서 'ㄴ' 소리가 덧나는 것 ⋯⋯⋯⋯⋯⋯ ㉠
　(3) 뒷말의 첫소리 모음 앞에서 'ㄴㄴ' 소리가 덧나는 것

① 빗물　[　　　]　O　X　　　　② 훗일　[　　　]　O　X
③ 아랫니　[　　　]　O　X　　　　④ 제삿날　[　　　]　O　X

STEP.3 개념 Jump

01

다음은 수업 장면의 일부이다. ⓐ와 ⓑ에 들어갈 말로 적절한 것은?

25636-0086

선생님: 음운의 변동에는 어떤 음운이 다른 음운으로 바뀌는 교체, 두 음운이 합쳐져 하나가 되는 축약, 원래 있던 한 음운이 없어지는 탈락, 없던 음운이 추가되는 첨가의 유형이 있습니다. 이러한 음운의 변동은 한 단어에서 두 가지 이상이 함께 나타나기도 합니다. 또한 음운의 변동 결과가 표기에 반영되기도 하고, 음운의 변동 후에 음운의 개수가 달라지기도 합니다. 그러면 다음 자료에 나타난 음운의 변동을 탐구해 봅시다.

> 국밥[국빱],　군히다[구치다],　급행열차[그팽녈차]

위 자료를 '국밥', 그리고 '군히다, 급행열차'로 나눈다면, 그 기준은 무엇일까요?

학생: (　　ⓐ　　)를 기준으로 나누었습니다.

선생님: 맞습니다. 그럼, '군히다'와 '급행열차'에 공통으로 나타나는 음운의 변동은 무엇일까요?

학생: (　　ⓑ　　)입니다.

선생님: 네, 맞습니다.

	ⓐ		ⓑ	
①	음운의 변동이 두 가지 이상 일어났는지	Ok | No	축약	Ok | No
②	음운의 변동이 두 가지 이상 일어났는지	Ok | No	교체	Ok | No
③	음운의 변동 결과 음운의 개수가 줄었는지	Ok | No	탈락	Ok | No
④	음운의 변동 결과 음운의 개수가 줄었는지	Ok | No	교체	Ok | No
⑤	음운의 변동 결과가 표기에 반영되었는지	Ok | No	축약	Ok | No

02

25636-0087

 의 활동을 모든 학생이 바르게 수행했을 때, '학생2'가 쓴 단어로 적절한 것은?

<보기>

　음운 변동에는 어떤 음운이 다른 음운으로 바뀌는 교체, 있던 음운이 없어지는 탈락, 두 음운이 합쳐져 새로운 하나의 음운으로 줄어드는 축약, 없던 음운이 새로 생기는 첨가가 있다.

[활동]

　앞 학생이 제시한 단어에서 일어나지 않는 음운 변동이 일어나는 단어를 쓰시오.

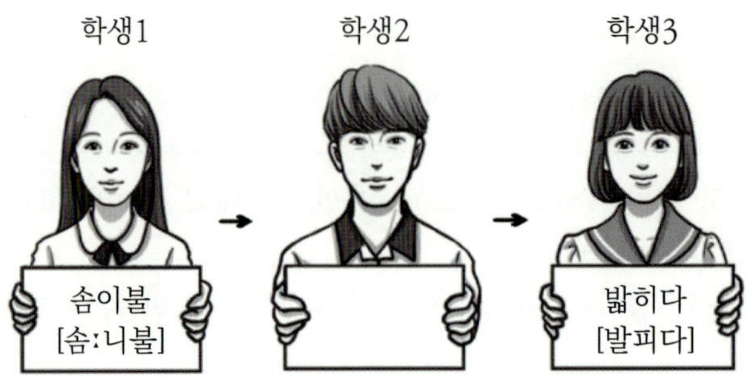

① 삯일[상닐]　　교체　탈락　축약　첨가　　② 옷맵시[온맵씨]　　교체　탈락　축약　첨가

③ 겉핥기[거탈끼]　　교체　탈락　축약　첨가　　④ 색연필[생년필]　　교체　탈락　축약　첨가

⑤ 넓죽하다[넙쭈카다]　　교체　탈락　축약　첨가

03

25636-0088

보기 에 대한 이해로 적절하지 **않은** 것은?

<보기>

ㄱ닭장[닥짱]　　ㄴ끓는[끌른]　　ㄷ홑이불[혼니불]

① ㄱ, ㄴ에는 음절 끝에 둘 이상의 자음이 오지 못하기 때문에 일어나는 음운 변동이 있군.　　ㄱ　ㄴ

② ㄴ, ㄷ에서는 앞의 자음이 뒤의 자음에 동화되는 음운 변동이 일어났군.　　ㄴ　ㄷ

③ ㄱ에서 탈락된 음운과 ㄷ에서 첨가된 음운은 서로 다르군.　　Ok　No

④ ㄷ에서는 ㄱ, ㄴ과 달리 음운 변동의 결과 음운 개수가 하나 늘었군.　　ㄱ　ㄴ　ㄷ

⑤ ㄴ, ㄷ에서는 ㄱ과 달리 인접한 자음과 조음 방법이 같아지는 음운 변동이 일어났군.　　ㄱ　ㄴ　ㄷ

04

보기 의 ⓐ~ⓒ에 들어갈 말을 바르게 짝지은 것은?

25636-0089

보기

학생: 선생님, '바람이 일고'의 '일고'는 [일고]로 발음되는데, '책을 읽고'의 '읽고'는 왜 [일꼬]로 발음되나요?

선생님: '읽고'가 [일꼬]로 발음되는 현상은 자음군 단순화 및 된소리되기와 관련이 있습니다. '읽고'가 어떤 과정을 거쳐 [일꼬]로 발음되는지 자료를 토대로 탐구해 볼까요?

[자료]

㉠ **자음군 단순화**: 어말 또는 자음 앞에서 음절 종성의 두 자음 중 하나가 탈락하는 현상.

㉡ **된소리되기**: 예사소리가 일정한 환경에서 된소리로 바뀌는 현상. 종성 'ㄱ, ㄷ, ㅂ' 뒤에 연결되는 'ㄱ, ㄷ, ㅂ, ㅅ, ㅈ'은 된소리로 발음함.

[탐구 과정]

1. '읽고'의 발음으로 보아 ㉠과 ㉡이 모두 일어났다.

2. ㉠이 먼저 일어난다고 가정할 때, 첫째 음절 종성의 두 자음 중 뒤의 자음이 탈락하여 음절 종성은 [ㄹ]로 발음된다. 그런데 '일고'의 발음을 참고할 때, 종성 [ㄹ] 뒤에 'ㄱ'이 연결된다는 것은 ㉡이 반드시 일어나는 ⓐ

3. ㉡이 먼저 일어난다고 가정할 때, 첫째 음절 종성의 두 자음 중 뒤의 자음인 'ㄱ'으로 인해 둘째 음절의 초성이 ⓑ 로 발음된다. 그 후 ㉠이 일어난다고 하면 '읽고'의 발음을 설명할 수 ⓒ

[탐구 결과]

'읽고'는 된소리되기 후 자음군 단순화가 일어나 [일꼬]로 발음된다.

	ⓐ	ⓑ	ⓒ
①	조건이다.	[ㄱ]	없다.
②	조건이다.	[ㄲ]	있다.
③	조건이 아니다.	[ㄱ]	있다.
④	조건이 아니다.	[ㄲ]	있다.
⑤	조건이 아니다.	[ㄲ]	없다.

내가 그리는 개념 마인드맵

음운의 변동의 교체, 탈락, 축약, 첨가의 개념을 다 배웠어. 정신이 하나도 없고, 머릿속에서 개념들이 데굴데굴 굴러다니는 것 같지? ㅎㅎ 그 개념들이 머릿속 서랍에 착착 정리가 돼야 해. 그러려면? 힘들어도 복습을 꼭 해야 돼. 할 수 있어! :)

오늘 꼭 알아야 할 개념

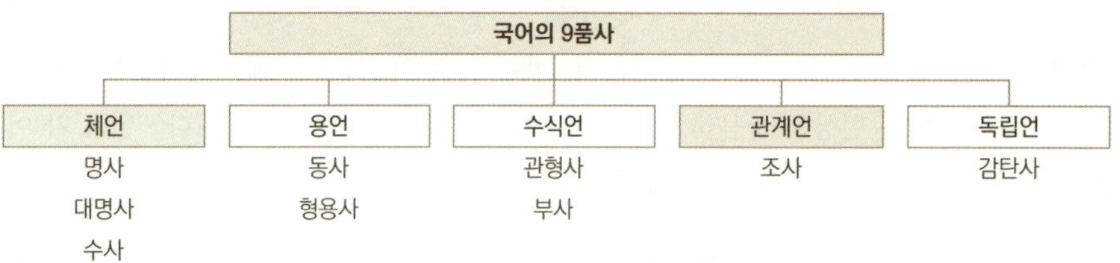

STEP.1 개념 Hi

오늘의 개념

자, 국어 문법의 기본 중의 기본! **품사**에 대해 공부해 보자. 처음 배우는 게 아닐 수도 있겠지만, 다시 기본부터 차근차근 공부해 보는 거야. :)

개념 16 품사

품사란 단어를 공통된 성질에 따라 분류해 놓은 갈래를 말해. 몇 가지 **기준**에 따라서 품사를 구분할 수 있는데, 간단하게만 알아 두자.

✔ **품사의 구분**

기능	의미	형태
문장 안에서 어떤 **역할**을 하지?	어떤 **의미**를 나타내지?	**형태**가 바뀌는지 안 바뀌는지?
체언	ㅁㅅ	불변어
	ㄷㅁㅅ	
	ㅅㅅ	
수식언	ㄱㅎㅅ	
	ㅂㅅ	
독립언	ㄱㅌㅅ	
관계언	ㅈㅅ	
용언	ㄷㅅ	가변어
	ㅎㅇㅅ	

주의! 조사 중 가변어는 서술격 조사 '이다'만!

개념 17 체언

체언은 문장에서 주어 따위의 기능을 하는 **명사, 대명사, 수사**를 통틀어 이르는 말이야. 이제 앞으로 '체언이란?' 하면 1초만에 '명사, 대명사, 수사!'라고 바로 답할 수 있어야 돼.

✔ **체언**

문장에서 주어, 목적어, 보어 같은 중요한 역할을 하는 말

명사	대명사	수사
사람, 사물, 장소의 이름을 나타내는 품사	사람, 사물, 장소의 이름을 대신하여 가리키는 품사	수량이나 순서를 나타내는 품사

✔ 체언 **명사**

명사부터 파고들어 볼까? 이 중에서 의존 명사를 특히 잘 이해해 두면 좋아. :)

특정한 사람이나 물건에 쓰이는 이름이면	예 윤혜정, 대한민국	ㄱ ㅇ **명사**
일반적인 사물에 두루 쓰이는 이름이면	예 휴대폰, 신발	ㅂ ㅌ **명사**

자립적으로 쓰일 수 있으면	예 강아지, 하늘	ㅈ ㄹ **명사**
그 앞에 **반드시 꾸미는 말이 있어야** 쓸 수 있다면	예 것, 뿐	ㅇ ㅈ **명사**

> **한 가지 더 배우기!**
>
> ### ✔ 의존 명사일 때, 조사일 때
>
> | 의존 명사 | 조사 |
> |---|---|
> | 너는 구경만 할 **뿐** 아무것도 안 하더라. | 난 정말 너**뿐**이야. |
> | 말하는 **대로** 될 거야. | 처벌하려면 법**대로** 해. |

✔ 체언 **대명사**

쉽게 말해, 대명사는 명사를 대신하는 말이야.

사물의 이름을 대신 가리키면	예 이거, 저거, 그거	ㅈ ㅅ **대명사**
사람의 이름을 대신 가리키면	예 나, 너, 우리, 당신	ㅇ ㅊ **대명사**

> **한 가지 더 배우기!**
>
> ### ✔ 대명사의 종류
>
> - **1인칭**　예 나, 저, 우리, 저희
> - **2인칭**　예 너, 자네, 그대, 당신, 너희
> - **3인칭**　예 그, 이분, 저분, 그분, 이이, 저이, 그이
> - **미지칭**: 특정 대상의 이름이나 신분을 **모를 때**　예 거기 누구세요? 방금 대답한 사람 누구니?
> - **부정칭**: **불특정 대상을 한꺼번에** 지칭할 때　예 거기 아무도 없어요? 아무나 좀 도와 줘.
> - **재귀칭**: 한 번 나온 명사를 **다시** 가리킬 때　예 우리 언니는 자기가 제일 멋지대.

✔ 체언 수사

수량을 가리키면	예 하나, 둘, 일, 이	ㅇ 수사
순서를 가리키면	예 첫째, 둘째	ㅅ 수사

> **한 가지 더 배우기!**
>
> **✔ 수사일 때, 수 관형사일 때**
>
> | 수사 | 수 관형사 |
> |---|---|
> | 사람 **다섯**이 있어. | **다섯** 사람 |

개념 18 관계언

✔ 관계언

체언이나 부사, 어미 따위에 붙어 그 말과 다른 말과의 문법적 관계를 표시하거나 그 말의 뜻을 도와주는 말

✔ 관계언 조사

앞에 오는 체언이 특정한 자격을 갖도록 해 주면 예 사과**가**(주격 조사), 사과**의**(관형격 조사), 사과**를**(목적격 조사), 사과**이다**(서술격 조사)	ㄱ 조사
앞말에 특별한 의미를 더해 주면 예 나**만**(단독), 나**도**(포함), 나**는**(대조), 나**조차**(극단까지 포함)	ㅂ 조사
두 단어를 이어주면 예 나**와** 너, 나**랑** 너, 나**하고** 너	ㅈ ㅅ 조사

> **한 가지 더 배우기!**
>
> **✔ 부사격 조사일 때, 접속 조사일 때**
>
> | 부사격 조사 | 접속 조사 |
> |---|---|
> | 오늘 동생**과** 싸웠어.**(상대)**
엄마**와** 많이 닮았네.**(비교)**
나는 친구**랑** 영화를 봤어.**(함께)** | 나는 국어**와** 수학을 좋아해.**(연결)**
= 나는 국어**,** 수학을 좋아해 |

■ **초성 퀴즈 답** 명사, 대명사, 수사, 관형사, 부사, 감탄사, 조사, 동사, 형용사 / 고유, 보통, 자립, 의존 / 지시, 인칭 / 양, 서 / 격, 보, 접속

✔ 정답 129쪽

STEP.2　개념 Quiz

25636-0090

Q.1　다음 문장의 단어들을 품사의 기능에 따라 구분해서 써 보자.

Ⓐ 가장 넓은 길은 언제나 나의 마음속에 있다.	Ⓑ 그대만큼 사랑스러운 사람을 본 일이 없다.
① 체언	① 체언
② 용언	② 용언
③ 수식언	③ 수식언
④ 관계언	④ 관계언
⑤ 독립언	⑤ 독립언

25636-0091

Q.2　다음 문장에서 조사를 모두 찾아 구분해서 써 보자.

Ⓐ 할아버지께서 공원에 강아지와 산책을 가셨다.	Ⓑ 엄마도, 나와 동생을 데리고 공원에 가겠다고 약속하셨다.	Ⓒ 나의 소원은 제주도와 부산과 경주로 여행을 가는 것이다.
① 격 조사	① 격 조사	① 격 조사
② 보조사	② 보조사	② 보조사
③ 접속 조사	③ 접속 조사	③ 접속 조사

STEP.3 개념 Jump

01

다음은 문법 수업의 내용을 정리한 학생의 노트이다. 이를 바탕으로 보기를 탐구한 내용으로 적절하지 **않은** 것은?

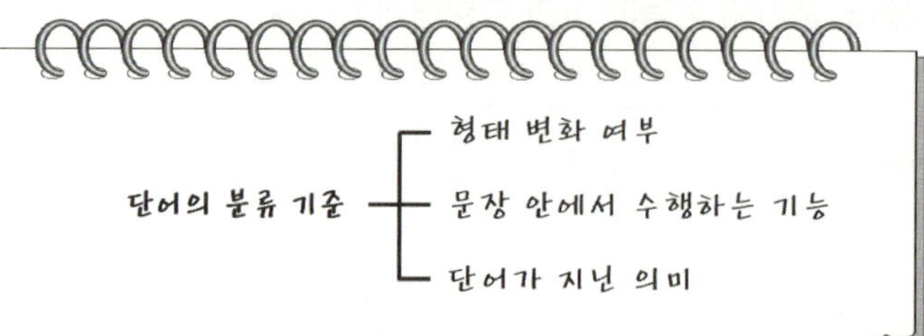

보기

• 우리도 두 팔을 넓게 벌려 원 하나를 이루었다.
• 동생이 나무로 된 탁자에 그린 꽃만 희미하다.

① '도'와 '만'은 형태가 변하지 않는 단어이다. ☐ Ok ☐ No
② '이루었다'와 '그린'은 형태가 변하는 단어이다. ☐ Ok ☐ No
③ '두'와 '하나'는 문장 안에서 수식의 기능을 하는 단어이다. ☐ Ok ☐ No
④ '나무'와 '꽃'은 사물의 이름을 나타내는 단어이다. ☐ Ok ☐ No
⑤ '넓게'와 '희미하다'는 대상의 상태를 나타내는 단어이다. ☐ Ok ☐ No

02

 **보기 1**을 참조하여 **보기 2**의 ㉠~㉤을 판단한 것으로 적절하지 **않은** 것은?

보기 1

인칭대명사는 지시 대상이 화자인지, 청자인지, 화자와 청자 이외의 제삼자인지에 따라 각각 일인칭, 이인칭, 삼인 칭 대명사로 나뉜다. 이 중에 삼인칭 대명사에는 미지칭(未知稱) 대명사, 부정칭(不定稱) 대명사, 재귀대명사가 포함된 다. 미지칭 대명사는 가리킴을 받는 사람의 이름이나 신분을 모를 때, 부정칭 대명사는 정해지지 아니한 사람을 지칭 할 때, 재귀대명사는 앞에 나온 삼인칭 주어를 지칭할 때 쓰인다.

 **보기 2**

초인종이 울린다. "계세요?" 외치는 소리가 들린다.

아들: ㉠**누가** 왔는지 ㉡**제**가 나가 볼게요. (현관으로 나가며) ㉢**누구**세요? (문을 열어 상대방을 확인한다.)
우체부: 택배 왔습니다.
아들: (물건을 건네받아 확인하고) 할머니께서 ㉣**당신**이 손수 말리신 곶감을 보내셨네요. 아버지, 곶감 좀 맛보실래요?
아버지: ㉤**네**가 먼저 먹으렴. 난 이따가 먹을란다.

① ㉠: 부정칭 대명사 ☐ Ok ☐ No   ② ㉡: 일인칭 대명사 ☐ Ok ☐ No
③ ㉢: 미지칭 대명사 ☐ Ok ☐ No   ④ ㉣: 재귀대명사 ☐ Ok ☐ No
⑤ ㉤: 이인칭 대명사 ☐ Ok ☐ No

03

[보기]의 [가]를 바탕으로 [나]를 분석한 내용으로 적절하지 <u>않은</u> 것은?

25636-0094

> [가] 품사는 단어를 '형태', '기능', '의미'를 기준으로 분류한 것이다. ㉠**'형태'**에 따라 불변어, 가변어로, ㉡**'기능'**에 따라 체언, 용언, 수식언, 관계언, 독립언으로 나뉜다. 그리고 ㉢**'의미'**에 따라 명사, 대명사, 수사, 동사, 형용사, 관형사, 부사, 조사, 감탄사로 나뉜다.
>
> [나] 열에 아홉은 매우 착실한 학생이다.

① ㉠에 따라 나누면 '착실한'과 '이다'는 가변어이다. ⬜ Ok ⬜ No

② ㉡에 따라 나누면 '열'과 '학생'은 체언이다. ⬜ Ok ⬜ No

③ ㉡에 따라 나누면 '은'과 '이다'는 관계언이다. ⬜ Ok ⬜ No

④ ㉢에 따라 나누면 '아홉'과 '학생'은 같은 품사이다. ⬜ Ok ⬜ No

⑤ ㉢에 따라 나누면 '매우'와 '착실한'은 다른 품사이다. ⬜ Ok ⬜ No

04

[보기]의 ㉠~㉤에 대해 이해한 내용으로 적절하지 <u>않은</u> 것은?

25636-0095

> **[선생님의 설명]**
>
> 　보조사 '도'는 쓰임새와 의미가 다양해요. 체언뿐만 아니라 연결 어미나 부사, 조사와도 결합할 수 있어요. 또 다양한 문장 성분 자리에 사용되어 '더함'이나 '동격'의 의미를 덧붙입니다. '놀라움의 감정'을 강조하기도 하고, '다른 경우는 더 말할 필요도 없다'는 의미를 나타내기도 하지요. 다음 수업 자료를 보면서 '도'의 다양한 쓰임새와 의미를 알아볼까요?
>
> **[수업 자료]**
>
> 　우리 가족들은 오랜만에 시골에 계신 할아버지 댁을 방문했다. 나는 사촌 동생들과 저녁때까지 신나게 뛰어 놀고 내가 좋아하는 ㉠**축구도** 함께 했다. 주변이 점점 어두워져서 집에 들어왔더니 어머니께서 저녁을 준비하고 계셨다. ㉡**평소에도** 잘 먹지 않던 나물 반찬이 많아 밥만 먹고 있었더니 할머니께서는 ㉢**반찬도** 먹으라며 나무라셨다. 저녁을 대충 먹고 사촌 동생들과 함께 고구마를 ㉣**깎아도 먹고 구워도** 먹었다. 배가 부르자 피곤이 밀려와서 씻기는커녕 옷을 ㉤**갈아입지도** 못하고 잠들어 버렸다.

① ㉠: 보조사 '도'는 목적어 자리에 쓰일 수 있군. ⬜ Ok ⬜ No

② ㉡: 보조사 '도'는 다른 조사와 결합이 가능하군. ⬜ Ok ⬜ No

③ ㉢: 보조사 '도'는 놀라움의 감정을 강조하는 의미를 지니고 있군. ⬜ Ok ⬜ No

④ ㉣: 보조사 '도'를 통해 두 가지 행위가 동등하게 일어남을 알 수 있군. ⬜ Ok ⬜ No

⑤ ㉤: 보조사 '도'를 통해 다른 일도 하지 못했다는 것을 알 수 있군. ⬜ Ok ⬜ No

> 　국어의 9개 품사 중에 체언 3총사, '명사, 대명사, 수사'와 관계언인 '조사'를 공부했어. 오늘도 많은 개념을 배웠지? 잊지 않도록 당일 복습, 그리고 1, 2강에서 배운 내용까지 누적 복습, 잊지 말자. :) >>> 이 문장에 쓰인 조사를 찾아 구분해 보라고 하고 싶네...? ㅋㅋ

오늘 꼭 알아야 할 개념

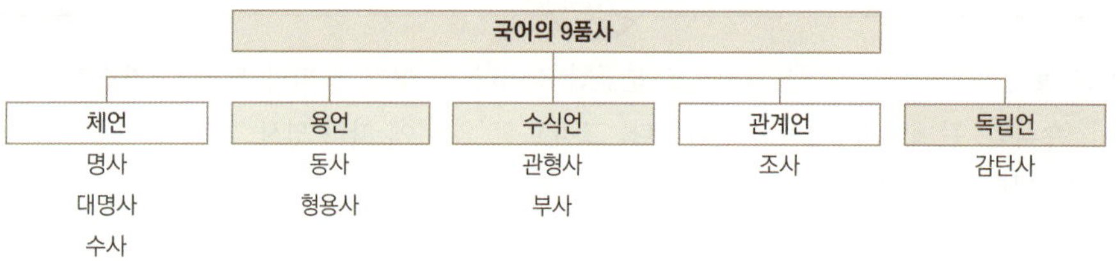

STEP.1 개념 Hi

단어를 기능에 따라 체언, 용언, 수식언, 관계언, 독립언으로 나눌 수 있다는 걸 배웠지? 지난 시간에는 그중에서 체언과 관계언에 대해 배웠어. 돌발 퀴즈! 체언 3총사는? 대답 1초 만에 했어? -_-+ 이번 시간에는 나머지 품사들을 공부할 거야. 오늘도 집중해서 품사 개념을 내 품에~

개념 1 9 용언

용언은 문장에서 **서술어** 기능을 하는 **동사, 형용사**를 말해. '용언'을 풀어서 말하면 '**활용하는 말**'인데, 활용이란 건 쉽게 말해서, 단어가 **모습을 바꿀 수** 있다는 거야. 기억하지? **가변어**. 바로 동사와 형용사는 모양을 잘 바꿔. '자다', '자고', '자니', '자서', '자니까' 이런 식으로. :)

✔ **용언**

문장에서 서술어의 역할을 하는 말

동사	형용사
주어의 동작이나 작용을 나타내는 품사	주어의 상태나 성질을 나타내는 품사

한 가지 더 배우기!

✔ **어간**

활용할 때 변하지 않는 부분

예 **쉬**다, **쉬**고, **쉬**니, **쉬**어서, **쉬**니까

✔ **어미**

활용할 때 변하는 부분

예 쉬**다**, 쉬**고**, 쉬**니**, 쉬**어서**, 쉬**니까**

✔ 용언 **동사**

목적어가 필요하다면	📗 먹다, 부르다	ㅌ **동사**
목적어 **없이** 주어만으로도 충분하다면	📗 피다, 솟다	ㅈ **동사**

✔ 용언 **형용사**

주어의 상태나 성질을 **나타낸다면**	📗 아름답다, 춥다	ㅅ ㅅ **형용사**
주어의 상태나 성질을 **지시한다면**	📗 이러하다, 그러하다, 어떠하다	ㅈ ㅅ **형용사**

한 가지 더 배우기!

✔ 동사와 형용사 구분하기

	동사	형용사
현재 시제	현재 시제 선어말 어미, 쓸 수 있어. 자(다) + -ㄴ- → 잔다 현재 시제 선어말 어미 / ok	그런 거 안 써도 이미 현재형 슬프(다) + -ㄴ- → *슬픈다 현재 시제 선어말 어미 / ?
명령형 청유형	명령형이나 청유형으로 쓸 수 있어. 놀(다) + -아라 / -자 → 놀아라 / 놀자 명령/청유형 어미 / ok	그러라고 하지 마. 그러자고도 하지 마. 속상하(다) + -아라 / 속상하(다) + -자 → *속상하라 / *속상하자 명령/청유형 어미 / ?
진행상	진행상으로 표현할 수 있어. 보(다) + -고 있다 → 보고 있다 진행의 의미 / ok	굳이 진행의 의미를 덧붙이면 어색해. 배고프(다) + -고 있다 → *배고프고 있다 진행의 의미 / ?

한 가지 더 배우기!

✔ 본용언

문장 안에서 **자립**하여 쓰일 수 있으면서 **실질적**인 의미를 나타내는 용언

📗 나는 밥을 먹는다. 나는 생선을 먹어 보았다. 나는 가방에서 쓰레기를 꺼내(서) 버렸다.

✔ 보조 용언

문장 안에서 자립하여 쓰이지 않고 **본용언의 뒤에 붙어서 의미를 더해 주는** 용언

📗 나는 생선을 먹어 보았다. 나는 달리기를 하고 싶다. 나는 만 원을 잃어 버렸다.

✔ 불규칙 활용

어간이 변하는 불규칙 활용	'ㅅ' 불규칙	어간의 끝소리 'ㅅ'이 모음으로 시작하는 어미 앞에서 탈락함. 예 짓- + -어 → 지어　　　　규칙 벗- + -어 → 벗어
	'ㄷ' 불규칙	어간의 끝소리 'ㄷ'이 모음으로 시작되는 어미 앞에서 'ㄹ'로 바뀜. 예 (선생님께) 묻- + -어 → 물어　　규칙 (땅에) 묻- + -어 → 묻어
	'ㅂ' 불규칙	어간의 끝소리 'ㅂ'이 모음으로 시작되는 어미 앞에서 '우'로 변함. 단, '돕다', '곱다': '-아'가 결합되어 '와'로 소리나는 것은 '와'로 적음. 예 (불에) 굽- + -어 → 구워　　　규칙 (허리가) 굽- + -어 → 굽어 　(엄마를) 돕- + -아 → 도와
	'르' 불규칙	어간의 끝음절 '르'가 어미 '-아', '-어' 앞에서 'ㄹㄹ'로 바뀜. 예 흐르- + -어 → 흘러　　　규칙 치르- + -어→치러
	'우' 불규칙	어간 끝의 '우'가 어미 '-어' 앞에서 탈락함. 예 푸- + -어 → 퍼　　　　규칙 주- + -어 → 줘
어미가 변하는 불규칙 활용	'여' 불규칙	어미 '-아/어'가 '여'로 바뀜. 예 하- + -어 → 하여　　　규칙 작- + -아 → 작아
	'러' 불규칙	어미 '-어'가 '-러'로 바뀜. 예 (집에) 이르- + -어→이르러　　규칙 치르- + -어 → 치러
어간과 어미가 모두 변하는 불규칙 활용	'ㅎ' 불규칙	어간 끝의 'ㅎ'이 탈락하고 어간 모음과 어미 '-아/어'가 결합하여 '-애/얘'로 바뀜. 예 하얗- + -아 → 하얘　　　규칙 좋- + -아 → 좋아

개념 20   수식언

✔ 수식언

문장에서 다른 단어들을 꾸며 주는 역할을 하는 말

관형사	부사
체언을 꾸며 주는 품사	**주로 용언**을 꾸며 주는 품사

✔ 수식언 관형사

사람이나 사물의 **모양, 상태, 성질**을 나타낸다면	예 새 옷, 헌 신발	ㅅ ㅅ 관형사
특정한 대상을 **지시**하여 가리킨다면	예 이 분, 그 나무	ㅈ ㅅ 관형사
사물의 **수나 양**을 나타낸다면	예 두 사람, 세 명	ㅅ 관형사

✔ 수식언 부사

사람이나 사물의 **모양, 상태, 성질**을 한정해서 꾸며 준다면	예 잘 잔다, 매우 춥다	ㅅ ㅅ 부사	
처소나 **시간**을 가리켜 한정하거나 앞의 이야기에 나온 사실을 **가리킨다면** 예 내일 보자, 오늘 갔다, 그리 말한다		ㅈ ㅅ 부사	성분 부사
뒤에 오는 말을 부정한다면	예 안 놀아. 못 가	ㅂ ㅈ 부사	
화자의 태도를 나타내 준다면 예 설마 그게 정말일까? 아마 내일쯤 올 거야.		ㅇ ㅌ 부사	
앞의 체언이나 문장의 뜻을 뒤의 체언이나 문장에 **이어 주면서** 뒤의 말을 꾸며 준다면 예 그러나 난 할 수 있다. 그리고 결국 해냈다.		ㅈ ㅅ 부사	문장 부사

개념 21   독립언

✔ 독립언

문장에서 다른 단어들과 관계없이 독립적인 역할을 하는 말

✔ 독립언 감탄사

말하는 이의 놀람, 느낌, 의지, 부름, 대답 등을 나타내는 품사

예 앗, 어머나, 네, 여보세요, 글쎄, 어

■ **초성 퀴즈 답** 타, 자, 성상, 지시 / 성상, 지시, 수, 성상, 지시, 부정, 양태, 접속

STEP.2　개념 Quiz

25636-0096

Q.1　보기 의 밑줄 친 단어들이 수사인지, 수 관형사인지 **구분하여 써 보자.**

보기

① 나는 가방에서 공책 **하나**를 꺼냈다.
② **둘째** 주 금요일에 동아리 활동을 한다.
③ 어제 친구 **세** 명과 스터디카페에 갔다.
④ 방학 동안 책을 **여섯** 권이나 읽을 수 있었다.

①　　　　　　　　　　　　　　　②

③　　　　　　　　　　　　　　　④

+ 보기 의 밑줄 친 단어들 중, 수사로 쓰이기도 하고, 수 관형사로도 쓰이는 단어는 무엇일까?

＞

25636-0097

Q.2　보기 1 을 참고하여 보기 2 의 밑줄 친 단어들이 형용사인지, 관형사인지 **구분하여 써 보자.**

보기 1

　형용사와 관형사를 구별하는 기준의 하나로 '서술하는 기능'이 있다. 예를 들어, '동물원에는 큰 사자가 있다.'에서 '큰'은 '사자가 크다'처럼 주어인 '사자가'를 서술하는 기능을 하므로 형용사이다. 그러나 관형사는 그런 기능을 하지 못한다.

보기 2

① 그는 정말 **아름다운** 사람이다.
② **웬** 사람이 그렇게 많은지 모르겠다.
③ 페인트 칠을 하고 나니 **새** 가구가 되었다.
④ 그 소식을 들은 **모든** 사람들이 모두 기뻐했다.
⑤ 담당자의 **빠른** 일처리로 문제가 잘 해결되었다.

①　　　　　　　　　　　　　　　②

③　　　　　　　　　　　　　　　④

⑤

Q.3 보기1을 참고하여 보기2의 밑줄 친 단어들이 관형사인지, 대명사인지, 부사인지 **구분하여 써 보자.**

관형사, 대명사, 부사 중에는 '이, 그, 여기, 이리, 그리' 등과 같이 '지시성'을 지닌 단어들이 있다. 이들은 지시성이라는 공통점 때문에 구별이 쉽지 않으므로 문장 내에서의 기능을 통해 단어의 품사를 파악해야 한다.

① **이** 사과는 맛있게 생겼다.
② **그** 책 좀 나에게 빌려줄 수 있어?
③ **여기**가 바로 우리의 고향입니다.
④ **이리** 가까이 오게.
⑤ **그리** 물건을 보내겠습니다.

①　　　　　　　　②

③　　　　　　　　④

⑤

Q.4 보기1을 참고하여 보기2의 밑줄 친 단어들이 본용언인지, 보조 용언인지 **구분하여 써 보자.**

본용언은 실질적인 뜻을 나타내고, 보조 용언은 본용언과 연결되어 그것의 뜻을 보충하는 역할을 한다.
예 사람들이 모두 가 버렸다.: '버렸다'는 '가다'의 행동이 이미 끝났음을 나타내는 뜻을 보충함.

① 영화는 밥을 먼저 먹고 **보자**.
② 힘이 드니 잠시 여기 있다 **가자**.
③ 친구들과 운동장에서 놀고 **왔다**.
④ 철수는 아까부터 의자에 앉아 **있다**.
⑤ 봄에는 제주도로 여행을 가고 **싶다**.

①　　　　　　　　②

③　　　　　　　　④

⑤

01

| 고1 전국연합학력평가 |

를 바탕으로 탐구한 내용으로 적절하지 **않은** 것은?

25636-0100

> **보기**
>
> ◦동사와 형용사의 특징
> ▸ 동사는 선어말 어미 '-는-/-ㄴ-'의 결합으로, 형용사는 기본형으로 현재 시제를 나타냄.
> ▸ 관형사형 어미 '-(으)ㄴ'이 결합했을 때, 동사는 과거 시제를 나타내지만, 형용사는 현재 시제를 나타냄.

① '감이 떫다.'에서는 기본형으로 현재 시제를 나타내고 있기 때문에 '떫다'는 형용사이군. `Ok` `No`

② '책을 읽는다.'에서는 선어말 어미 '-는-'이 결합하여 현재 시제를 나타내고 있기 때문에 '읽다'는 동사이군. `Ok` `No`

③ '친구와 논다.'에서는 선어말 어미 '-ㄴ-'이 결합하여 현재 시제를 나타내고 있기 때문에 '놀다'는 동사이군. `Ok` `No`

④ '집에 간 사람'에서는 관형사형 어미 '-(으)ㄴ'이 결합하여 과거 시제를 나타내고 있기 때문에 '가다'는 동사이군. `Ok` `No`

⑤ '우리가 이긴 시합'에서는 관형사형 어미 '-(으)ㄴ'이 결합하여 현재 시제를 나타내고 있기 때문에 '이기다'는 형용사이군. `Ok` `No`

02

| 고1 전국연합학력평가 |

는 '용언의 활용'에 대한 설명이다. ㉠의 예로 적절하지 **않은** 것은?

25636-0101

> **보기**
>
> 용언이 활용할 때 어간이나 어미의 기본 형태가 바뀌지 않거나 바뀌어도 일반적인 음운 규칙으로 설명할 수 있는 경우를 '규칙 활용'이라고 한다. 반면, 어간이나 어미의 기본 형태가 바뀌는 것을 일반적인 음운 규칙으로 설명할 수 없는 경우를 ㉠'불규칙 활용'이라고 한다.
>
> (가) 그녀가 모자를 **벗는다**.
>   그녀가 모자를 **벗으며** 방으로 들어간다.
> (나) 그는 시골에 집을 **짓고** 있다.
>   그는 시골에 집을 **지으며** 행복해 했다.
>
> (가)는 어간 '벗-' 뒤에 어미 '-으며'가 붙었을 때 어간의 형태가 바뀌지 않는 규칙 활용을 하는 반면, (나)는 어간 '짓-' 뒤에 어미 '-으며'가 붙었을 때 어간의 형태가 '지-'로 바뀌는 불규칙 활용을 한다.

① 그는 우물에서 물을 **퍼** 먹었다. `Ok` `No`

② 그는 형의 말을 비밀로 **묻어** 두었다. `Ok` `No`

③ 그녀는 음악을 **들으면서** 공부를 한다. `Ok` `No`

④ 그녀는 어머니를 **도와** 집안일을 하였다. `Ok` `No`

⑤ 그녀는 옥상에 **올라** 하늘을 바라보았다. `Ok` `No`

03

 는 문법 수업의 일부이다. 선생님의 설명에 따라 밑줄 친 단어를 이해한 내용으로 적절하지 **않은** 것은?

보기

> **선생님**: 관형사는 체언을 꾸며 주는 품사로 뒤에 오는 체언의 성질이나 상태를 분명하게 해 주는 성상 관형사, 구체적인 대상을 지시해 주는 지시 관형사, 수량을 나타내는 수 관형사로 구분할 수 있습니다. 이러한 관형사는 형태가 변하지 않고 어떤 조사와도 결합하지 않는 특징이 있습니다.
>
> ㄱ. **이** 상점, **두** 곳에서는 **헌** 물건을 판다.
> ㄴ. 우리 **다섯**이 **새로** 산 구슬을 나눠 가지자.
> ㄷ. 나는 오늘 어머니께 드릴 **새** 옷 **한** 벌을 샀다.

① ㄱ에서 '이'는 '상점'을 꾸며 주는 지시 관형사이다. ［Ok│No］
② ㄱ에서 '헌'은 체언인 '물건'의 상태를 드러내 준다. ［Ok│No］
③ ㄴ의 '다섯'은 조사와 결합하는 것을 보니 관형사가 아니다. ［Ok│No］
④ ㄱ의 '두'와 ㄷ의 '한'은 수량을 나타내는 수 관형사이다. ［Ok│No］
⑤ ㄴ의 '새로'와 ㄷ의 '새'는 형태가 변하지 않는 성상 관형사이다. ［Ok│No］

04

 에 대한 설명으로 가장 적절한 것은?

보기

> 부사는 수식하는 범위에 따라 문장의 한 성분을 수식하는 성분 부사와 문장 전체를 수식하는 문장 부사로 나뉜다. 이 중 성분 부사는 주로 용언을 수식하지만 때로는 체언을 수식하거나 관형사, 부사를 수식하는 경우도 있다.
>
> ㄱ. 그녀는 **매우** 빨리 달린다.
> ㄴ. **설마** 나에게 맞는 옷이 없을까?
> ㄷ. 우리 학교 **바로** 옆에 우체국이 있다.
> ㄹ. 내 차는 얼마 전까지 **아주** 새 차였다.
> ㅁ. **과연** 그 아이는 재능이 **정말** 뛰어나군.

① ㄱ에서 '매우'는 용언을 수식하고 있다. ［Ok│No］
② ㄴ에서 '설마'는 체언을 수식하고 있다. ［Ok│No］
③ ㄷ에서 '바로'는 부사를 수식하고 있다. ［Ok│No］
④ ㄹ에서 '아주'는 관형사를 수식하고 있다. ［Ok│No］
⑤ ㅁ에서 '과연'과 '정말'은 문장을 수식하고 있다. ［Ok│No］

> 지난 시간에는 체언과 관계언, 이번 시간에는 용언, 수식언, 독립언을 더 배웠어. 품사의 개념을 탄탄하게 이해해 두면, 다른 국어 개념을 공부할 때에도 아주 큰 도움이 돼. 특히 체언, 용언, 어간, 어미와 같은 기본 개념들은 정말 자주 나오니까, 정확하게 이해해 놓도록 하자. :)

05강 형태소와 단어

오늘 꼭 알아야 할 개념

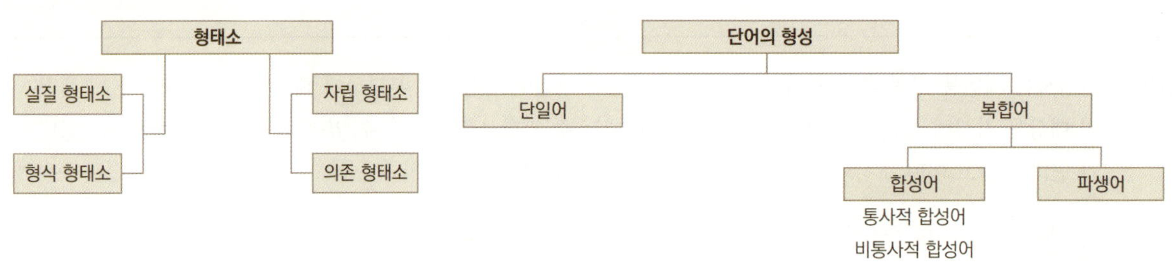

STEP.1 개념 Hi

오늘의
개념

이번에 배울 중요한 개념은 **합성어**와 **파생어**야. 그런데 단어가 어떻게 형성되는지를 알기 위해서는 **어근**과 **접사**라는 개념을 알고 있어야 하거든. 기본 개념부터 탄탄히 배워보자. :)

개 념 2 2 형태소

'쌤, 지난 시간에 어근 배웠잖아요.' 라고 생각한 사람? ㅎㅎ 그건 어간이고, 어근에 대해 배우기 전에 어근보다 더 작은 요소인 **형태소**부터 정리하고 들어가 볼까?

✔ **형태소**

ㅇㅁ 를 가진 가장 작은 말의 단위

이때의 **의미**는 두 가지로 나눠 볼 수 있어.

의미	실질적 의미	구체적인 대상, 또는 대상의 동작이나 상태를 설명하는 등의 실제 뜻이 있는 의미
	문법적 의미	문법적 기능을 나타내는 형식적인 의미

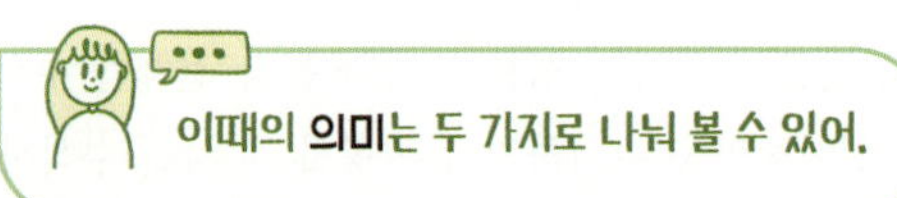
예 하늘은 새파랗고 바람은 따뜻한 날입니다.

✔ 형태소의 종류

실질적인 의미에 따라	실질적인 의미를 나타낸다면	체언, 수식언, 감탄사, **용언의 어간**	ㅅ ㅈ **형태소**
	문법적인 의미를 나타낸다면	조사, 용언의 어미, 접사	ㅎ ㅅ **형태소**
자립성 유무에 따라	혼자 쓰일 수 있다면	체언, 수식언, 감탄사	ㅈ ㄹ **형태소**
	혼자 쓰일 수 없다면	조사, **용언의 어간**과 어미, 접사	ㅇ ㅈ **형태소**

예	꿈을 찾게 되는 날이 있을까요										
단어	꿈	을	찾게		되는		날	이	있을까요		
형태소	꾸-	-ㅁ	을	찾-	-게	되-	-는	날	이	있-	-을까	요
	어근	접사	조사	어간	어미	어간	어미	명사	조사	어간	어미	조사
의미	실질	형식	형식	실질	형식	실질	형식	실질	형식	실질	형식	형식
자립성	의존	의존	의존	의존	의존	의존	의존	자립	의존	의존	의존	의존

개념 2 3　어근과 접사

✔ 어근

단어를 형성할 때, 실질적인 의미를 나타내는 중심 부분

예 덮개, 어른스럽다

✔ 접사

단어를 형성할 때, 어근에 붙어 의미를 더하거나 품사를 바꿔 주는 부분

예 새파랗다, 멋쟁이

어근의 앞에 붙는다면	예 맨손, 휘젓다	접 ㄷ 사
어근의 뒤에 붙는다면	예 구경꾼, 먹이	접 ㅁ 사

어근과 어간이 생긴 게 비슷하다는 이유로 헷갈려 하는 사람이 많아. 어근은 파생어, 합성어처럼 단어의 형성을 논할 때 쓰는 말이야. 어근과 접사가 개념 짝꿍이라고 생각하면 돼. 어간은 동사와 형용사의 활용을 논할 때 쓰는 말이야. 그래서 어간은 어미와 개념 짝꿍인 거야.

 단어의 형성

✔ 단어

의미를 가지고 홀로 자립하여 쓰일 수 있는 말, 홀로 쓰일 수 있는 말에 붙어서 쉽게 분리되는 말(조사)

단일어	복합어	
	합성어	파생어
하나의 어근(실질 형태소)으로 이루어진 단어	둘 이상의 어근(실질 형태소)이 결합된 단어	어근(실질 형태소)에 접사(형식 형태소)가 붙어 이루어진 단어

✔ 합성어

우리말의 문장 구조에서 확인되는 **일반적인 단어 배열에 따라** 만들어졌다면 예 손발(명사+명사), 첫사랑(관형사+명사), 작은형(용언의 관형사형 + 명사), 　　힘들다(명사+용언), 다시없다(부사+용언), 돌아가다(용언의 어간+연결 어미+용언)	ㅌ ㅅ적 합성어
우리말의 문장 구조에서 확인되는 **일반적인 단어 배열에 어긋난다면** 예 덮밥(용언의 어간+체언), 여닫다(용언의 어간+용언), 산들바람(부사+체언), 　　부슬비(비자립적 어근+체언), 독서(서술어+목적어)	ㅂ ㅌ ㅅ적 합성어

✔ 파생어

어근 앞에 **접두사가 붙어 특정한 의미가 더해졌다면** 예 맨눈, 한겨울, 엿듣다, 드높다, 덧니, 헛소문	ㅈ ㄷ 파생어
어근 뒤에 **접미사가 붙어 뜻이 제한되거나 품사가 바뀌었다면** 예 달리기, 날개, 굽히다, 건강하다, 신비롭다, 일찍이	ㅈ ㅁ 파생어

> **한 가지 더 배우기!**
>
> ### ✔ 직접 구성 요소
>
> 한 단어를 일차적으로 둘로 나누었을 때, 나누어지는 두 요소
>
> 예 말/다툼　　곁눈/질
> 　　　↓　　　　　↓
> 　　합성어　　　파생어

■ **초성 퀴즈 답** 의미, 실질, 형식, 자립, 의존 / 두, 미 / 통사, 비통사, 접두, 접미

STEP.2 개념 Quiz

25636-00104

Q.1 보기의 문장을 형태소 단위로 나누어 보고 빈칸에 알맞은 말을 써 보자.

> **보기**
>
> 경찰이 도둑을 잡았다.

형태소							
자립 / 의존							
실질 / 형식							

25636-0105

Q.2 어근에 접사가 붙기 전과 후의 품사를 적고, 보기의 ㉠에 해당하는 사례인지 O/X로 답해 보자.

> **보기**
>
> 파생어는 어근에 접사가 붙어 이루어진 단어이다. 파생어 중에는 어근에 특정한 뜻을 더하는 접사가 붙어 이루어진 단어가 있다. 예를 들어 '풋사과'는 어근 '사과' 앞에 '아직 덜 익은'이라는 뜻을 가진 접사 '풋-'이 붙어 이루어진 단어이다. 또한 파생어 중에는 ㉠어근의 품사를 바꾸는 접사가 붙어 이루어진 단어도 있다. 예를 들어 명사 '웃음'은 동사 '웃다'의 어근 '웃-'에 접사 '-음'이 붙어 명사가 된 것이다.

① 일찍이 [　　→　　] O X 　② 마음껏 [　　→　　] O X

③ 가리개 [　　→　　] O X 　④ 높이다 [　　→　　] O X

⑤ 슬기롭다 [　　→　　] O X

Q.3 〈보기〉의 ㉠~㉢에 들어갈 단어를 적어 보자.

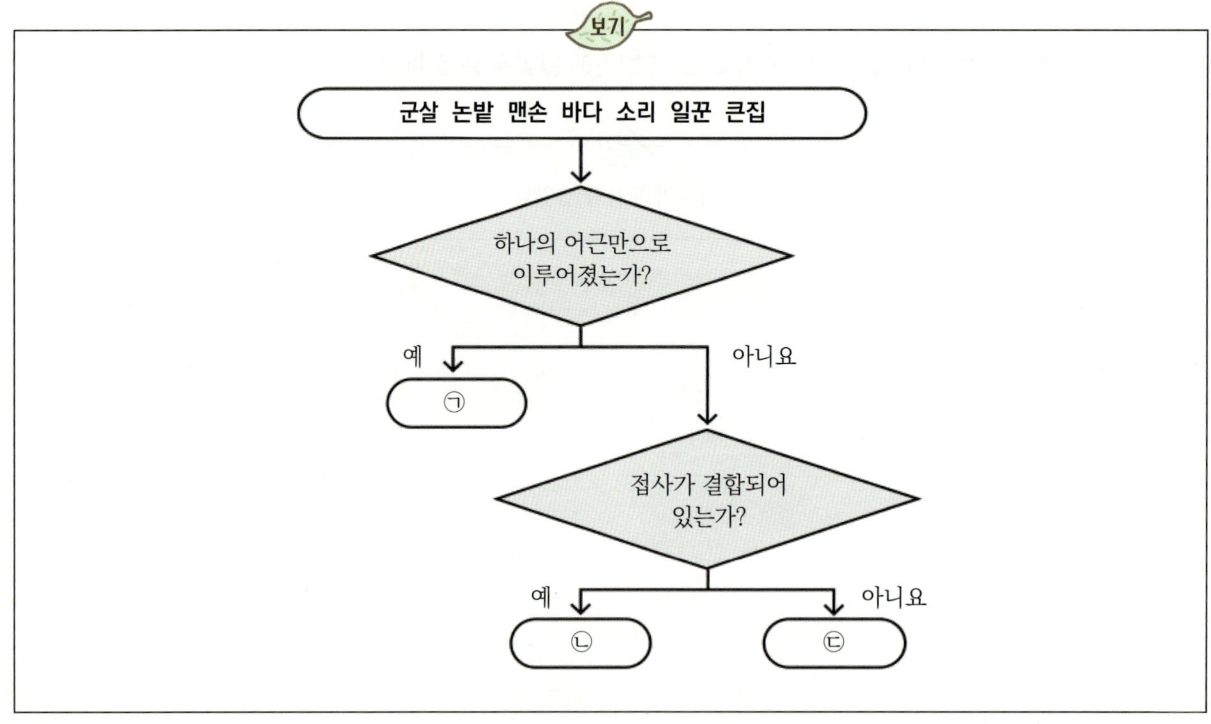

① ㉠:

② ㉡:

③ ㉢:

Q.4 각 단어를 직접 구성 요소로 나누어 보고, 〈보기〉의 ㉠에 해당하는 사례인지 O/X로 답해 보자.

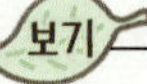

> 셋 이상의 형태소로 이루어진 단어의 구조를 파악하기 위해서는 먼저 그 단어를 직접 이루고 있는 두 요소를 파악해야 한다. 예컨대 '볶음밥'은 의미상 '볶음'과 '밥'으로 먼저 나뉜다. '볶음'은 다시 '볶-'과 '-음'으로 나뉜다. 따라서 '볶음밥'은 ㉠**'(어근 + 접미사) + 어근'**의 구조로 된 합성어이다.

① 집안일 O X 　　② 내리막 O X 　　③ 놀이터 O X

④ 코웃음 O X 　　⑤ 울음보 O X

STEP.3 개념 Jump

[01-02] 다음 글을 읽고 물음에 답하시오.　　　　　　　　　| 고1 전국연합학력평가 |

　단어를 구성하는 요소에는 어근과 접사가 있다. 어근은 단어를 구성하는 요소 중 실질적인 의미를 나타내는 부분이며, 접사는 어근과 결합하여 어근에 특정한 의미를 더하거나 어근의 의미를 제한하는 부분이다. 접사는 어근의 앞에 위치하는 접두사와 어근 뒤에 위치하는 접미사로 나뉘는데, 항상 다른 말과 결합하여 쓰이기에 홀로 쓰이지 못함을 나타내는 붙임표(-)를 붙인다. 예를 들어 '햇-, 덧-, 들-'과 같은 말은 접두사이고, '-지기, -음, -게'와 같은 말은 접미사이다.

　단어는 그 짜임에 따라 단일어와 복합어로 구분된다. 단일어는 하나의 어근으로만 이루어진 단어를 이르는 말이다. 그리고 복합어는 어근과 어근의 결합으로 이루어진 합성어와, 어근과 접사의 결합으로 이루어진 파생어를 아울러 이르는 말이다. 가령 '밤'이나 '문'과 같이 하나의 어근으로만 이루어진 단어는 단일어이며, 어근 '밤', '문'이 각각 또 다른 어근과 결합한 '밤나무', '자동문'은 합성어이다. 또한 어근 '밤'과 접두사 '햇-'이 결합한 '햇밤', 어근

'문'과 접미사 '-지기'가 결합한 '문지기'는 파생어이다.

[A] 　복합어는 어근과 어근으로 이루어진 합성어나 어근과 접사로 이루어진 파생어에 어근이나 접사가 다시 결합하여 형성되기도 한다. 이와 같은 복잡한 짜임의 단어를 이해할 때 활용되는 방법으로 직접 구성 성분 분석이 있다. 직접 구성 성분 분석은 단어를 둘로 나누는 방법으로, 나뉜 두 부분 중 하나가 접사일 경우 그 단어를 파생어로 보고, 두 부분 모두 접사가 아닐 경우 합성어로 본다.

　가령 단어 '코웃음'은 직접 구성 성분을 '코'와 '웃음'으로 보기에 합성어로 분류한다. 이는 '코'가 어근이며, '웃음'이 어근 '웃-'과 접미사 '-음'으로 이루어진 파생어임을 고려한 것이다. 물론 '코웃음'의 직접 구성 성분을 '코웃-'과 '-음'으로 분석할 수도 있다. 그러나 '코웃-'은 존재하지 않고 '코'와 '웃음'만 존재하며, 의미상으로도 '코+웃음'의 분석이 자연스럽기에 직접 구성 성분을 '코'와 '웃음'으로 분석한다. 이처럼 직접 구성 성분 분석은 단어의 짜임을 체계적으로 이해하는 데에 도움이 된다.

---

01 윗글에 대한 이해로 적절하지 <u>않은</u> 것은?　　　25636-0108

① 단일어는 하나의 어근으로만 이루어진다.　　[Ok | No]

② 합성어나 파생어는 모두 복합어에 포함된다.　　[Ok | No]

③ 접사는 홀로 쓰이지 못하기에 붙임표(-)를 붙인다.　　[Ok | No]

④ 복합어는 접사가 어근과 결합하는 위치에 따라 둘로 나뉜다.　　[Ok | No]

⑤ 접사는 어근과 결합하여 어근에 특정한 의미를 더하거나 어근의 의미를 제한한다.　　[Ok | No]

---

02 [A]를 참고할 때, 〈보기〉의 ㉠에 해당하는 짜임을 가진 단어로 가장 적절한 것은?　　25636-0109

〈보기〉

　'가재의 집게발'에서 '집게발'은 아래와 같이 <u>㉠직접 구성 성분이 '[어근+접사]+어근'으로 분석되는 합성어</u>이다.

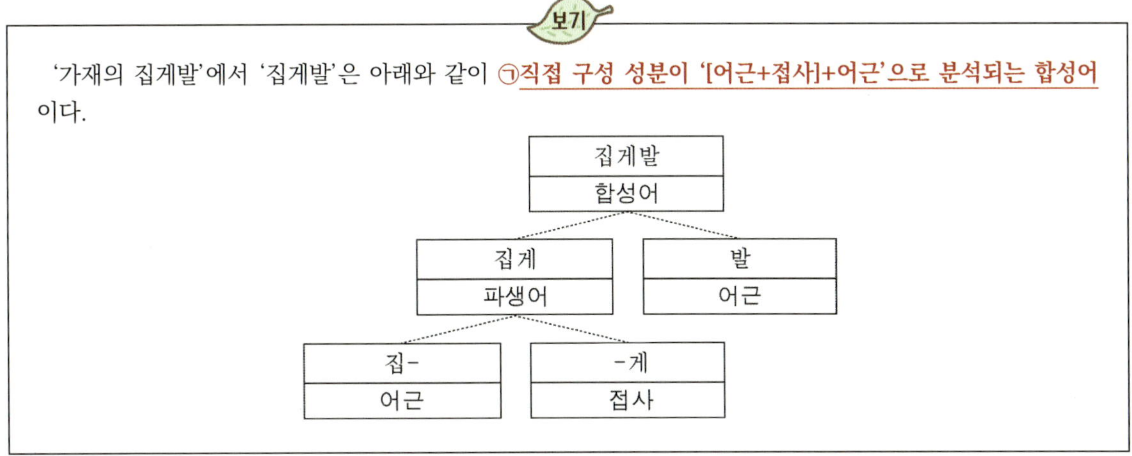

① 볶음밥　[Ok | No]　　② 덧버선　[Ok | No]　　③ 문단속　[Ok | No]

④ 들고양이　[Ok | No]　　⑤ 창고지기　[Ok | No]

03

보기 의 ⓐ와 ⓑ에 들어갈 자료를 바르게 짝지은 것은?

25636-0110

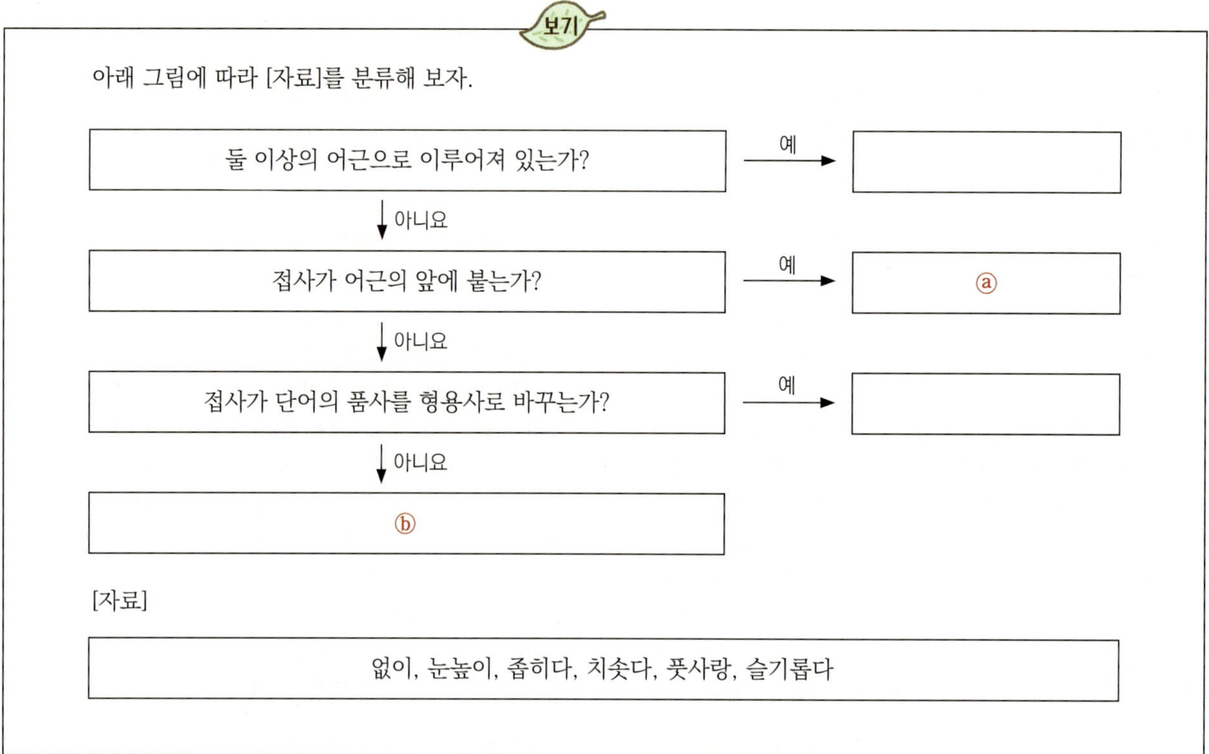

	ⓐ		ⓑ	
①	눈높이, 치솟다	Ok | No	풋사랑, 슬기롭다	Ok | No
②	눈높이, 슬기롭다	Ok | No	없이, 좁히다	Ok | No
③	좁히다, 슬기롭다	Ok | No	없이, 풋사랑	Ok | No
④	치솟다, 풋사랑	Ok | No	좁히다, 슬기롭다	Ok | No
⑤	치솟다, 풋사랑	Ok | No	없이, 좁히다	Ok | No

04

 의 ㉠에 해당하는 것만을  에서 있는 대로 고른 것은?

25636-0111

보기 1

합성어는 명사와 명사의 결합, 용언의 관형사형과 명사의 결합, 부사와 용언의 결합처럼 어근과 어근의 연결이 우리말의 어순이나 단어 배열법과 일치하는 ㉠통사적 합성어와 용언의 어간과 명사의 결합, 용언의 어간에 용언의 어간이 직접 결합한 것처럼 우리말의 어순이나 단어 배열법과 일치하지 않는 비통사적 합성어로 나눌 수 있다.

보기 2

덮밥, 돌다리, 하얀색, 높푸르다, 잘생기다

① 돌다리, 높푸르다   Ok | No
② 덮밥, 돌다리, 하얀색   Ok | No
③ 덮밥, 하얀색, 높푸르다   Ok | No
④ 돌다리, 하얀색, 잘생기다   Ok | No
⑤ 돌다리, 하얀색, 높푸르다, 잘생기다   Ok | No

내가 그리는 개념 마인드맵

국어의 문법 개념들은 서로 연결, 연결되기 때문에 기본적인 개념들부터 탄탄하게 잘 이해해 놓는 것이 중요해. 이번 시간에 배운 어근과 접사, 합성어와 파생어, 직접 구성 요소 등 잘 챙겨 놓아야 하는 개념들이 정말 많았어. 머릿속에 서랍을 만들어 놓고, 서랍 안에 개념들을 잘 분류해서 착착 넣어 놓는 작업이 필요해. ㅎㅎ 힘내!

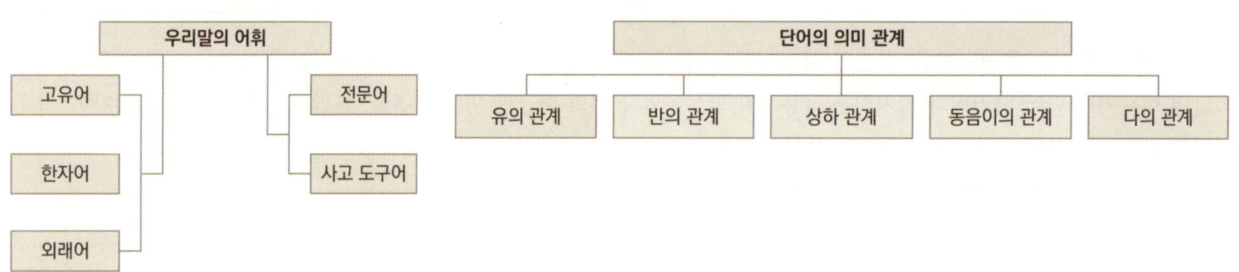

오늘 꼭 알아야 할 개념

우리말의 어휘
- 고유어
- 한자어
- 외래어
- 전문어
- 사고 도구어

단어의 의미 관계
- 유의 관계
- 반의 관계
- 상하 관계
- 동음이의 관계
- 다의 관계

STEP.1 개념 Hi

ㅎㅎ 이번 시간은 힐링(?)의 시간. 복잡하고 어려운 개념들을 덜 만나게 되는 시간이야. 이번 시간에 배우는 내용은 어렵지는 않지만, 국어사전을 활용한 문제로 시험에 자주 등장하니까 집중해서 잘 공부해 두자. :)

개념 2 5 우리말의 어휘

우리말 어휘는 **고유어, 한자어, 외래어**로 나눠 볼 수 있어.

✔ 고유어/한자어/외래어

고유어	한자어	외래어
우리말에 본디부터 있던 단어나 그것에 기초하여 새로 만들어진 말  아버지, 어머니, 하늘, 땅	**한자**에 기초하여 만들어진 말 예 부친, 모친, 천지	**외국에서 들어온 말**로 국어에서 널리 쓰이는 말 예 버스, 컴퓨터, 피아노
☑ 우리 ㅁㅈ 의 정서나 감각을 드러내는 단어가 많음.	☑ 고유어에 비해 더 ㅂㅎ 된 의미를 지님. ☑ ㅊㅅ 적인 개념이나 ㅈㅁ 분야의 개념을 의미하는 단어가 많음.	☑ 외국어와 달리 마땅히 우리말로 고쳐 쓸 말이 없음. ☑ 오늘날 그 수가 점점 늘고 있음.

✔ 전문어/사고 도구어

전문어	사고 도구어
특정한 ㅈㅁ 분야에서 주로 사용하는 용어 예 오퍼레이션(수술), 랜딩(착륙), 패소(소송에서 짐.)	ㄴㄹ 및 ㅅㄱ 전개 과정을 드러내는 단어 예 주관화, 개관, 고찰
☑ ㅈㅁ 성이 필요한 분야에서 그 일을 ㅎㄱ 적으로 하기 위하여 사용함. ☑ 의미가 정확하고 자세함. ☑ 일반적인 담화 상황에서 무분별하게 사용하면 의사소통에 지장을 주거나 상대에게 정서적 소외감을 느끼게 할 수 있음.	☑ 논리적·이론적·학문적 영역에서 주로 사용하는 ㅊㅅ 적 어휘들임.

개념 26 단어의 의미 관계

✔ 단어의 의미 관계

유의 관계	의미가 ㄱ 거나 ㅂㅅ 한 둘 이상의 단어가 맺는 의미 관계 예 친구≒벗	A≒B 유의어
반의 관계	서로 ㄷㄹ 되는 뜻을 가진 단어들간의 의미 관계 예 삶↔죽음	A↔B 반의어
상하 관계	한쪽이 의미상 다른 쪽을 ㅍㅎ 하거나 ㅍㅎ 되는 의미 관계 예 나무⊃소나무	A 상의어 B　C　D 하의어
다의 관계	ㄷ 가지 이상의 뜻을 가진 단어의 각 의미들 사이의 관계 예 손 「1」손으로 잡다. 「2」손이 부족하다. 「3」손에 넣다	A 「1」______ 「2」______ 「3」______ 다의어
동음이의 관계	ㅅㄹ 는 같으나 ㄸ 이 다른 단어들의 의미 관계 예 쓰다 쓰다¹ 글씨를 쓰다. 쓰다² 모자를 쓰다. 쓰다³ 나물이 쓰다.	A¹ ______ A² ______ A³ ______ 동음이의어

✔ 반의어의 종류

A의 부정이 B가 되고, **B의 부정이 A가** 된다면 예 참 ↔ 거짓, 죽다 ↔ 살다	ㅅ ㅂ **반의어**
A와 B 사이에 **정도나 등급**이 있어서 대립한다면 예 쉽다 ↔ 어렵다, 높다 ↔ 낮다	ㄷ ㄱ **반의어**
A와 B가 **상대적 관계**를 가지고 있으면서 의미상 대칭을 이룬다면 예 왼쪽 ↔ 오른쪽, 사다 ↔ 팔다	ㅂ ㅎ **반의어**

개 념 2 7 단어의 의미 변화

✔ 의미 변화의 원인

어떤 단어가 다른 단어와 **자주 함께 쓰이면서** 하나의 단어만으로도 다른 단어의 의미를 포함하여 나타내게 되었다면 예 머리(머리카락), 아침(아침밥)	ㅇ ㅇ 적 원인
과학기술의 발달과 사회 제도, 풍속의 변화 등으로 어떤 단어가 **지칭하는 대상이 없어지거나 변함으로써 단어의 의미가 변하게** 되었다면 예 양반	ㅇ ㅅ 적 원인
일반적 단어가 **특수 집단에서** 쓰이거나, 특수 집단에서 쓰이던 단어가 **일반 사회에서** 사용되게 되었다면 예 망나니	ㅅ ㅎ 적 원인
단어에 대한 인식이 달라지거나 단어를 사용하는 사람의 **심리적 특성**으로 인해 의미 변화가 나타나게 되었다면 예 마마(천연두)	ㅅ ㄹ 적 원인

✔ 의미 변화의 유형

이미 사용되고 있던 단어의 **의미를 확대**시켜 사용하게 되었다면 예 세수(손을 씻음 → 손과 얼굴을 씻음)	의미의 ㅎ ㄷ
단어가 지시하던 의미의 범위가 원래보다 더 **좁아지게** 되었다면 예 얼굴(몸 전체 → 안면)	의미의 ㅊ ㅅ
단어가 의미하는 바가 **달라지게** 되었다면 예 어리다(어리석다 → 나이가 적다)	의미의 ㅇ ㄷ

■ **초성 퀴즈 답** 민족, 분화, 추상, 전문, 전문, 전문, 효과, 논리, 사고, 추상 / 같, 비슷, 대립, 포함, 포함, 두, 소리, 뜻, 상보, 등급, 방향 / 언어, 역사, 사회, 심리, 확대, 축소, 이동

✔ 정답 130쪽

STEP.2 개념 Quiz

25636-0112

Q.1 〈보기〉의 ㉠에 들어갈 고유어로 적절한지 O/X로 답해 보자.

〈보기〉

• 우리말의 고유어와 한자어는 대응 관계를 보이는데, 일(一) 대 다(多)의 관계를 형성하기도 한다.

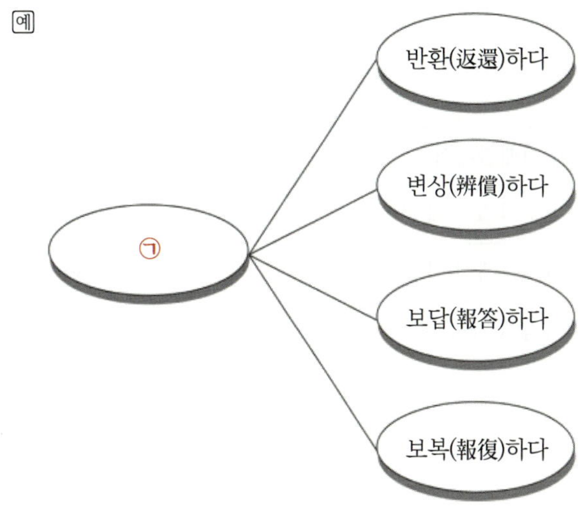

① 주다　O　X　　② 갚다　O　X　　③ 내다　O　X

④ 베풀다　O　X　　⑤ 되돌리다　O　X

25636-0113

Q.2 〈보기〉를 참고하여 각 단어들의 의미 관계를 골라 보자.

〈보기〉

　단어들은 의미를 중심으로 관계를 맺고 있다. 의미가 같거나 비슷한 둘 이상의 단어가 맺는 의미 관계를 유의 관계, 둘 이상의 단어에서 의미가 서로 짝을 이루어 대립하는 의미 관계를 반의 관계, 한 쪽이 의미상 다른 쪽을 포함하거나 다른 쪽에 포함되는 의미 관계를 상하 관계라 한다.

① 　　옷 : 의복　　유의 | 반의 | 상하
② 　환하다 : 밝다　　유의 | 반의 | 상하
③ 　기쁨 : 슬픔　　유의 | 반의 | 상하
④ 　학생 : 남학생　　유의 | 반의 | 상하
⑤ 분명하다 : 명료하다　　유의 | 반의 | 상하
⑥ 숨기다 : 드러내다　　유의 | 반의 | 상하
⑦ 오르다 : 내리다　　유의 | 반의 | 상하

Q.3  보기 1 을 참조하여 보기 2 의 빈칸에 들어갈 알맞은 말을 써 보자.

 보기 1

단어는 문맥에 따라 여러 가지 뜻을 가진다. 그래서 반의어도 여럿이 될 수 있다. 예를 들어 '서다'의 반의어는 "고장이 나서 시계가 서 버렸다."에서는 '가다'이지만, "한참 동안 서 있어서 다리가 아프다."에서는 '앉다'가 된다.

 보기 2

단어	예문		반의어
얻다	졸업한 선배한테서 교복을 **얻어** 왔다.	↔	주다
	그는 친구의 도움에 용기를 **얻었다**.	↔	[A]
사다	마을 사람들에게 인심을 **샀다**.	↔	[B]
	어제 서점에 가서 책을 **샀다**.	↔	[C]

[A]:

[B]:

[C]:

25636-0115

Q.4  는 '타다'의 의미 학습을 위해 활용한 사전의 일부분이다.

①~④의 빈칸에 들어갈 알맞은 말을 써 보자.

보기

타다¹ 동

① 【…에】【…을】 탈것이나 짐승의 등 따위에 몸을 얹다.
　¶ 버스에 타다. / 말을 타다.

② 【…을】
　① 도로, 줄, 산, 나무, 바위 따위를 밟고 오르거나 그것을 따라 지나가다.
　　¶ 원숭이는 나무를 잘 탄다.
　② 어떤 조건이나 시간, 기회 등을 이용하다.
　　¶ 대화가 끊긴 틈을 타 자리에서 일어섰다.

타다² 동

① 【…에서/에게서 …을】 몫으로 주는 돈이나 물건 따위를 받다.
　¶ 회사에서 월급을 타다. / 상을 타다.

② 【…을】 복이나 재주, 운명 따위를 선천적으로 지니다.
　¶ 좋은 팔자를 타고 태어나다.

① 타다¹과 타다²는 둘 다 두 가지 이상의 뜻을 가진 (　　　　　　)이군.

② 타다¹과 타다²는 서로 (　　　　　　) 관계에 있군.

③ 타다¹-②와 타다²는 문장 구조상 (　　　　　　)어를 필요로 하겠군.

④ 타다²-①의 반의어로는 '(　　　　　　)'가 가능하겠군.

STEP.3 개념 Jump

[01-02] 다음 글을 읽고 물음에 답하시오. | 고2 전국연합학력평가 |

국어의 어휘를 구성하고 있는 단어들은 의미를 중심으로 여러 관계를 맺고 있다. 먼저, 의미의 계층상 단어의 한쪽이 다른 쪽을 포함하거나 다른 쪽에 포함되는 관계를 상하 관계라고 하며 이에 따라 다른 단어의 의미를 포함하는 단어를 상의어, 다른 단어에 포함되는 단어를 하의어라 한다. 상의어와 하의어는 의미 성분의 수에 차이가 있는데, 예를 들어 '소년'은 아직 완전히 성숙하지 않은 어린 남자아이를, '총각'은 결혼하지 않은 성년 남자를 의미한다는 점에서 '남자'보다 의미 성분의 수가 많다는 것을 알 수 있다. 이처럼 하의어일수록 의미 성분의 수가 더 많아지고, 그 의미가 구체적으로 한정되어 그 단어가 지시하는 지시 대상의 범위가 좁아진다. 또한, '남자'는 '인간'에 대해서는 하의어이지만 '소년'이나 '총각'에 대해서는 상의어인 것처럼 상의어와 하의어의 관계는 단어에 따라 상대적이라는 특징이 있다.

다음으로, 유사한 의미를 지닌 둘 이상의 단어들끼리 맺고 있는 의미 관계를 유의 관계라고 하며, 이러한 관계에 있는 단어들을 유의어라 한다. '남자'와 '남성', '사내'와 같은 단어들은 의미가 비슷하여 대개 문장에서 서로의 자리에 바꾸어 들어갈 수 있는 유의어들이다. 하지만 그 의미가 완전히 똑같지는 않으므로 어느 경우에나 바꿔 쓸 수 있는 것은 아니다.

마지막으로, 서로 대립되는 의미를 가진 단어들간의 관계를 반의 관계라고 하며, 이 관계에 속하는 단어들을 반의어라고 한다. 반의어는 모든 의미 성분이 대립되는 단어가 아니라 나머지 의미 성분을 공유하고 단 하나의 의미 성분에 대해서만 차이를 가지는 단어이다. 예를 들어, '남자'와 '여자'는 다른 의미 성분은 모두 같지만 '성별'이라는 의미 성분에서만 차이가 있기 때문에 반의 관계에 있다. 하지만 '할아버지'와 '소녀'는 '성별' 외에 '연령'이라는 의미 성분도 다르기 때문에 반의 관계가 아니다. ㉠한 단어가 둘 이상의 반의어를 가질 수도 있는데, 이는 어떤 단어가 여러 의미를 갖는 다의어일 때, 각각의 의미에 따라 반의어가 달라질 수 있는 경우가 있기 때문이다.

이러한 단어들의 관계를 한 단어를 중심으로 하는 어휘 지도를 통해 표현할 수도 있는데, '조류'와 '아버지'라는 단어는 아래의 어휘 지도를 통해 그 의미 관계를 파악할 수 있다.

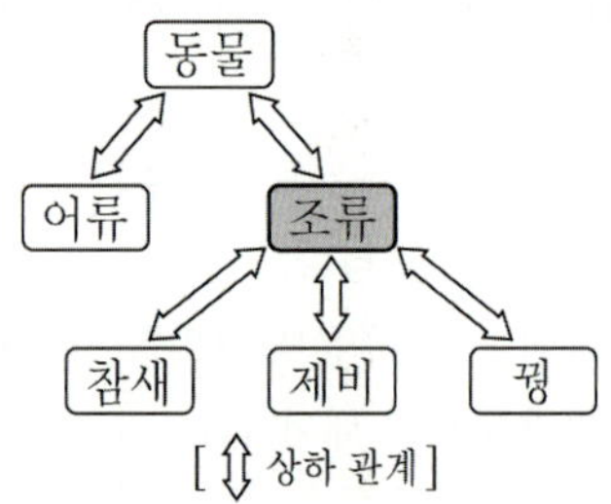

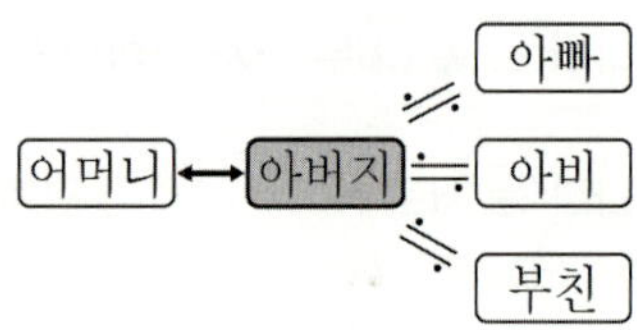

---

01 윗글의 어휘 지도를 이해한 내용으로 적절하지 **않은** 것은?   25636-0116

① '동물'은 '어류'에 비해 단어가 지시하는 지시 대상의 범위가 넓다.   Ok No

② '조류'는 참새', '제비', '꿩'보다 가지고 있는 의미 성분의 수가 많다.   Ok No

③ '아버지'와 '아비'는 의미가 유사하지만 문장에 따라 바꾸어 쓸 수 없는 경우도 있다.   Ok No

④ '아버지'와 '어머니'는 '성별'이라는 의미 성분을 제외한 나머지 의미 성분을 공유하고 있다.   Ok No

⑤ '조류'는 '동물'에 대해서는 하의어이지만 '제비'에 대해서는 상의어이므로 상하 관계의 상대성이 드러난다.   Ok No

02 윗글의 ㉠을 참조하여 **보기** 의 빈칸을 채울 때, ⓐ~ⓒ에 들어갈 말을 바르게 배열한 것은?　25636-0117

보기

단어	예문		반의어
걸다	벽에 그림을 걸고 있었다.	↔	ⓐ
	지금 친구에게 전화를 걸어야 한다.	↔	받다
	ⓑ	↔	열다
	자동차의 시동을 걸었다.	↔	ⓒ

	ⓐ		ⓑ		ⓒ	
①	떼다	Ok | No	대문에 빗장을 **걸었다**.	Ok | No	끄다	Ok | No
②	떼다	Ok | No	솥을 가장자리에 **걸었다**.	Ok | No	끄다	Ok | No
③	떼다	Ok | No	문에 자물쇠를 **걸지** 않았다.	Ok | No	내리다	Ok | No
④	빼다	Ok | No	명예를 **걸고** 임해야 할 것이다.	Ok | No	내리다	Ok | No
⑤	빼다	Ok | No	큰 상금이 **걸려** 있는 대회이다.	Ok | No	풀다	Ok | No

언어학자인 소쉬르는 '시간은 모든 것을 변화시킨다. 언어라고 해서 이 보편 법칙을 벗어날 리가 없다.'라고 했다. 이처럼 시간의 흐름에 따라 언어가 변화하기도 하는데 이를 언어의 특성 중 역사성이라고 한다. 이러한 언어의 역사성을 의미와 형태 측면에서 살펴보자.

단어의 의미 변화 양상에는 의미의 확대, 축소, 이동이 있다. 의미 확대는 단어 본래의 의미보다 그 뜻의 사용 범위가 넓어지는 것이고, 반대로 의미 축소는 본래의 의미보다 그 뜻의 사용 범위가 좁아지는 것이다. 그리고 단어의 의미가 조금씩 달라져서 본래의 의미와 거리가 먼 다른 의미로 바뀌기도 하는데, 이를 ㉠의미 이동이라고 한다.

단어의 형태 변화는 ㉡음운의 변화로 인한 것과 유추로 인한 것 등이 있다. 중세 국어의 음운 중 'ㆍ', 'ㅿ', 'ㅸ' 등이 시간이 지나면서 다른 음운으로 바뀌거나 소실되었는데, 이에 따라 단어의 형태도 바뀌게 되었다. 'ㆍ'는 첫째 음절에서는 'ㅏ'로, 둘째 음절 이하에서는 'ㅡ'로 주로 바뀌었으며 'ㅿ'은 대부분 소실되었고 'ㅸ'은 주로 반모음 'ㅗ/ㅜ'로 바뀌었다. 한편 유추란 어떤 단어가 의미적 혹은 형태적으로 비슷한 다른 단어를 본떠 변화하는 것을 말한다. 과거에 '오다'의 명령형은 '오다'에만 결합하는 명령형 어미 '-너라'가 결합한 '오너라'였으나, 사람들이 일반적인 명령형 어미인 '-아라'가 쓰일 것이라고 유추하여 사용한 결과 현재에는 '-아라'가 결합한 '와라'도 쓰인다.

[A] 이와 같은 역사성뿐만 아니라 언어의 특성에는 언어의 내용인 '의미'와 그것을 나타내는 형식인 '말소리' 사이의 관계가 필연적이지 않다는 자의성, 말소리와 의미는 사회의 인정을 통해 관습적으로 결합되어 있어 그 결합은 개인이 함부로 바꿀 수 없는 약속이라는 사회성, 언어를 통해 연속적인 대상이나 개념을 분절적으로 인식하게 된다는 분절성 등이 있다.

03　[A]를 바탕으로 추론한 내용으로 적절하지 <u>않은</u> 것은?　　25636-0118

① 경계가 뚜렷하지 않은 '무지개'의 색을 일곱 가지 색으로 구분하는 것은 언어를 통해 대상을 분절적으로 인식하는 것이겠군.　Ok No

② 여러 사람들이 '소리 없이 빙긋이 웃는 웃음'을 '미소'라고 말하는 것은 의미와 말소리가 관습적으로 결합되어 있기 때문이겠군.　Ok No

③ 동일한 의미의 대상을 한국어로는 '개', 영어로는 'dog'라고 말하는 것은 의미와 말소리의 관계가 필연적이지 않기 때문이겠군.　Ok No

④ '바다'의 의미를 '나무'라는 말소리로 표현하면 의사소통이 제대로 안 되는 것은 언어가 개인이 함부로 바꿀 수 없는 사회적 약속이기 때문이겠군.　Ok No

⑤ '차다'라는 말소리가 '(발로) 차다', '(날씨가) 차다', '(명찰을) 차다' 등 다양한 의미에 대응하는 것은 연속적인 개념을 언어로 나누어 인식하고 있는 것이겠군.　Ok No

25636-0119

04 〈보기〉는 언어의 역사성과 관련하여 학생이 수집한 자료이다. ⓐ~ⓔ 중 윗글의 ㉠과 ㉡에 모두 해당하는 것은?

〈보기〉

- '어리다'는 '나이가 적다'라는 의미인데 예전에는 '어리석다'라는 의미를 나타냈고, 예전에도 '어리다'의 형태로 쓰였다. ⋯⋯⋯⋯⋯⋯⋯⋯⋯⋯⋯⋯⋯⋯⋯⋯⋯⋯⋯⋯⋯⋯⋯⋯⋯⋯⋯⋯⋯⋯⋯⋯⋯⋯⋯ ⓐ
- '서울'은 '나라의 수도'와 '한반도의 중심부에 있는 도시'를 의미하는데 과거에는 '나라의 수도'만 의미했고, '셔블'의 형태로 쓰였다. ⋯⋯⋯⋯⋯⋯⋯⋯⋯⋯⋯⋯⋯⋯⋯⋯⋯⋯⋯⋯⋯⋯⋯⋯⋯⋯⋯⋯⋯ ⓑ
- '싸다'는 '비용이 보통보다 낮다'라는 뜻의 단어인데 예전에는 '그 정도의 값어치가 있다'라는 의미를 나타냈고, '쓰다'의 형태로 쓰였다. ⋯⋯⋯⋯⋯⋯⋯⋯⋯⋯⋯⋯⋯⋯⋯⋯⋯⋯⋯⋯⋯⋯⋯⋯⋯⋯⋯ ⓒ
- '마음'은 '사람이 본래부터 지닌 성격이나 품성'을 뜻하는 단어인데 예전에는 이와 함께 '심장'을 의미하기도 했고, '만숨'의 형태로 쓰였다. ⋯⋯⋯⋯⋯⋯⋯⋯⋯⋯⋯⋯⋯⋯⋯⋯⋯⋯⋯⋯⋯⋯⋯⋯⋯ ⓓ
- '서로'는 '짝을 이루는 상대'라는 뜻으로, 예전에 '서르'라고 썼는데 사람들이 일반적으로 부사가 '-로'로 끝나는 것에서 추측하여 사용한 결과 '서르'는 '서로'로 변했다. ⋯⋯⋯⋯⋯⋯⋯⋯⋯⋯⋯⋯ ⓔ

---

① ⓐ ㉠ ㉡　　② ⓑ ㉠ ㉡　　③ ⓒ ㉠ ㉡　　④ ⓓ ㉠ ㉡　　⑤ ⓔ ㉠ ㉡

내가 그리는 개념 마인드맵

오늘 배운 내용은 어렵지 않았지? 외우려고 하기보다는 단어들의 의미 관계를 잘 이해해 놓자. :)

07강 문장 성분 1

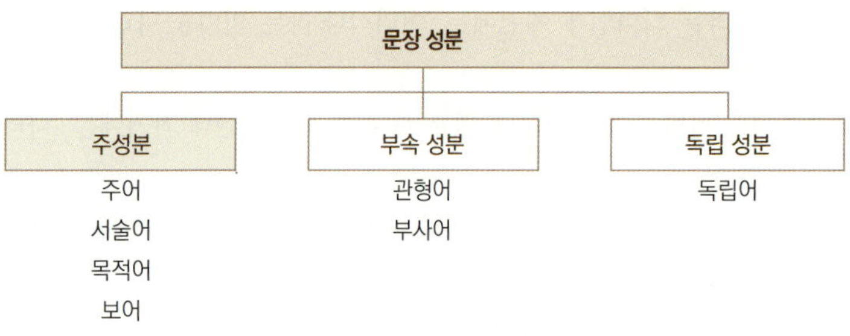

오늘 꼭 알아야 할 개념

- 문장 성분
  - 주성분: 주어, 서술어, 목적어, 보어
  - 부속 성분: 관형어, 부사어
  - 독립 성분: 독립어

STEP.1 개념 Hi

오늘의 개념

우리는 매일 수많은 새로운 **문장들**을 만들어 내면서 살고 있어. 그 문장들은 **문장 성분들**로 구성되어 있고, 각 문장 성분들은 문장 안에서 **일정한 문법적 기능**을 하고 있다는 사실을 알고는 있니? ㅎㅎ 겁먹지 말라는 거야. 우리는 국어 원어민! >< 우리가 소통할 때 사용하는 그 수많은 문장들이 어떻게 구성되어 있는지 한번 살펴볼까? :)

개념 28 문장 성분

일단 문장 성분을 크게 **주성분, 부속 성분, 독립 성분**으로 나눠 보자.

✔ 문장 성분

문장 안에서 일정한 문법적 기능을 하는 각 부분들

주성분	부속 성분	독립 성분
문장의 골격을 이루는 ㅍ ㅅ ㅈ 성분	주성분의 내용을 ㄲ ㅁ 주는 역할을 하는 문장 성분	주성분이나 부속 성분과 직접적 ㄱ ㄹ이 없는 성분
ㅈ ㅇ, ㅅ ㅅ ㅇ, ㅁ ㅈ ㅇ, ㅂ ㅇ	ㄱ ㅎ ㅇ, ㅂ ㅅ ㅇ	ㄷ ㄹ ㅇ

개 념 ㅣ 2 ㅣ 9 ㅣ **주성분**

✔ 주성분 **주어**

문장이나 절에서 동작이나 작용, 성질이나 상태의 ᄌ ᄎ 를 나타내는 문장 성분

주어 만들기	체언 + 주격 조사	예 **학생이** 많다.
		그가 온다.
		할머니께서 지금 주무신다.
	체언 + 보조사	예 **나는** 학생이다.
		너도 학생이다.
	체언 단독	예 **나** 지금 학교 가.

> 국어에서 **주어**는 다른 문장 성분보다 **생략**이 잘 되는 편이야. 그럴 땐 앞뒤 맥락을 잘 살펴서 문장의 의미를 이해할 수 있어야 돼.

✔ 주성분 **서술어**

주어의 동작이나 작용, 성질이나 상태를 ᄑ ᄋ 하는 문장 성분

서술어 만들기	체언 + 서술격 조사	예 언니는 **학생이다**.
	동사	예 강아지가 낮잠을 **잔다**.
	형용사	예 하늘이 **높다**.

> 서술어가 꼭 문장 끝에만 있을 거라는 편견은 버려. '강아지는 **자고**, 고양이는 **논다**.'에서 문장 끝에 놓인 '논다'도 서술어지만, 문장 가운데에 있는 '자고'도 서술어야.

✔ 주성분 **목적어**

타동사가 쓰인 문장에서 동작의 ᄃ ᄉ 이 되는 문장 성분

목적어 만들기	체언 + 목적격 조사	예 나는 **자장면을** 먹었다.
	체언 + 보조사	예 나는 **탕수육도** 먹었다.
	체언 단독	예 나 **짬뽕** 먹었어.

> 한 문장에 목적어가 두 개 있을 수도 있어. '나는 **책을 두 권을** 빌렸다.'에서처럼 말이야.

✔ 주성분 **보어**

서술어 'ᄃ ᄃ , ᄋ ᄂ ᄃ '가 주어 이외에 꼭 필요로 하는 문장 성분

보어 만들기	체언 + 보격 조사	예 나는 포기하는 **사람이** 아니다.
	체언 + 보조사	예 그 정도는 **실패도** 아니다.
	체언 단독	예 열심히 공부하니 정말 **1등급** 되었어.

> 보격 조사 '이', '가'는 주격 조사 '이', '가'와 똑같이 생겼잖아. 그래서 구분을 잘 해야 돼. '되다', '아니다' 라는 서술어 앞에 있다면, 그건 보격 조사가 결합한 보어인 거야.

■ **초성 퀴즈 답** 필수적, 주어, 서술어, 목적어, 보어, 꾸며, 관형어, 부사어, 관련, 독립어 / 주체, 풀이, 대상, 되다, 아니다

STEP.2 개념 Quiz

25636-0120

Q.1 다음 문장들의 문장 성분을 적어 보자.

ⓐ	우리는	옛	친구를	오랜만에	만났습니다.

ⓑ	네,	저는	훌륭한	사회인이	되겠습니다.

ⓒ	엄마는	작은	인형을	아기에게	주었습니다.

25636-0121

Q.2 〈보기〉의 문장들 중 주성분만으로 이루어진 문장을 있는 대로 골라 보자.

〈보기〉

ㄱ. 나는 시와 음악을 좋아한다.
ㄴ. 지금은 가을이 아니라 겨울이다.
ㄷ. 형은 오늘도 도서관에서 공부했다.
ㄹ. 고향의 산과 하늘은 예전 그대로였다.
ㅁ. 그는 밤을 좋아하고, 그녀는 감을 좋아한다.

25636-0122

Q.3 〈보기〉의 자료를 바탕으로 '주어'에 대해 탐구했을 때, 적절한 설명인지 O/X로 답해 보자.

〈보기〉

ㄱ. 새가 날아간다.

ㄴ. 어디 갔니, 영희는?

ㄷ. 우리 지금부터 조용히 하자.

ㄹ. 우리 반이 승리했음이 분명하다.

ㅁ. 어서 빨리 밥 먹고 학교에 가거라.

① 'ㄱ'과 'ㄷ'을 보면, 주격 조사는 생략될 수도 있어. ☐O☐X

② 'ㄱ'과 'ㄹ'을 보면, 주격 조사의 형태는 앞말과 관계가 없어. ☐O☐X

③ 'ㄱ'과 'ㅁ'을 보면, 상황에 따라 주어가 생략될 수도 있어. ☐O☐X

④ 'ㄴ'과 'ㄷ'을 보면, 주어의 위치는 이동할 수 있어. ☐O☐X

⑤ 'ㄷ'과 'ㄹ'을 보면, 주어는 한 단어뿐 아니라 절이 될 수도 있어. ☐O☐X

25636-0123

Q.4 〈보기〉에 있는 '자료'의 밑줄 친 부분에 ㄱ~ㄷ에 해당하는 예를 찾아 넣으려고 할 때,
적절한 설명인지 O/X로 답해 보자.

〈보기〉

　목적어는 문장에서 주로 서술어가 나타내는 동작의 대상이 되는 문장 성분이다. 문장에서 목적어는 다음과 같은 형태로 나타난다.

∘ 체언 + 목적격 조사 '을/를'

∘ 체언 + 특정한 의미를 더해 주는 보조사 ·························· ㄱ

∘ 체언 단독 ··· ㄴ

∘ 체언 + 보조사 + 목적격 조사 ······························ ㄷ

[자료]

　그는 __________  갔어.

① ㄱ의 예로 '산책을'을 넣을 수 있다. ☐O☐X

② ㄱ의 예로 '이사도'를 넣을 수 있다. ☐O☐X

③ ㄴ의 예로 '꽃구경'을 넣을 수 있다. ☐O☐X

④ ㄴ의 예로 '배낭여행'을 넣을 수 있다. ☐O☐X

⑤ ㄷ의 예로 '한길만을'을 넣을 수 있다. ☐O☐X

STEP.3 개념 Jump

01

 는 문장 성분을 이해하기 위한 학습활동의 일부이다. [A]에 들어갈 내용으로 적절하지 **않은** 것은?　25636-0124

〈보기〉

[탐구 방법]
1. 특정 문장 성분을 생략할 경우 문장이 성립하는가를 확인하고 그 성분이 문장 구성에 필수적인지를 판단한다.
2. 특정 문장 성분이 어떤 기능을 하는가를 문장 내 다른 성분과의 관계를 고려해서 판단한다.

[탐구 대상]
ㄱ. 꼼꼼한 소윤이가 가위로 색종이를 잘랐다.
ㄴ. 경민이는 옆집의 효빈이를 동생으로 삼았다.

[탐구 결과]

> [A]

---

① ㄱ의 '색종이를'은 필수적인 성분으로, '잘랐다'라는 행위의 대상으로 기능한다.　`Ok` `No`
② ㄱ의 '꼼꼼한'과 ㄴ의 '옆집의'는 필수적이지 않은 성분으로, 문장 내에서 동일한 기능을 한다.　`Ok` `No`
③ ㄱ의 '소윤이가'와 ㄴ의 '경민이는'은 필수적인 성분으로, 문장 안에서 행위의 주체로 기능을 한다.　`Ok` `No`
④ ㄱ의 '잘랐다'와 ㄴ의 '삼았다'는 필수적인 성분으로, 문장 안에서 주체의 행위를 표현하는 기능을 한다.　`Ok` `No`
⑤ ㄱ의 '가위로'와 ㄴ의 '동생으로'는 필수적이지 않은 성분으로, 문장 내의 특정 단어를 수식하는 기능을 한다.　`Ok` `No`

02

 의 수업 상황에서, 밑줄 친 물음에 대한 학생의 대답으로 적절하지 **않은** 것은?　25636-0125

〈보기〉

　이번 시간에는 문장을 구성할 때 반드시 있어야 하는 성분인 주성분에 대해 살펴보겠습니다. 주성분에는 주어, 서술어, 목적어, 보어가 있습니다. 주어는 문장에서 동작 또는 상태나 성질의 주체를 나타내는 것입니다. 서술어는 주어의 동작, 상태, 성질 따위를 풀이하는 기능을 하는 성분입니다. 서술어의 동작 대상이 되는 문장 성분을 목적어라고 하고, 서술어 '되다, 아니다'가 필요로 하는 문장 성분 중에서 주어를 제외하고 조사 '이/가'가 붙은 것을 보어라고 합니다.
자, 그럼 다음 문장의 주성분에 대해 알아볼까요?

ㄱ. 철수의 동생이 사진을 찍었다.
ㄴ. 언니는 올해 대학생이 되었다.

---

① ㄱ의 '찍었다'는 '동생'의 동작을 풀이하는 서술어입니다.　`Ok` `No`
② ㄴ의 '올해'는 '되었다'가 꼭 필요로 하므로 주성분입니다.　`Ok` `No`
③ ㄱ에는 목적어가 있지만, ㄴ에는 목적어가 없습니다.　`Ok` `No`
④ ㄱ과 ㄴ에는 주어가 하나씩 있습니다.　`Ok` `No`
⑤ ㄱ과 ㄴ에는 주성분의 종류가 세 가지씩 있습니다.　`Ok` `No`

03

를 바탕으로 '주어'에 대해 탐구한 내용으로 적절하지 **않은** 것은?

25636-0126

보기

지난 토요일에 ㉠사촌 동생이 왔다. 뭘 할까 고민하다 ㉡사촌 동생에게 미술관에 가자고 했다. ㉢지하철이 있었지만, 한 정거장이라 걸어가기로 했다. 재미있게 놀다 오라고 하시며 ㉣어머니께서 용돈을 주셨다. 걷다 생각해 보니, ㉤우리가 함께 노는 것도 오랜만이었다. 다들 바빠서인지 ㉥친척도 서로 만나기가 쉽지 않은 듯하다.

① ㉠, ㉣, ㉥을 보니, 주어는 '무엇이 어찌한다/어떠하다'에서 '무엇이'에 해당하는군. [Ok] [No]
② ㉠과 ㉣을 비교해 보니, 서술어의 자릿수에 따라 주격 조사의 형태가 달라지는군. [Ok] [No]
③ ㉡을 보니, 문맥상 주어를 분명히 알 수 있을 경우에는 주어가 생략되기도 하는군. [Ok] [No]
④ ㉢과 ㉤을 비교해 보니, 자음 뒤에서는 '이', 모음 뒤에서는 '가'가 주격 조사로 쓰이는군. [Ok] [No]
⑤ ㉥을 보니, 체언뿐 아니라 명사절도 주어가 될 수 있군. [Ok] [No]

04

를 바탕으로 '목적어'에 대해 탐구한다고 할 때, 적절하지 **않은** 것은?

25636-0127

보기

㉠오늘 아침에 나는 빵을 먹었다. 내가 ㉡빵을 먹은 건, 늦잠을 잤기 때문이다. ㉢그런 내 모습을 어머니께서 보시고, "공부하느라 힘들지?" 하면서 냉장고에서 ㉣우유를 꺼내주셨다. 고맙기도 하고 죄송하기도 해서 같이 드시지 않겠냐고 여쭤 보았다. 어머니께서는 "그럼, ㉤우유나 마실까?" 하면서 식탁에 앉으셨다. 어머니께서 환하게 웃으셨는데 ㉥그 모습이 참 고우셨다.

① ㉠과 ㉢을 보니, 목적어는 동작을 나타내는 서술어의 대상으로 쓰이는군. [Ok] [No]
② ㉠과 ㉡을 비교해 보니, 문장 안에서 목적어의 자리는 고정적이지 않군. [Ok] [No]
③ ㉠과 ㉤을 비교해 보니, 목적어가 생략될 수도 있군. [Ok] [No]
④ ㉠과 ㉥을 비교해 보니, 목적어가 필요 없는 문장도 있군. [Ok] [No]
⑤ ㉡과 ㉣을 보니, 자음 뒤에 '을', 모음 뒤에 '를'이라는 목적격 조사가 쓰이는군. [Ok] [No]

내가 그리는 개념 마인드맵

문장 성분 중 주성분에 대해 공부했어. 문장 성분 개념이 탄탄해야 이어서 배우게 될 문장의 구조도 잘 이해할 수 있거든. 오늘 공부한 내용, 꼼꼼히 복습하고, 다음 시간에는 부속 성분과 독립 성분에 대해 배워 보자. :)

08강 · 문장 성분 2

오늘 꼭 알아야 할 개념

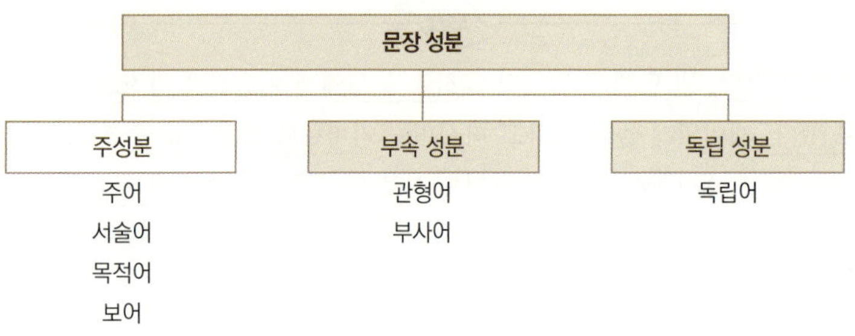

	문장 성분	
주성분	부속 성분	독립 성분
주어 서술어 목적어 보어	관형어 부사어	독립어

STEP.1 개념 Hi

지난 시간에는 문장의 골격을 이루는 필수적인 성분에 대해서 배웠어. 바로 **주성분**. 이번 시간에는 그 주성분을 수식해 주는 문장 성분과 다른 문장 성분과는 직접적인 연관을 가지지 않는 문장 성분까지 모두 공부해 보자.

개념 30 · 부속 성분

부속 성분은 주성분을 **꾸며 주는** 역할을 해. 부속 성분이라는 말에서도 알 수 있듯이 부속 성분은 일반적으로 문장에서 생략이 가능한 성분이라고 생각할 수 있어.

✔ 부속 성분 **관형어**

ㅊ ㅇ 을 꾸며 주는 문장 성분

이쯤에서 '선생님, 관형사랑 관형어가 뭐가 달라요?' 이런 질문 나오기 시작한다. ㅎㅎ '관형사'는 품사를 표시하는 말이고, '관형어'는 문장 성분을 표시하는 말이야. 품사는 각 단어를 공통된 성질에 따라 나눈 거고, 문장 성분은 각 단어가 문장 속에서 하는 역할에 따라 나눈 것. 관형사는 문장 안에서 체언을 꾸미는 관형어의 역할을 해. 그런데 그런 관형어 역할을 꼭 관형사만 하는 게 아니야. 체언이나 용언의 어간도 관형어의 역할을 할 수가 있거든. 아래의 예문으로 설명해 보자면, '새 구두'에서 '새'의 품사는 관형사, 문장 성분은 관형어야. 관형사인 '새'가 문장 속에서 체언을 꾸미는 관형어의 역할을 하고 있는 거지. '슬픈 영화'에서 '슬픈'의 품사는 형용사, 문장 성분은 관형어야. 형용사의 어간인 '슬프-'에 관형어 역할을 하게 해 주는 전성 어미 '-ㄴ'이 결합해서 '슬픈'이 체언인 '영화'를 꾸미는 관형어의 역할을 하고 있어. 그럼 '바다 냄새'에서의 '바다'는? 품사는 명사지만, 체언인 명사가 다른 체언인 '냄새'를 꾸미는 관형어의 역할을 하고 있는 거야. :)

관형어 만들기	관형사	예 언니가 새 구두를 샀다.
	체언 + 관형격 조사	예 나는 바다의 냄새를 좋아한다.
	용언의 어간 + 관형사형 어미	예 그건 슬픈 영화였다.
	체언 단독	예 나는 바다 냄새를 좋아한다.

✔ 부속 성분 부사어

> 관형어는 혼자서는 쓰일 수 없거든. 그런데 부사어는 단독으로 쓰이기도 해. 보조사가 붙을 수도 있고. "밥 얼마나 줄까?" "**많이**." "**많이**도 먹는다." 이런 식으로. :)

ㅅㅅㅇ, ㄱㅎㅇ, 다른 ㅂㅅㅇ, ㅁㅈ 전체 를 꾸며 주는 문장 성분

부사어 만들기	부사	예 **너무** 덥다.
	체언 + 부사격 조사	예 그가 **나에게** 선물을 줬어. **부산에서** 방금 출발했어. 너는 **그와** 정말 닮았어.
	용언의 어간 + 부사형 어미	예 길가에 꽃들이 **예쁘게** 피었다.

한 가지 더 배우기!

✔ 필수적 부사어

부사어는 부속 성분이지만, 서술어의 성격에 따라 때로는 문장에서 꼭 필요로 할 때가 있다. 이런 경우 문장에서 꼭 필요로 하는 부사어를 'ㅍㅅㅈ ㅂㅅㅇ'라고 한다.

예 이 사진은 다르다. ➡ 이 사진은 **실물과** 다르다.
그는 닮았다. ➡ 그는 **형과** 닮았다.
회장님은 그를 삼았다. ➡ 회장님은 그를 **후계자로** 삼았다.

개념 3 1 독립 성분

> 독립어는 경우에 따라 생략되기도 해. 그리고 독립어는 문장의 다른 성분과 직접적인 관련을 맺지 않지만, 대상을 부르는 말일 때는 문장의 종결 표현에 영향을 줄 수 있어. '아가야, 이리 오렴.'에서 '아가야'가 '할머니'로 바뀐다면? '할머니, 이리 오세요.'가 되겠지?

✔ 독립 성분 독립어

주성분이나 부속 성분과 직접적 ㄱㄹ 이 없는 성분

독립어 만들기	감탄사	예 **어머나**, **네**, **아니요**.
	체언 + 호격 조사	예 **아가야**, 이리 오렴.
	체언(제시어, 부르는 말)	예 **청춘**, 얼마나 멋진 말인가. **어머니**, 보고 싶습니다.

✔ 서술어의 자릿수

서술어가 필수적으로 요구하는 문장 성분의 개수. ㅅㅅㅇ의 성격에 따라서 필요한 문장 성분의 개수가 달라진다.

나는 **멋지다**.	주어 요구	**ㅎ** 자리 서술어
꿈은 보석과 **같다**.	주어, ㅍㅅㅈ ㅂㅅㅇ 요구	**ㄷ** 자리 서술어
혜정이는 민호를 **보았다**.	주어, ㅁㅈㅇ 요구	**ㄷ** 자리 서술어
혜정이가 선생님이 **되었다**.	주어, ㅂㅇ 요구	**ㄷ** 자리 서술어
선생님은 우리에게 용기를 **주셨다**.	주어, ㅍㅅㅈ ㅂㅅㅇ, ㅁㅈㅇ 요구	**ㅅ** 자리 서술어

■ **초성 퀴즈 답** 체언, 서술어, 관형어, 부사어, 문장, 필수적 부사어 / 관련, 서술어, 필수적 부사어, 목적어, 보어, 필수적 부사어, 목적어, 한, 두, 두, 두, 세

---

❷ 정답 131쪽

STEP.2 개념 Quiz

25636-0128

Q.1 보기1 을 참고하여 보기2 의 ⓐ~ⓔ의 관형어 형성 유형을 ㉠~㉣ 중에 골라 써 보자.

보기1

체언을 꾸며주는 역할을 하는 관형어는 형성 방법에 따라 다음과 같은 유형으로 나누어 볼 수 있다.
- ㉠ 관형사: **첫** 서리가 내렸다.
- ㉡ 체언 단독: **고향** 소식을 들었다.
- ㉢ 체언+조사: **바다의** 품에 안기고 싶다.
- ㉣ 용언의 어간+관형사형 어미: **넓은** 들판이 펼쳐진다.

보기2

아침에 등교하다가 ⓐ**초등학교** 친구를 만났다. 오랜만에 ⓑ**만난** 친구와 길을 걸으며 ⓒ**옛** 이야기를 나누었다. 함께 지내던 ⓓ**때의** ⓔ**온갖** 기억들을 하나씩 떠올리며 이야기하다 보니 등굣길이 지루하지 않았다.

ⓐ	ⓑ
ⓒ	ⓓ
ⓔ	

25636-0129

Q.2 ①~④에 대해 탐구한 내용으로 적절한 설명인지 O/X로 답해 보자.

사례	탐구한 내용	
① 그녀는 **파란** 옷을 입었다.	관형어는 체언의 의미 범위를 축소하고 있음을 알 수 있군.	O X
② 이 우산은 **새** 것이다.	관형어가 없으면 올바른 문장이 되지 않을 수도 있군.	O X
③ **시골** 풍경은 마음을 편안하게 해.	관형격 조사가 붙지 않은 체언은 관형어가 될 수 없군.	O X
④ 영희는 내가 **읽은** 책을 **읽을** 계획이다.	관형사형 어미를 통해 시제를 표현할 수 있군.	O X

25636-0130

Q.3  의 ㉠에 해당하는 사례로 적절한지 O/X로 답해 보자.

보기

　부사어는 문장 내에서 다른 성분을 꾸며 주는 부속 성분이므로 생략할 수 있다. 그러나 부사어 중에는 문장을 구성하는 데 꼭 필요한 부사어도 있는데 이를 ㉠**'필수적 부사어'**라고 한다. 예를 들어 '그는 **비겁하게** 굴었다.'에서 '비겁하게'는 부사어이지만 이 말이 빠지면 문법적으로 완전한 문장을 이루지 못하므로 '비겁하게'는 필수적 부사어이다.

① 철수가 **매우** 빨리 달렸다. 　O X
② 나는 **철수에게** 선물을 주었다. 　O X
③ 그녀는 **마침내** 꿈을 이루었다. 　O X
④ 정원에 장미가 **예쁘게** 피었다. 　O X
⑤ 나는 **오후에** 할머니 댁을 방문했다. 　O X

25636-0131

Q.4 다음 문장들에서 서술어가 반드시 필요로 하는 문장 성분과 서술어의 자릿수를 써 보자.

	㉠필요로 하는 문장 성분	㉡서술어의 자릿수
① 나는 큰 상자에 편지를 **넣었다**.		
② 그가 나에게 감동의 영상 편지를 **보냈다**.		
③ 내 동생은 하루 종일 만화책을 **읽었다**.		

STEP.3 개념 Jump

[01-02] 다음 글을 읽고 물음에 답하시오.

| 고1 전국연합학력평가 |

문법적으로 적절한 문장은 필수적인 문장 성분을 온전히 갖추어야 한다. 이때 필수적인 문장 성분은 서술어에 따라 달라진다. 예를 들어 '풀다'가 서술어로 쓰이면 이 서술어는 주어와 목적어를 요구한다. 따라서 다른 맥락이 주어지지 않는다면 '*나는 풀었다.'라는 문장은 서술어가 요구하는 문장 성분이 온전히 갖추어지지 않아서 문법적으로 부적절한 문장이 된다.

서술어가 요구하는 문장 성분에 대한 정보는 국어사전에서 확인할 수 있다. 다음은 국어사전의 일부이다.

풀다 〔동〕

① 【…을】

「1」 묶이거나 감기거나 얽히거나 합쳐진 것 따위를 그렇지 아니한 상태로 되게 하다.

⋮

「5」 모르거나 복잡한 문제 따위를 알아내거나 해결하다.

② 【…에 …을】

「1」 액체에 다른 액체나 가루 따위를 섞다.

[A] '【 】' 기호 안에는 표제어 '풀다'가 서술어로 쓰일 때 요구하는 문장 성분에 대한 정보가 제시되어 있다. 이러한 정보를 '문형 정보'라고 한다. 원칙적으로 서술어는 주어를 항상 요구하므로 문형 정보에는 주어를 제외한 필수적 문장 성분에 대한 정보가 제시된다. 하나의 단어가 여러 의미를 가진 경우도 있다. 이러한 단어가 서술어로 쓰일 때 어떤 의미로 쓰이는지에 따라 서술어가 요구하는 문장 성분이 다를 수 있으며, 국어사전에서도 문형 정보가 다르게 제시된다.

필수적인 문장 성분이 갖추어져 있어도 문장 성분 간에 호응이 되지 않으면 문법적으로 부적절한 문장이 될 수 있다. 호응이란 어떤 말이 오면 거기에 응하는 말이 오는 것을 말한다.

길을 걷다가 흙탕물이 신발에 튀었다. 나는 신발에 얼룩을 남기고 싶지 않았다. *그래서 나는 물에 세제와 신발을 풀었다. 다행히 금세 자국이 없어졌다.

위 예에서 밑줄 친 문장이 문법적으로 부적절한 이유는 [㉠]와 서술어가 호응하지 않기 때문이다. 여기에 쓰인 '풀다'의 [㉠](으)로는 [㉡]이 와야 호응이 이루어진다.

※ '*'는 문법적으로 부적절한 문장임을 나타냄.

---

01 [A]를 이해한 내용으로 적절하지 **않은** 것은?   25636-0132

① ②-「1」의 의미로 쓰이는 '풀다'는 부사어를 요구한다.   Ok No

② 문형 정보에 주어가 표시되지 않았지만 '풀다'는 주어를 요구한다.   Ok No

③ ①-「1」과 ②-「1」의 의미로 쓰이는 '풀다'는 모두 목적어를 요구한다.   Ok No

④ '풀다'가 ①-「1」의 의미로 쓰일 때와 ①-「5」의 의미로 쓰일 때는 필수적 문장 성분의 개수가 같다.   Ok No

⑤ '그는 십 분 만에 선물 상자의 매듭을 풀었다.'에 쓰인 '풀다'의 문형 정보는 사전에 '【…에 …을】'로 표시된다.   Ok No

---

02 ㉠, ㉡에 들어갈 말로 적절한 것은?   25636-0133

	㉠		㉡	
①	목적어	Ok No	액체나 가루 따위에 해당하는 말	Ok No
②	목적어	Ok No	복잡한 문제 따위에 해당하는 말	Ok No
③	부사어	Ok No	액체에 해당하는 말	Ok No
④	주어	Ok No	복잡한 문제 따위에 해당하는 말	Ok No
⑤	주어	Ok No	액체에 해당하는 말	Ok No

03

국어 수업 시간에 〈보기〉를 통해 관형어의 특성에 대해 알아보았다. 탐구의 결과로 적절하지 **않은** 것은?　25636-0134

〈보기〉

ㄱ. 내가 **가던** 바다 / 내가 **가는** 바다 / 내가 **갈** 바다

ㄴ. **새로운** 제품 / **예쁜** 누나 / **달리는** 동생

ㄷ. **대학생인** 오빠 / **사장인** 아빠

ㄹ. **온갖** 새 물건들 / **저 두** 남자

① ㄱ을 보니, 관형어의 어미에는 시간의 의미를 담을 수 있겠군.　Ok No

② ㄴ을 보니, 품사가 달라도 문장에서 관형어의 역할을 할 수 있군.　Ok No

③ ㄹ을 보니, 두 관형어가 나열될 때에는 관형어가 관형어를 꾸미기도 하는군.　Ok No

④ ㄴ과 ㄷ을 보니, 용언과 서술격 조사 '이다'가 변형되어 관형어로 쓰일 수 있군.　Ok No

⑤ ㄱ~ㄹ을 통해 관형어는 꾸밈을 받는 말 앞에 위치한다는 것을 알 수 있군.　Ok No

04

〈보기〉의 설명을 참고할 때, ㉠을 분석한 내용으로 적절하지 **않은** 것은?　25636-0135

〈보기〉

　부사어는 서술어, 관형어, 다른 부사어 등을 수식한다. 또한 절이나 문장 전체를 수식하는 역할을 하거나 문장과 문장을 연결하는 역할을 한다. 부사어는 부사 단독으로 쓰이거나 체언에 조사가 결합된 형태, 용언의 활용형으로 나타난다.

　㉠**그는 처음과** 같은 **마음으로** 공부를 했다. **그래서 아주 쉽게** 원하는 대학에 합격했다.

① '처음과'는 체언에 조사가 결합된 형태로 관형어를 수식한다.　Ok No

② '마음으로'는 체언에 조사가 결합된 형태로 서술어를 수식한다.　Ok No

③ '그래서'는 부사 단독으로 문장과 문장을 연결한다.　Ok No

④ '아주'는 부사 단독으로 다른 부사어를 수식한다.　Ok No

⑤ '쉽게'는 용언의 활용형으로 관형어를 수식한다.　Ok No

내가 그리는 개념 마인드맵

주성분에 이어 부속 성분, 독립 성분까지 정리 완료. 문장 성분에 대한 탄탄한 이해를 바탕으로 다음 시간에는 문장의 짜임새를 공부해 보자. :)

오늘 꼭 알아야 할 개념

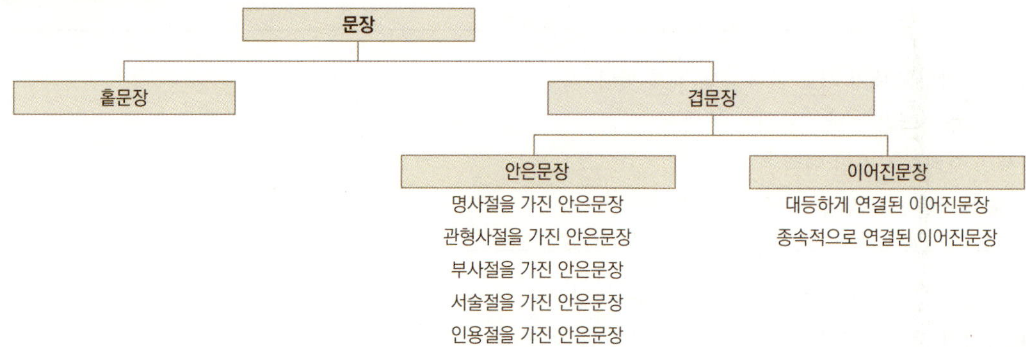

문장

- 홑문장
- 겹문장
  - 안은문장
    - 명사절을 가진 안은문장
    - 관형사절을 가진 안은문장
    - 부사절을 가진 안은문장
    - 서술절을 가진 안은문장
    - 인용절을 가진 안은문장
  - 이어진문장
    - 대등하게 연결된 이어진문장
    - 종속적으로 연결된 이어진문장

STEP.1 개념 Hi

문장의 짜임새는 기본 개념부터 정확하게 알아 놓지 않으면 정말 헷갈릴 수 있어. 문제로 출제했을 때도 얼마든지 고난도 문제를 출제할 수 있는 부분이야. 문장 성분부터 연결되는 개념이니, 차근차근 잘 이해해 놓자. :)

개념 32 홑문장

홑문장은 어려운 게 하나도 없어~.

✔ 홑문장

 ㅈㅇ와 ㅅㅅㅇ가 한 번만 나타나는 문장

예 바다가 푸르다.
　　주어　서술어

한 가지 더 배우기!

 아주 아주 기본 개념이지만, 짚고 넘어가자.

어절	대개 띄어쓰기 단위와 일치함.	예 내 마음은 잔잔한 호수 같다. 〉〉〉 5어절
구	둘 이상의 어절이 모여 하나의 문장 성분을 이루는 것. 그런데 구는 '주어-서술어' 관계가 포함돼 있지 않아.	예 내 마음은 잔잔한 호수 같다. 　　구　　　　　　　　구
절	둘 이상의 어절이 모여 하나의 의미 단위를 이루는 것을 말하는데, 절은 '주어-서술어' 구성을 포함해. 스스로 '주어-서술어'를 가지고 있지만 더 큰 문장 안에서 하나의 문장 성분처럼 쓰이는 걸 '절'이라고 하는 거야. 다른 문장 속에서 명사 역할을 하면 명사절, 관형어 역할을 하고 있으면 관형사절, 이런 식으로 불러.	예 내 마음은 잔잔한 호수 같다. 　　　　　관형사절(호수가 잔잔하다.) 호수가 깊다는 얘기를 들었다. 관형사절(호수가 깊다.) 나는 마음이 넓다. 　　서술절(마음이 넓다.) 언니는 눈이 부시게 아름다웠다. 　　　　부사절(눈이 부시다.)

개념 3 3　겹문장

> 홑문장과 겹문장의 구분 기준을 이해하자.

✔ 겹문장

ㅈㅇ 와 ㅅㅅㅇ 가 두 번 이상 나타나는 문장

예 바다가 푸르고, 하늘이 높다.　여기가 내가 좋아하는 바다야.
　　주어　서술어　주어 서술어　　주어　주어　서술어　서술어

개념 3 4　겹문장 **안은문장**

✔ 안은문장

하나의 문장 안에 주어와 서술어의 관계가 두 번 이상 이루어지며 성분 절을 ㄱㅈ 문장.

예 **철수가 그린** 풍경화가 전람회에서 특선으로 뽑혔다. ┄➤ 안은문장
안긴문장(관형사절)

> 안긴문장이 전체의 문장 안에서 **어떤 역할을 하는지**, 다시 말해 안긴문장이 **무슨 절인지**에 따라 안은문장을 다음과 같이 구분할 수 있는 거야.

✔ 안은문장 명사절을 가진 안은문장

ㅁㅅ 의 역할(주어, 목적어, 보어 등)을 하는 절을 안고 있는 문장

| 명사절 만들기 | 명사형 어미 '-(으)ㅁ' | 예 신데렐라가 놀림을 받았음이 밝혀졌다. (주어 역할) |
| | 명사형 어미 '-기' | 예 나는 네가 그 일을 해내기를 바란다. (목적어 역할) |

✔ 안은문장 관형사절을 가진 안은문장

ㄱㅎㅇ 의 역할을 하는 절을 안고 있는 문장

관형사절 만들기	관형사형 어미 '-(으)ㄴ'	예 이건 내가 어제 먹은 빵이야. (관형어 역할, 과거)
	관형사형 어미 '-는'	예 이건 내가 매일 먹는 빵이야. (관형어 역할, 현재)
	관형사형 어미 '-(으)ㄹ'	예 이건 내가 내일 먹을 빵이야. (관형어 역할, 미래)
	관형사형 어미 '-던'	예 이건 내가 아까 먹던 빵이야. (관형어 역할, 과거)

✔ 안은문장 **부사절을 가진 안은문장**

ㅂ ㅅ ㅇ 의 역할을 하는 절을 안고 있는 문장

부사절 만들기	부사형 어미 '-게'	예 비가 강이 넘치게 내렸다. (부사어 역할)
	부사형 어미 '-도록'	예 비가 강이 넘치도록 내렸다. (부사어 역할)
	접미사 '-이'	예 비가 소리도 없이 내린다. (부사어 역할)

✔ 안은문장 **서술절을 가진 안은문장**

ㅅ ㅅ ㅇ 의 역할을 하는 절을 안고 있는 문장
– 특별한 표지가 없음.

서술절 만들기	이중 주어처럼 보임.	예 토끼는 귀가 길다. (서술어 역할)

✔ 안은문장 **인용절을 가진 안은문장**

다른 사람의 말이나 생각을 ㅇ ㅇ 한 것을 절의 형식으로 안고 있는 문장

인용절 만들기	직접 인용격 조사 '(이)라고'	예 그가 "배고파."라고 말했어. (직접 인용)
	간접 인용격 조사 '고'	예 그가 배고프다고 말했어. (간접 인용)

개 념 3 5 겹문장 **이어진문장**

✔ 이어진문장

둘 이상의 ㅈ이 ㅇㄱ ㅇㅁ 에 의하여 결합된 문장.

┈▶ 연결 어미　　　　　┈▶ 연결 어미
예 꽃이 피고 새가 운다.　비가 오면 땅이 젖는다
　주어 서술어 주어 서술어　주어 서술어 주어 서술어

✔ 이어진문장 **대등하게 연결된 이어진문장**

대등하게 연결된 이어진문장은 앞 절과 뒤 절의 순서를 바꾸어도 의미가 크게 달라지지 않아.

앞 절과 뒤 절의 의미가 ㄷㄹㅈ 이면서 ㄷㄷ 한 관계인 문장

대등하게 연결하기	대등적 연결 어미 '–고'	예 나는 물냉을 먹고 언니는 비냉을 먹었다. (나열)
	대등적 연결 어미 '–지만'	예 날씨는 더웠지만 계곡물은 차가웠다. (대조)
	대등적 연결 어미 '–든지'	예 해외로 가든지 국내로 가든지 일단 떠나자. (선택)

✔ 이어진문장 **종속적으로 연결된 이어진문장**

종속적으로 연결된 이어진문장은 앞 절과 뒤 절의 순서를 바꾸면 안 돼. 의미가 달라져 버리거든. 대신 앞 절이 뒤 절 속으로 이동하는 건 가능해.

앞 절과 뒤 절의 의미가 ㄷㄹㅈ 이지 못하고 ㅈㅅㅈ 인 관계인 문장

종속적으로 연결하기	종속적 연결 어미 '–(으)면'	예 최선을 다하면 성적은 오른다. (조건)
	종속적 연결 어미 '–(으)려고'	예 지각하지 않으려고 일찍 나왔다. (의도)
	종속적 연결 어미 '–(으)러'	예 순대를 먹으러 분식집에 왔다. (목적)
	종속적 연결 어미 '–아서/어서'	예 매일 도넛을 다섯 개씩 먹어서 2kg이 쪘다. (원인)

■ **초성 퀴즈 답** 주어, 서술어 / 주어, 서술어 / 가진, 명사, 관형어, 부사어, 서술어, 인용 / 절, 연결 어미, 독립적, 대등, 독립적, 종속적

STEP.2 개념 Quiz

25636-0136

Q.1  의 문장들의 밑줄 친 부분을 '구'와 '절'로 구별해 보자.

───── 보기 ─────

㉠ 새 신을 신고 뛰어보자, 팔짝.

㉡ 내 동생은 체스를 정말 잘한다.

㉢ 할아버지께서는 발이 넓으시다.

㉣ 날이 밝도록 잠을 이루지 못했다.

㉤ 율곡 이이가 태어난 곳에 가 보았다.

㉥ 친구가 아주 멀리 이사를 간다니 슬프다.

㉦ 우리 학교 합창단의 노래는 참 아름다웠다.

㉧ 선생님께서 빨리 회복하시기를 모두가 바라고 있어요.

구	절

25636-0137

Q.2  의 문장들을 홑문장과 겹문장으로 구분해 보자.

───── 보기 ─────

㉠ 어제 그가 말도 없이 떠나 버렸다.

㉡ 내 꿈은 세상에서 제일가는 스트라이커.

㉢ 도서관에 공부를 하는 사람이 너무 많다.

㉣ 형은 "국어 공부가 제일 재미있어요."라고 말했다.

㉤ 나도 언니처럼 두바이 초콜릿을 다섯 개 먹고 싶다.

㉥ 나는 네가 최선을 다해서 국어 공부를 하기를 바랐다.

㉦ 언니가 내가 제일 아끼는 핑크색 원피스를 입고 나갔다.

㉧ 어제 친구들과 놀이공원에서 K-POP 공연을 밤 10시까지 보았다.

홑문장	겹문장

25636-0138

Q.3  는  의 ㉠~㉤에 대한 설명이다. 적절한 말을 골라 보자.

보기 1

㉠ 예쁜 아이가 활짝 웃는다.
㉡ 나는 어제 새 가방을 샀다.
㉢ 지금 이곳은 동화 속 세상처럼 아름답다.
㉣ 작년에는 날씨가 추웠으나 올해에는 따뜻하다.
㉤ 설령 눈이 올지라도 우리는 어김없이 밖에 나간다.

보기 2

① ㉠에는 (주어/목적어)가 생략된 안긴문장이 있다.
② ㉡은 주어와 서술어의 관계가 (한 번/두 번) 나타나는 문장이다.
③ ㉢에는 하나의 문장 성분처럼 쓰이는 안긴문장이 (있다/없다).
④ ㉣은 두 개의 홑문장이 (대등하게/종속적으로) 연결된 이어진문장이다.
⑤ ㉤은 주어와 서술어의 관계가 (한 번/두 번 이상) 나타나는 문장이다.

25636-0139

Q.4  의 ㉠에 해당하는 사례로 적절한지 O/X로 답해 보자.

보기

  '종속적으로 이어진 문장'은 두 개 이상의 문장이 연결 어미로 이어져 있다. 이때 앞의 절과 뒤의 절은 인과, ㉠조건, 의도, 양보, 배경 등의 의미 관계를 나타낸다.

① 책을 많이 **읽으면** 생각이 깊어진다.　　　　　O　X
② 책을 **읽으려고** 학교 도서관으로 갔다.　　　　O　X
③ 책을 아무리 **읽어도** 이해가 되지 않는다.　　　O　X
④ 책을 **읽고 있는데** 친구가 나를 자꾸 불렀다.　　O　X
⑤ 책을 다양하게 **읽어서** 그는 지식이 풍부하다.　　O　X

STEP.3 개념 Jump

[01-02] 다음 글을 읽고 물음에 답하시오.

| 고2 전국연합학력평가 |

 '이것은 내가 읽은 책이다.'에서 '내가 읽은'은, '이것은 책이다.' 안에서 주어와 서술어를 갖춘 채로 체언을 수식하는 기능을 하므로 관형사절이라 한다. 관형사절은 관형사절 내에 생략된 문장 성분이 존재하는지에 따라 아래 (1)과 (2)의 유형으로 구별된다.

 (1) 그는 <u>우리가 학교로 돌아온</u> 사실을 안다.
 (2) 그는 <u>이마에 흐르는</u> 땀을 닦았다.

 (1)은 '우리가 학교로 돌아왔다.'가 '그는 사실을 안다.'에 관형사절로 들어가 있는 문장이다. 이때 관형사절 '우리가 학교로 돌아온'은 서술어의 형태는 변했지만 생략된 성분 없이 문장이 필요로 하는 성분을 모두 갖추고 있다. (1)에 쓰인 유형의 관형사절은 내용을 보충해 줄 필요가 있는 '사실', '소문' 등의 체언 앞에서만 나타날 수 있다.

 (2)는 '땀이 이마에 흐른다.'가 '그는 땀을 닦았다.'에 관형사절로 들어가 있는 문장이다. 이때 관형사절 '이마에 흐르는'은 수식하는 체언인 '땀'을 포함하는 문장 성분 '땀이'가 생략된 것으로, 문장이 필요로 하는 성분 중에서 하나를 갖추고 있지 않다. (2)에 쓰인 유형의 관형사절은 (1)에 쓰인 유형의 관형사절과 달리 모든 체언 앞에서 나타날 수 있다. 다만 (2)에 쓰인 유형의 관형사절을 만들 때 특정 문장 성분이 생략되면 원래 문장과 관형사절의 의미가 달라지거나 문법적으로 적절하지 않게 되는 경우가 있다.

---

01 윗글을 읽고 알 수 있는 내용으로 적절하지 **않은** 것은?

25636-0140

① 관형사절은 문장에서 체언을 수식하는 기능을 한다. [Ok | No]
② 문장이 필요로 하는 모든 문장 성분을 갖춘 관형사절이 있다. [Ok | No]
③ 어떤 문장이 관형사절이 될 때 서술어의 형태가 변화할 수 있다. [Ok | No]
④ 관형사절 뒤에는 내용을 보충해 줄 필요가 있는 체언만 올 수 있다. [Ok | No]
⑤ 관형사절이 수식하는 체언을 포함하는 문장 성분은 관형사절에서 생략될 수 있다. [Ok | No]

02 윗글을 바탕으로 할 때, 의 ㉠~㉤에 들어갈 내용으로 적절하지 **않은** 것은? 25636-0141

[학습 과제]

다음 문장을 활용하여 관형사절에 대해 알아보자.

> ◦철수가 학급 회장이 되었다.
> ◦영희가 철수를 불렀다.
> ◦영희가 학급 회장을 불렀다.

[학습 과정]

첫 번째 문장이 두 번째 문장에 관형사절로 들어가 있는 문장은 [㉠] 이고 이때 첫 번째 문장의 주어인 '철수가'는 생략된다. 반면 첫 번째 문장이 세 번째 문장에 관형사절로 들어가 있는 문장은 [㉡] 이고 이때 첫 번째 문장의 [㉢] 인 '학급 회장이'가 생략된다. '학급 회장이'가 생략되면서 관형사절의 '철수가'가 [㉣] 처럼 쓰이게 되어 문장의 의미가 달라진다.

[학습 결과]

관형사절을 만들 때 주어가 생략되면 원래 문장과 관형사절의 의미가 달라지지 않지만, [㉤] 가 생략되면 원래 문장과 관형사절의 의미가 달라진다.

① ㉠: '영희가 학급 회장이 된 철수를 불렀다.' Ok　No
② ㉡: '영희가 철수가 된 학급 회장을 불렀다.' Ok　No
③ ㉢: 보어 Ok　No
④ ㉣: 주어 Ok　No
⑤ ㉤: 보어 Ok　No

03

보기의 ㉠~㉤에 대한 설명으로 적절하지 **않은** 것은?

25636-0142

> ㉠ 그는 영수가 집에 간다고 했다.
> ㉡ 이것은 어제 그녀가 산 책이다.
> ㉢ 개나리꽃이 흐드러지게 피었다.
> ㉣ 영철이는 마음씨가 매우 착하다.
> ㉤ 나는 아이들이 행복하기를 바란다.

① ㉠은 인용절을 가진 안은문장으로, 안긴문장의 주어가 생략되어 있다. <code>Ok No</code>
② ㉡은 관형사절을 가진 안은문장으로, 안은문장의 주어는 '이것은'이고 안긴문장의 주어는 '그녀가'이다. <code>Ok No</code>
③ ㉢은 부사절을 가진 안은문장으로, 안긴문장의 주어가 생략되어 있다. <code>Ok No</code>
④ ㉣은 서술절을 가진 안은문장으로, 안은문장의 주어는 '영철이는'이고 안긴문장의 주어는 '마음씨가'이다. <code>Ok No</code>
⑤ ㉤은 명사절을 가진 안은문장으로, 안은문장의 주어는 '나는'이고 안긴문장의 주어는 '아이들이'이다. <code>Ok No</code>

EBS 윤혜정의 개념의 나비효과 ♥ 입문 편

04

 의 (가)~(다)에 대한 설명으로 적절하지 <u>않은</u> 것은?

25636-0143

보기

겹문장 속에서 하나의 '주어+서술어' 관계가 이루어진 부분을 '절'이라고 한다. '절'은 전체 문장의 한 성분으로 안기거나 서로 이어지거나 한다.

(가) 봄이 오면 꽃이 핀다.
　　　　 ㉠　　　 ㉡

(나) 눈이 내린 마을은 고요했다.
　　　 ㉢　　　　　 ㉣

(다) 나는 그가 왔음을 몰랐다.
　　　　　　 ㉤

---

① (가)에서 ㉠과 ㉡의 위치를 바꾸면 의미가 달라진다.　　　　Ok No
② (나)에서 ㉢은 ㉣의 주어를 꾸며 주는 역할을 한다.　　　　Ok No
③ (다)의 ㉤을 생략하면 전체 문장의 의미가 불완전해진다.　　Ok No
④ (나)와 달리 (다)는 절이 전체 문장의 한 성분으로 안겨 있다.　Ok No
⑤ (가), (나), (다)는 모두 '주어+서술어' 관계가 두 번 나타난다.　Ok No

내가 그리는 개념 마인드맵

어절, 구, 절의 개념부터 복잡하게 결합되어 있는 겹문장의 개념까지 공부했어. 개념을 공부했다면 구체적인 사례들에 적용을 할 수 있어야 돼. 문법 문제는 전부 사례 문제잖아. 개념을 외우는 데에 그치는 게 아니라, 구체적 사례들에 적용해 보면서 개념을 더 정확하게 이해하자. :)

오늘 꼭 알아야 할 개념

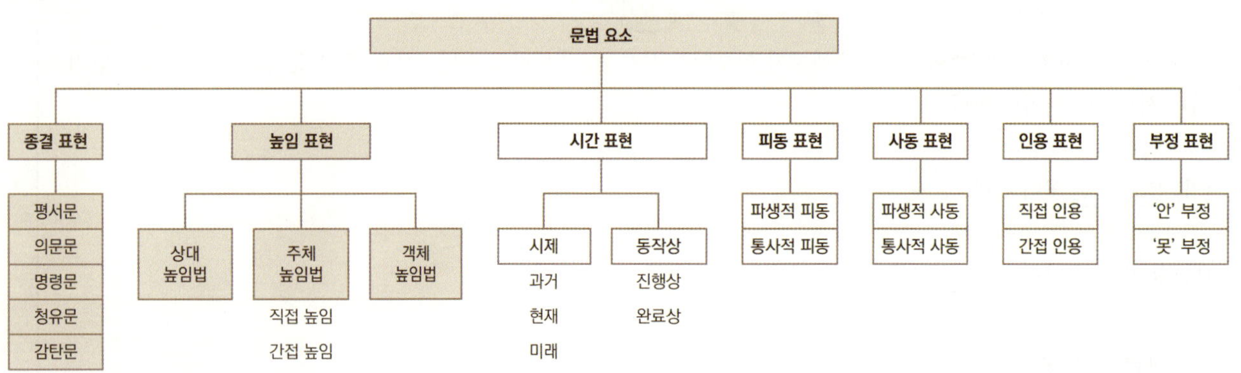

STEP.1 개념 Hi

이번 시간에 배울 종결 표현과 높임 표현은 우리가 국어 원어민이기 때문에 아주 자연스럽게 일상에서도 구현해내고 있는 표현들이
야. 그래서 아마 쉽게 느껴질걸? ㅎㅎㅎ

개념 36 종결 표현

✔ 종결 표현

말하는 사람이 특정한 생각이나 느낌을 표현하는 방법. 국어의 문장은 ⟨ㅈㄱ ㅇㅁ⟩를 통해 종결 표현이 결정됨.

ㅍㅅ문	화자가 사건의 내용을 객관적으로 ⟨ㅈㅅ⟩하는 문장. 평서형 어미로 문장을 끝맺음.	-다, -오, -ㅂ니다 등	예 시작이 반이다.
ㅇㅁ문	화자가 청자에게 ⟨ㅈㅁ⟩을 하여 그 ⟨ㄷㄷ⟩을 ⟨ㅇㄱ⟩하는 문장. 의문형 어미로 문장을 끝맺음.	-(ㄴ/는)가, -(느)냐, -(으)니 등	예 한 번의 젊음, 어떻게 살 것인가? -큰★쌤-
ㅁㄹ문	화자가 청자에게 무엇을 ⟨ㅅㅋ⟩거나 ⟨ㅎㄷ⟩을 요구하는 문장. 명령형 어미로 끝맺음.	-아라/-어라 등	예 눈을 크게 떠라.
ㅊㅇ문	화자가 청자에게 ⟨ㄱㅇ⟩ ⟨ㅎㄷ⟩할 것을 ⟨ㅇㅊ⟩하는 문장. 청유형 어미로 문장을 끝맺음.	-자, -자꾸나, -세, -읍시다 등	예 오늘도 힘내 보자.
ㄱㅌ문	화자가 청자를 별로 의식하지 않거나 거의 독백 상태에서 자기의 ⟨ㄴㄲ⟩을 표현하는 문장. 감탄형 어미로 문장을 끝맺음.	-구나, -도다 등	예 나도 하니까 되는구나!

한 가지 더 배우기!

✔ 의문문의 종류와 기능

의문사가 있어 청자에게 그와 관련된 설명을 요구한다면 예 너는 무슨 영화를 좋아해?	ㅅㅁ **의문문**
의문사가 없이 긍정이나 부정의 대답을 요구한다면 예 너는 영화를 좋아해? / 응	ㅍㅈ **의문문**
문장의 형식은 의문문이지만 청자에게 **대답을 요구하는 것이 아니라** 서술이나 명령, 감탄 등의 효과를 나타낸다면 예 정말 슬프지 않은가? / 어쩜 이럴 수 있니? / 그만 자고 얼른 일어나지 못하겠니?	ㅅㅅ **의문문**

> 수사 의문문이 청자에게 대답을 요구하는 게 아닌 것처럼 문장의 종류에 따른 기능이 항상 고정돼 있는 건 아니야. 만원 버스에서 내리기 위해 다른 승객들에게 '내립시다.'라고 말하는 것이, 정말 같이 버스에서 내리자는 게 아니라 좀 비켜달라는 의도인 것 같은 경우가 그래. 문장을 통한 화자의 의도를 정확하게 이해하기 위해서는 단순히 종결 표현에 따른 문장의 종류만을 확인해서는 안 되는 이유야. :)

개념 3 7 　높임 표현

> 평소에 예의좀 바르신가? ㅎㅎ 우리말 표현에서 좀 어렵다고 할 수 있는 부분이 바로 높임 표현이야. 요즘엔 과도한 높임 표현이 오히려 문제가 되기도 하는데, "고객님, 아메리카노 나오셨습니다."와 같은. ㅎㅎ 높임 표현에는 어떤 종류가 있는지, 어떤 대상을 어떻게 높여서 표현할 수 있는지 배워 보자. :)

✔ 높임 표현

문장 밖이나 문장 안에서 드러나는 인물들 간의 상하 관계를 표시하는 문법적 표현 방식

상대 높임	주체 높임	객체 높임
듣는이를 ㄴㅇ 거나 ㄴㅊ 는 방법	문장의 ㅈㅊ 를 높이는 방법 대체로 주어의 지시 대상	문장의 ㄱㅊ 를 높이는 방법 부사어나 목적어의 지시 대상

✔ 상대 높임

> 상대 높임은 주체 높임이나 객체 높임과는 달리 **높임과 낮춤을 모두** 표현할 수 있어.

		평서문	의문문	명령문	청유문	감탄문
격식체	**하십시오체** 아주 높임	-(으)십니다	-(으)십니까?	-(으)십시오	-(으)시지요	–
	하오체 예사 높임	-(으)오	-(으)오?	-(으)오	-(으)ㅂ시다	-(는)구려
	하게체 예사 낮춤	-네	-(느)ㄴ가?	-게	-세	-(는)구먼
	해라체 아주 낮춤	-(는/ㄴ)다	-(느)냐?, -니?	-(어)라/-(아)라	-자	-(는)구나
비격식체	**해요체** 두루 높임	-아요/-어요	-아요?/-어요?	-아요/-어요	-아요/-어요	-아요/-어요
	해체 두루 낮춤	-아/-어	-아?/-어?	-아/-어	-아/-어	-아/-어

✔ 주체 높임

 대체로 문장의 **주어**를 높일 때 사용하는 방식이야.

주체 높임 표현하기	주격 조사 '**께서**'	예 할아버지**께서** 책을 읽으신다.
	주체 높임 선어말 어미 '**-(으)시-**'	예 할머니께서 운동을 하**신**다.
	특수 어휘	예 잡수시다, 드시다, 편찮으시다, 주무시다, 돌아가시다, 계시다

한 가지 더 배우기!

✔ 직접 높임과 간접 높임

문장의 주체를 **직접** 높인다면	예 할머니께서 방에 **계신다**.	ㅈ ㅈ **높임**
문장의 주체와 **관련된 대상**을 높인다면	예 할머니께서 고민이 **있으시다**. (*계시다)	ㄱ ㅈ **높임**

✔ 객체 높임

 문장의 **목적어**나 **부사어**가 높여야 할 대상일 때 사용하는 방식이야.

객체 높임 표현하기	부사격 조사 '**께**'	예 할아버지**께** 책을 드렸다.
	특수 어휘	예 여쭙다, 뵙다, 드리다, 모시다

정답 132-133쪽

STEP.2 개념 Quiz

25636-0144

Q.1  보기 의 문장들을 이해한 내용으로 적절한지 O/X로 답해 보자.

> ㉠ 아침부터 함박눈이 내린다.
> ㉡ 언제부터 그 학교로 등교하느냐?
> ㉢ 날씨가 쌀쌀하니 외투를 든든히 입어라.
> ㉣ 터미널에서 만나서 고속버스를 타고 가자.
> ㉤ 끝없이 펼쳐진 자연의 모습이 참 아름답구나!

① ㉠: 평서형 어미 '-ㄴ다'로 문장을 끝맺으며 화자가 현재의 사실을 서술하고 있군.　☐ O ☐ X

② ㉡: 의문형 어미 '-느냐'로 문장을 끝맺으며 화자가 청자에게 질문을 하여 그 답을 구하고 있군.　☐ O ☐ X

③ ㉢: 명령형 어미 '-어라'로 문장을 끝맺으며 화자가 청자에게 행동을 하도록 요구하고 있군.　☐ O ☐ X

④ ㉣: 청유형 어미 '-자'로 문장을 끝맺으며 화자가 청자에게 단독으로 행동할 것을 제안하고 있군.　☐ O ☐ X

⑤ ㉤: 감탄형 어미 '-구나'로 문장을 끝맺으며 화자가 자기의 느낌을 표현하고 있군.　☐ O ☐ X

25636-0145

Q.2  보기 1 을 참고하여 보기 2 의 밑줄 친 부분에 사용된 상대 높임을 적어 보자.

말하는 이가 듣는 이를 높이거나 낮추어 표현하는 방식을 상대 높임법이라고 한다. 상대 높임법은 대체로 문장을 끝맺는 종결 어미로 실현된다. 상대 높임에는 격식체와 비격식체가 있으며 다음과 같이 나누어진다.

격식체	하십시오체 / 하오체 / 하게체 / 해라체
비격식체	해요체 / 해체

> ㉠ 할머니께서 진지를 **드셨어요**.
> ㉡ 어머니께서도 공원에 **가신대**.
> ㉢ 선생님께 먼저 과일을 **드리시게**.
> ㉣ 다음 글을 읽고 물음에 **답하시오**.
> ㉤ 아버지를 모시고 큰댁에 **다녀왔습니다**.

㉠:　　　　　　　　　　　㉡:

㉢:　　　　　　　　　　　㉣:

㉤:

Q.3 다음 문장들에서 밑줄 친 부분이 높이는 대상을 찾고 높임의 실현 방법을 적어 보자.

문장	높임의 대상	높임 실현 방법
㉠ 나는 어머니를 **모시고** 집에 갔다.		
㉡ 선생님께서는 우리를 **사랑하신다**.		
㉢ 자세한 내용은 아버지께 **여쭤** 보세요.		
㉣ 주말에는 할아버지를 **찾아뵙고** 싶습니다.		
㉤ 선생님, 말씀을 먼저 듣고, 제 말씀을 **전하겠습니다**.		

Q.4 다음 문장에서 높이는 대상을 모두 찾고 높임의 실현 방법과 사용된 높임법을 적어 보자.

삼촌, 아버지께서 할머니를 모시고 집으로 오고 계시는 중이라고 하셨어요.

높임의 대상	높임 실현 방법	높임법
		상대 | 주체 | 객체
		상대 | 주체 | 객체
		상대 | 주체 | 객체

STEP.3 개념 Jump

● 정답 133쪽

01

밑줄 친 ㉠의 예로 적절한 것은?

25636-0148

> 우리말의 문장 유형은 평서문, 의문문, 명령문, 청유문, 감탄문으로 나뉘는데, 대개 특정한 종결 어미를 통해 실현된다. 그런데 경우에 따라 ㉠**동일한 형태의 종결 어미가 서로 다른 문장 유형을 실현**하기도 한다.

① -니　　　너는 무엇을 먹었니?　　　　Ok | No
　　　　　　아버님은 어디 갔다 오시니?

② -ㄹ게　　오늘은 내가 먼저 나갈게.　　Ok | No
　　　　　　내가 나중에 다시 전화할게.

③ -구나　　그것 참 그럴듯한 생각이구나.　Ok | No
　　　　　　올해도 과일이 많이 열리겠구나.

④ -ㅂ시다　지금부터 함께 청소를 합시다.　Ok | No
　　　　　　밥을 먹고 공원에 놀러 갑시다.

⑤ -어라　　늦을 것 같으니까 어서 씻어라.　Ok | No
　　　　　　그 사람을 몹시도 만나고 싶어라.

02

〈보기〉의 ㉠~㉤을 수정하고자 할 때, 적절하지 **않은** 것은?

25636-0149

보기

> ㉠ (아들이 아버지에게) 아버지, 무슨 고민이 계신가요?
> ㉡ (형이 동생에게) 삼촌께서 할머니를 데리고 식당으로 가셨어.
> ㉢ (사원이 다른 사원에게) 부장님이 이제 회의실로 온다고 하셨어.
> ㉣ (손녀가 할아버지에게) 언니가 할아버지한테 안경을 갖다 주라고 했어요.
> ㉤ (학생이 다른 학생에게) 문제를 풀다가 어려운 것이 있으면 선생님한테 물어봐.

① ㉠: '아버지'를 간접적으로 높이도록 '아버지, 무슨 고민이 있으신가요?'로 수정한다. 　Ok | No

② ㉡: '삼촌'을 간접적으로 높이도록 '삼촌께서 할머니를 모시고 식당으로 가셨어.'로 수정한다. 　Ok | No

③ ㉢: '부장님'을 직접적으로 높이도록 '부장님께서 이제 회의실로 오신다고 하셨어.'로 수정한다. 　Ok | No

④ ㉣: '할아버지'를 직접적으로 높이도록 '언니가 할아버지께 안경을 갖다 드리라고 했어요.'로 수정한다. 　Ok | No

⑤ ㉤: '선생님'을 직접적으로 높이도록 '문제를 풀다가 어려운 것이 있으면 선생님께 여쭤봐.'로 수정한다. 　Ok | No

03

보기1을 참고하여 보기2의 ㉠~㉤을 이해한 내용으로 적절하지 **않은** 것은?

25636-0150

높임 표현은 높임 대상에 따라 주어의 지시 대상을 높이는 주체 높임, 목적어나 부사어의 지시 대상을 높이는 객체 높임, 청자를 높이거나 낮추는 상대 높임으로 나뉜다. 높임 표현은 크게 문법적 수단과 어휘적 수단에 의해 실현된다. 문법적 수단은 조사나 어미를, 어휘적 수단은 특수 어휘를 사용하는 것이다.

[대화 상황]

손님: ㉠어머니께 선물로 드릴 신발을 찾는데, ㉡편하게 신으실 수 있는 제품이 있을까요?

점원: ㉢부모님을 모시고 오시는 손님들께서 이 제품을 많이 사 가셔요. ㉣할인 중이라 가격도 저렴합니다.

손님: 좋네요. ㉤저도 어머니를 뵙고, 함께 와야겠어요.

① ㉠: 문법적 수단과 어휘적 수단을 통해 부사어가 지시하는 대상을 높이고 있다. [Ok][No]

② ㉡: 선어말 어미 '-으시-'와 조사 '요'는 같은 대상을 높이기 위해 쓰이고 있다. [Ok][No]

③ ㉢: 동사 '모시다'와 조사 '께서'는 서로 다른 대상을 높이기 위해 쓰이고 있다. [Ok][No]

④ ㉣: 문법적 수단을 통해 대화의 상대방을 높이고 있다. [Ok][No]

⑤ ㉤: 어휘적 수단을 통해 목적어가 지시하는 대상을 높이고 있다. [Ok][No]

04

보기 의 ㉠에 해당하는 문장으로 적절한 것은?

25636-0151

> **보기**
>
> **선생님:** 오늘은 주체 높임과 객체 높임에서 특수 어휘로 높임 표현을 실현하는 방법에 대해 배웠습니다. 지난 시간에 겹문장에 대해 배운 내용을 활용하여, ㉠안긴문장 내에서 특수 어휘를 통해 주체 높임을 표현하고 있는 문장을 찾아봅시다.

① 나는 친척 어르신께 안부를 여쭙기가 쑥스러웠다. [Ok | No]
② 아버지께서는 오랜만에 뵌 은사님과 저녁을 잡수셨다. [Ok | No]
③ 고향에 계신 할머니께서 앞마당에 감나무를 심으셨다. [Ok | No]
④ 머리가 하얗게 세신 할아버지께서 멋진 옷을 입으셨다. [Ok | No]
⑤ 어머니는 삼촌이 편하게 쉬시도록 침구를 바꿔 드렸다. [Ok | No]

내가 그리는 개념 마인드맵

꼭 국어 공부나 시험을 위해만이 아니라, 평소 우리의 올바른 언어생활을 위해서도 종결 표현이나 높임 표현을 잘 알아 두면 좋겠어. :)

오늘 꼭 알아야 할 개념

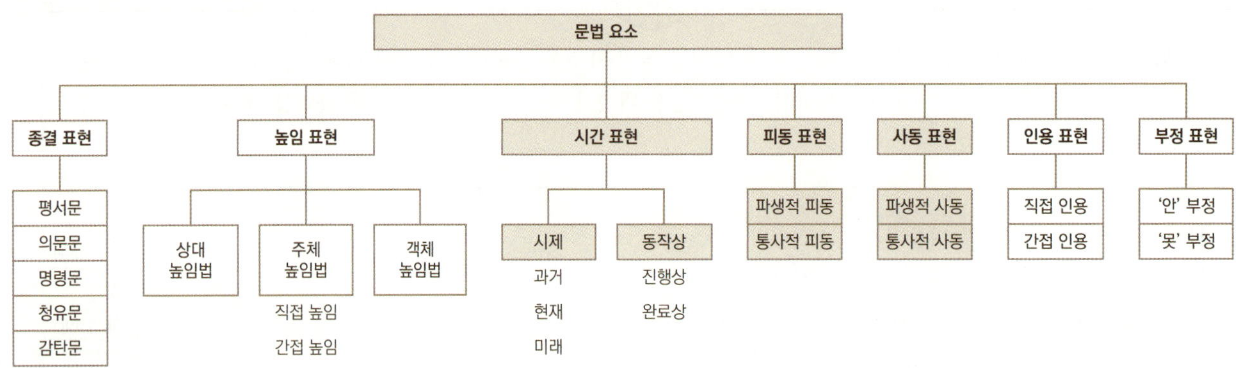

STEP.1   **개념 Hi**

이번 시간에는 시간 표현과 피동, 사동 표현을 공부해 보자. 특히 피동과 사동을 헷갈려 하는 경우가 많은데, 각각의 개념을 정확하게 이해해 놓아야 각 개념들을 서로 혼동하지 않을 수 있어. 뿌리가 튼튼한 개념 공부를 해 놓자고.

개념 3 8   **시간 표현**

우리는 이미 일상에서 시간 표현을 너무나도 자연스럽게 잘 사용하고 있어. 시간과 관련된 표현들을 문법적으로 정리해 보자. :)

✔ 시간 표현

어떤 동작이나 상태가 일어나는 시간과 관련된 일을 나타내는 표현

시제	동작상
말하는 이가 말하고 있는 시점을 기준으로, 말하는 사건이 언제 이루어졌는지를 문법적으로 표현하는 것	사건을 이루는 동작의 시간적 모습을 표현하는 것

✔ 시제 과거 시제

사건이 일어난 시점(**사건시**)이 말하고 있는 시점(**발화시**)보다 ㅇ ㅅ 있는 시제

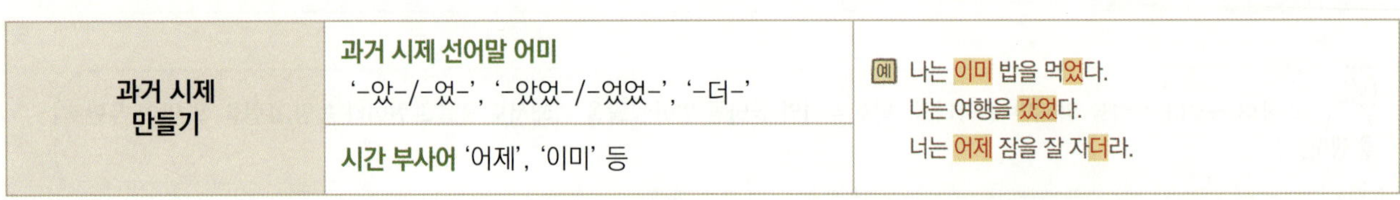

| 과거 시제 만들기 | **과거 시제 선어말 어미**
'-았-/-었-', '-았었-/-었었-', '-더-' | 예 나는 이미 밥을 먹었다.
나는 여행을 갔었다.
너는 어제 잠을 잘 자더라. |
| | **시간 부사어** '어제', '이미' 등 | |

✔ 시제 **현재 시제**

사건이 일어난 시점(**사건시**)과 말하고 있는 시점(**발화시**)이 ㄱ ㅇ 시제

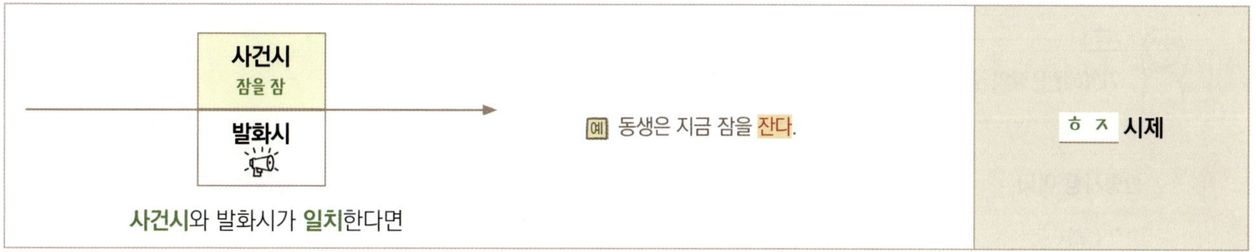

현재 시제 만들기	현재 시제 선어말 어미 '-는-/-ㄴ-' (※형용사, 서술격 조사: ∅)	예 나는 지금 밥을 먹는다. 밤하늘이 아름답다.
	시간 부사어 '오늘', '지금' 등	

✔ 시제 **미래 시제**

사건이 일어난 시점(**사건시**)이 말하고 있는 시점(**발화시**)보다 ㄷ ㅇ 있는 시제

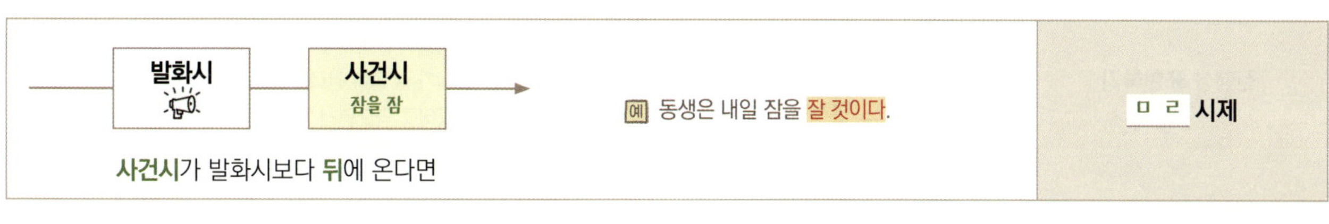

미래 시제 만들기	미래 시제 선어말 어미 '-겠-', '-ㄹ 것'	예 내일은 천둥이 치겠다. 그가 곧 도착할 것이다.
	시간 부사어 '내일', '곧' 등	

> **한 가지 더 배우기!**
>
> ### ✔ '-겠-'이 더해 주는 의미들
>
> ① ㅊ ㅊ　　예 지금쯤 공항에 도착했겠다.
> ② ㅇ ㅈ　　예 반드시 7kg을 빼고 말겠다.
> ③ ㄱ ㄴ ㅅ 및 능력　예 외줄타기는 나도 할 수 있겠다.
> ④ ㅇ ㄱ 한 표현　예 들어가도 괜찮겠습니까?

✔ 관형사형 어미로도 표현할 수 있는 시간 표현

관형사형 어미	동사		형용사	
'-(으)ㄴ'	예 이건 내가 어제 먹은 빵이야.	⋯➤ 과거	오늘도 맑은 하늘	⋯➤ 현재
'-던'	예 이건 내가 아까 먹던 빵이야.	⋯➤ 과거	방금 전까지 맑던 하늘	⋯➤ 과거
'-는'	예 이건 내가 매일 먹는 빵이야.	⋯➤ 현재	X	
'-(으)ㄹ'	예 이건 내가 내일 먹을 빵이야.	⋯➤ 미래	내일도 하늘은 맑을 것이다.	➤ 미래

✔ 동작상 진행상

동작이 ㅈ ㅎ 되고 있음을 나타내는 것

진행상 표현하기	보조 용언: '-고 있다', '-아/-어 가다' 등	예 아이들이 놀이터에서 놀고 있다. 빨래가 잘 말라 간다. 떡볶이를 먹으면서 영화를 본다.
	연결 어미: '-(으)면서'	

✔ 동작상 완료상

동작이 이미 ㅇ ㄹ 되었거나 완료된 ㅅ ㅌ 가 ㅈ ㅅ 됨을 나타내는 것

완료상 표현하기	보조 용언: '-아/-어 있다', '-아/-어 버리다' 등	예 나는 의자에 앉아 있다. 김밥을 세 개째 모두 먹어 버렸다. 방 청소를 다 하고서 책을 읽었다.
	연결 어미: '-고서'	

✔ 멀티 플레이어 '-고 있다'

'-고 있다'는 주로 진행상을 표현하지만, 때로는 완료상으로도 쓰일 수 있다.

예 형이 넥타이를 매고 있다.
  ① 형이 넥타이를 매는 행동을 하는 중이다. (ㅈ ㅎ 상)
  ② 형이 넥타이 매는 것을 끝마쳤고, 넥타이를 맨 상태가 지속되고 있다. (ㅇ ㄹ 상)

개념 3 9 피동 표현

 최근에는 잘못된 피동 표현을 사용하는 경우를 일상에서 많이 볼 수 있어. 피동 표현의 개념을 정확하게 이해하고, 많이 틀리는 잘못된 피동 표현도 바로 잡아 보도록 하자.

✔ 피동 표현　'능동'은 '피동'의 상대적 개념이야.

능동	피동
주어가 어떤 동작이나 행위를 ㅈㄱ 힘으로 하는 것 예 고양이가 쥐를 잡았다.	주어가 다른 주체에 의해 동작이나 행위를 ㄷㅎㄱ 되는 것 예 쥐가 고양이에게 잡혔다.

피동문 만들기	ㅍ ㅅ 적 피동	용언의 어간 + **피동 접미사 '-이-', '-히-', '-리-', '-기-'**	예 아기가 엄마에게 안겼다. 신발 끈이 풀렸다. 예약이 취소되었다. 우리는 이사를 가게 되었다.
		명사 + **피동 접미사 '-되(다)'**	
	ㅌ ㅅ 적 피동	**'-아/-어지다', '-게 되다'**	

한 가지 더 배우기!

✔ 이중 피동 노노!

피동 접미사와 피동의 의미를 나타내는 '-아/-어지다', '-게 되다'를 한꺼번에 사용하기 없음.

예 *잊혀진 사람 ⋯➤ 잊힌 사람

　*도저히 믿겨지지 않아. ⋯➤ 도저히 믿기지(믿어지지) 않아.

한 가지 더 배우기!

✔ 이럴 때 효과적으로 쓰이는 피동 표현

① 행위의 ㅈㅊ 를 알 수 없거나 행위를 당한 ㄷㅅ 또는 행위의 ㄱㄱ 를 강조할 때

　예 날씨가 풀렸다.

② 행위의 ㅈㅊ 를 감추거나 책임을 ㅎㅍ 하고 싶을 때

　예 ○○ 지역 개발 사업이 취소되었다.

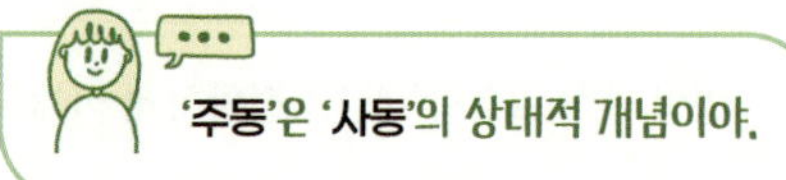

주동	사동
주어가 동작을 ㅈㅈ 하는 것	주어가 남에게 동작을 ㅅㅋㄴ 것
예 아기가 옷을 입었다.	예 엄마가 아기에게 옷을 입혔다.

사동문 만들기	ㅍㅅ적 사동	용언의 어간 + 피동 접미사 '-이-', '-히-', '-리-', '-기-', '-우-', '-구-', '-추-'	예 아이들이 얼음을 녹였다. 누나가 동생을 울렸다. 선생님이 친구들을 화해시키셨다. 엄마가 아기를 자게 했다.
		명사 + 사동 접미사 '-시키(다)'	
	ㅌㅅ적 사동	'-게 하다'	

한 가지 더 배우기!

✔ 직접 사동과 간접 사동

파생적 사동	ㅈㅈ 사동과 ㄱㅈ 사동으로 모두 해석 가능함.	예 엄마가 아기에게 옷을 입혔다.
통사적 사동	항상 ㄱㅈ 사동으로만 해석됨.	예 엄마가 아기에게 옷을 입게 했다.

● 정답 133쪽

STEP.2 개념 Quiz

25636-0152

Q.1  의 ⓛ, ⓒ이 모두 ⓘ을 실현하고 있는 문장으로 적절한지 판단해 보자.

> **선생님**: 국어의 시제는 화자가 말하는 시점인 발화시와 동작이나 상태가 나타나는 시점인 사건시를 기준으로, **㉠발화시보다 사건시가 앞서는 경우**, 발화시와 사건시가 일치하는 경우, 발화시보다 사건시가 나중인 경우로 나뉩니다. 이때 시제는 **㉡선어말 어미**, **㉢관형사형 어미**, 시간 부사어 등을 통해 실현됩니다.

① 지난번에 먹은 귤이 맛있었다. 　㉠ ㉡ ㉢
② 이것은 내일 내가 읽을 책이다. 　㉠ ㉡ ㉢
③ 이미 한 시간 전에 집에 도착했다. 　㉠ ㉡ ㉢
④ 작년에는 겨울에 함박눈이 왔다. 　㉠ ㉡ ㉢
⑤ 친구는 지금 독서실에서 공부를 한다. 　㉠ ㉡ ㉢

25636-0153

Q.2 보기 의 문장들을 이해한 내용으로 적절한지 O/X로 답해 보자.

> ㉠ 동생이 책을 읽고 있다.
> ㉡ 꽃이 아름답게 피어 있다.
> ㉢ 나는 노래를 부르면서 걸었다.
> ㉣ 그는 빨간 티셔츠를 입고 있다.
> ㉤ 나는 밥을 먹고서 집을 나섰다.

① ㉠: 사건시와 발화시가 일치하는 시제가 나타나며, '-고 있다'를 통해 사건이 계속 이어지고 있음을 표현하고 있다. 　O X
② ㉡: 어떤 사건이 끝난 후의 결과가 지속되고 있음을 나타내는 완료상이 실현되어 있다. 　O X
③ ㉢: 연결 어미를 통해 시간의 흐름 속에서 사건이 완료되었음을 표현하고 있다. 　O X
④ ㉣: 진행상으로 해석할 수도 있지만, 완료상으로도 해석할 수 있다. 　O X
⑤ ㉤: 사건시가 발화시보다 앞서는 시제가 나타나며, '-고서'를 통해 사건이 끝났음을 나타내는 동작상을 표현하고 있다. 　O X

25636-0154

Q.3 보기에서 설명한 피동문을 만드는 방법이 사용된 사례로 적절한지 O/X로 답해 보자.

보기

피동 표현은 일부 능동사의 어간에 피동 접미사 '-이-,-히-,-리-,-기-'를 붙여서 만들 수 있다.

① 들판이 눈으로 **덮였다**. O X

② 눈가에 눈물이 **맺혔다**. O X

③ 오빠가 구슬을 **굴렸다**. O X

④ 과일이 그릇에 **담겼다**. O X

⑤ 소리가 그에게 **들렸다**. O X

25636-0155

Q.4 보기를 바탕으로 피동문과 사동문에 대해 이해한 내용이다. 빈칸에 알맞은 말을 써 넣어 보자.

보기

㉠ 언니가 동생을 안았다. → ⓐ 동생이 언니에게 안겼다. / ⓑ 엄마가 언니에게 동생을 안겼다.

㉡ 나는 그림을 보았다. → ⓒ 그림이 나에게 보였다. / ⓓ 형이 나에게 그림을 보게 했다.

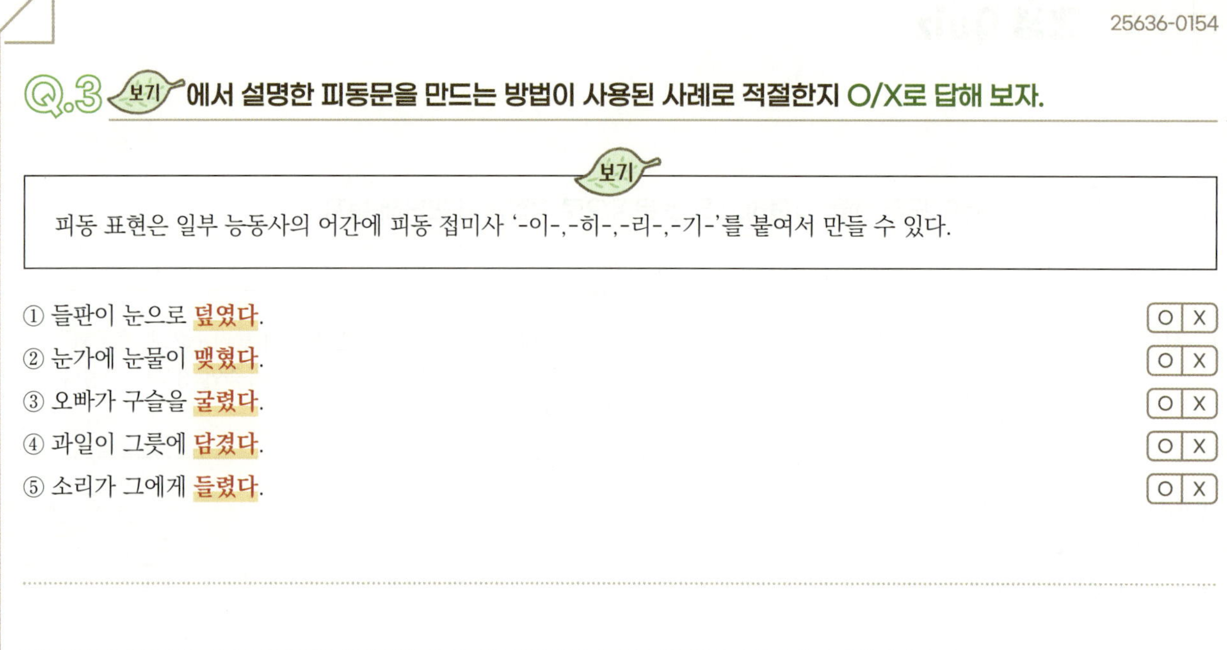

① ㉠과 ⓐ를 보니 능동문의 주어는 피동문에서 __________가 되는군.

② ㉡과 ⓓ를 보니 주동문이 사동문으로 바뀌면 새로운 __________가 나타나는군.

③ ⓐ와 ⓒ는 모두 능동문의 동사에 피동 __________가 결합되어 만들어진 __________ 피동문이군.

④ ⓓ는 ⓑ와 달리 __________ 사동으로만 해석할 수 있군.

STEP.3 개념 Jump

● 정답 133쪽

[01-02] 다음 글을 읽고 물음에 답하시오.

| 고1 전국연합학력평가 |

　문장에서 주어가 자기 힘으로 동작이나 행위를 하는 것을 능동, 주어가 다른 주체에 의해 동작이나 행위를 당하는 것을 피동이라 한다. 그리고 능동이 표현된 문장은 능동문, 피동이 표현된 문장은 피동문이라고 한다.

　피동문을 형성하는 방법에는 여러 가지가 있다. 우선 용언 어간에 피동 접미사 '-이-', '-히-', '-리-', '-기-'를 결합하여 새로운 피동사를 파생하는 방법이 있다. 다음으로 연결 어미를 이용하여 구성된 '-아/어지다', '-게 되다'를 어간에 결합하는 방법이나 일부 명사 뒤에 '-되다'를 붙이는 방법도 있다. 이러한 문법 요소를 활용하여 피동의 의미를 나타내는 것을 피동 표현이라고 한다.

　피동 표현을 사용하여 능동문을 피동문으로 만들면, 일반적으로 능동문의 목적어는 피동문의 주어가 되고 능동문의 주어는 피동문의 부사어가 된다. 그런데 피동문에 대응하는 능동문을 상정하기 어려운 경우도 있다. 가령 '날씨가 풀렸다.'라는 문장은 피동문의 서술어가 동작이나 행위가 아니라 자연적인 상태 변화를 나타낸다. 따라서 '(누가) 날씨를 풀었다.'처럼 행위의 주체를 설정하기 어렵기 때문에 능동문으로 만들면 어색하게 느껴지는 것이다.

　피동 표현은 행위의 대상에 초점을 맞추어 표현하기에 행위의 주체가 강조되지 않는다. 따라서 행위의 주체를 모르거나 설정하기 어려울 때, 행위의 주체를 의도적으로 숨기고자 할 때, 객관적인 느낌을 주고자 할 때 등에 사용한다. 한편, 피동의 문법 요소를 두 번 결합한 이중 피동을 사용하는 경우도 있다. 이는 어색한 표현인 경우가 많으므로 주의해야 한다.

---

01 윗글을 통해 알 수 있는 내용으로 적절하지 **않은** 것은?　　25636-0156

① 피동 표현을 사용하면 행위의 대상보다 행위의 주체가 강조된다.　Ok No

② 객관적인 느낌을 전달하려는 의도로 피동 표현을 사용할 수 있다.　Ok No

③ 주어가 다른 주체에 의해 어떤 행위를 당하는 것을 피동이라 한다.　Ok No

④ 행위의 주체를 모르거나 설정하기 어려울 때 피동 표현을 사용할 수 있다.　Ok No

⑤ 피동 접미사 이외의 문법 요소를 활용하여 피동의 의미를 나타낼 수 있다.　Ok No

02 윗글을 바탕으로 를 탐구한 결과로 적절하지 **않은** 것은?　　25636-0157

ㄱ. 아버지가 아들을 안았다. → 아들이 아버지에게 안겼다.

ㄴ. 조사 결과 화재의 원인은 누전으로 파악됩니다.

ㄷ. 더위가 꺾였다. → (누가) 더위를 꺾었다.

ㄹ. 이번 패배는 그의 실책으로 보여진다.

① ㄱ에서는 능동문을 피동문으로 바꿀 때 능동문의 주어가 피동문의 부사어가 되었군.　Ok No

② ㄴ에서는 명사 뒤에 '-되다'를 결합하여 피동의 의미를 표현했군.　Ok No

③ ㄷ에서는 서술어가 자연적인 상태의 변화를 나타내어 피동문에 대응하는 능동문을 상정하기 힘들군.　Ok No

④ ㄹ에서는 피동 접미사가 두 번 결합한 이중 피동이 쓰였군.　Ok No

⑤ ㄱ과 ㄷ에서는 모두 피동 접미사로 피동의 의미를 표현했군.　Ok No

03

보기 의 ㉠, ㉡에 해당하는 예끼리 묶은 것으로 적절한 것은?

25636-0158

보기

선생님: 피동은 주어가 다른 주체에 의해 어떤 동작을 당하거나 영향을 받는 것이고, 사동은 주어가 다른 대상에게 어떤 동작을 하게 하는 것을 의미합니다. 피동 표현과 사동 표현은 접미사에 의해 실현되기도 하는데, 피동 접미사와 사동 접미사가 같은 형태인 경우 문장에서의 쓰임을 바탕으로 그 접미사가 피동 접미사인지 사동 접미사인지를 파악해야 합니다.

학생: 선생님, 그럼 [㉠]는 피동 접미사가 쓰인 경우이고, [㉡]는 사동 접미사가 쓰인 경우이겠군요.

선생님: 네, 맞습니다.

---

① ㉠: 욕심 많은 사람들은 제 배만 **불렸다**. [피동|사동]

  ㉡: 나는 아이들에게 돌아가며 노래를 **불렸다**. [피동|사동]

② ㉠: 우리 직원들은 다른 부서에 약점을 **잡혔다**. [피동|사동]

  ㉡: 그는 마지못해 은행에 주택마저 담보로 **잡혔다**. [피동|사동]

③ ㉠: 어머니는 집을 나서는 딸의 손에 책을 **들렸다**. [피동|사동]

  ㉡: 팔에 힘을 주니 무거운 가방이 번쩍 **들렸다**. [피동|사동]

④ ㉠: 저녁을 준비하던 형은 나에게 찌개 맛부터 **보였다**. [피동|사동]

  ㉡: 그 일이 있고 난 뒤부터 그가 다시 예전처럼 **보였다**. [피동|사동]

⑤ ㉠: 직원이 일을 잘못 처리해서 회사에 손해만 **안겼다**. [피동|사동]

  ㉡: 막냇동생은 자기가 들고 있던 짐마저 나에게 **안겼다**. [피동|사동]

04

〈보기〉의 ㉠과 ㉡에 해당하는 예로 적절한 것은?

25636-0159

보기

 피동문은 서술어가 형성되는 방법에 따라서, '파생적 피동문'과 '통사적 피동문'으로 나뉜다. 파생적 피동문은 능동사 어간을 어근으로 하여 파생 접사 '-이-, -히-, -리-, -기-'가 붙어 만들어진 피동사를 서술어로 하는 문장이다. 한편 통사적 피동문은 서술어로 쓰이는 타동사의 어간에 '-아/어지다' 등이 결합되어 만들어진다.

 그런데 동사의 성격에 따라서는 ㉠피동사로 파생되지 않는 동사도 있다. 또 ㉡능동문의 서술어로 쓰인 동사의 피동사가 존재함에도 불구하고 파생적 피동문으로 바꿀 수 없는 문장도 있다.

	㉠		㉡	
①	주다	Ok | No	고양이가 쥐를 잡았다.	Ok | No
②	먹다	Ok | No	사람들이 열심히 풀을 뽑았다.	Ok | No
③	돕다	Ok | No	동생이 부모님께 칭찬을 들었다.	Ok | No
④	만나다	Ok | No	학생들이 벽화를 멋지게 그렸다.	Ok | No
⑤	나누다	Ok | No	누나가 일부러 문을 세게 닫았다.	Ok | No

내가 그리는 개념 마인드맵

 일상에서 잘못된 피동 표현이나 사동 표현을 쓰는 경우를 자주 볼 수 있어. 올바른 표현이 무엇인지 정확하게 알고, 실제 대화 상황에서도 올바른 피동 표현과 사동 표현을 사용해 보자. :)

오늘 꼭 알아야 할 개념

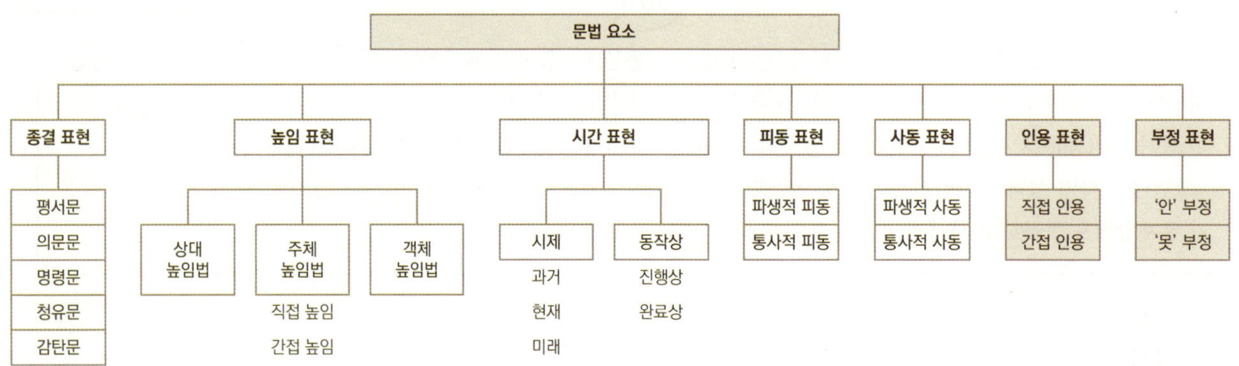

STEP.1   개념 Hi

이번 시간에는 인용 표현과 부정 표현을 공부해 볼 거야. 일상에서 많이 사용하는 표현이니까 우리의 언어생활을 점검한다는 느낌으로 공부해 보자. 어렵지 않아. :)

개념 4 1   인용 표현

일상생활에서는 물론이고 책이나 방송, 신문 기사에서도 다른 사람의 말을 인용하는 경우가 아주 많아. 인용하는 방법에는 두 가지가 있어.

✔ 인용 표현

다른 사람의 말이나 글을 자신의 말이나 글 속에 옮겨 끌어다 쓰는 표현

직접 인용	간접 인용
다른 사람의 말이나 글을 원래의 내용과 형식 그대로 옮기는 것	다른 사람의 말이나 글을 옮겨서 쓸 때, 말하거나 쓰는 사람의 관점에서 해석하여 표현하는 것

✔ 직접 인용

ㅋㅍㅇㅍ와 직접 인용격 ㅈㅅ를 사용하는 인용 표현

직접 인용 표현하기	"인용하고자 하는 내용" + **인용격 조사 '라고'**	예 "학교 가자."라고 말했다. "쿵" 하고 큰 소리가 울렸다.
	"인용하고자 하는 내용" + **동사 '하다(고)'**	

'라고'는 조사니까 앞말에 붙여 써야 하지만, '하다'는 동사니까 앞말과 띄어서 쓰는 거야.

✔ 간접 인용

`ㅇ ㅇ` 부호 없이 간접 인용격 `ㅈ ㅅ`를 사용하는 인용 표현

간접 인용 표현하기	인용 부호를 사용하지 않고 **인용격 조사 '고'**를 사용함.	예 새벽이가 학교에 가자고 말했다. 새벽이가 학교에 도착했냐고 물었다.

간접 인용은 `ㅁ ㅎ ㄴ` 사람 혹은 `ㄱ ㅆ ㅇ`의 관점에서 표현하기 때문에 인용하는 내용의 `ㅈ ㄱ` 어미가 바뀌기도 해.

예 은혜가 "배고프**다**."라고 말했어. ➡ 은혜가 배고프**다고** 말했어.
　은혜가 "밥 먹**자**."라고 말했어. ➡ 은혜가 밥 먹**자고** 말했어.
　은혜가 "밥 먹었**니**?"라고 물었어. ➡ 은혜가 밥 먹었**냐고** 물었어.
　은혜가 "밥 먹**어라**."라고 말했어. ➡ 은혜가 밥 먹**으라고** 말했어.

한 가지 더 배우기!

간접 인용은 직접 인용처럼 인용하는 문장을 있는 그대로 가지고 오는 게 아니기 때문에, **인칭 표현, 지시 표현, 높임 표현, 시간 표현** 같은 것들이 **말하는 사람 혹은 글쓴이의 관점**에서 바뀔 수 있다.

• 인칭 표현

　혜미가 "**제**가 하겠습니다."라고 말했다.
　➡ 혜미가 `ㅈ ㄱ`가 하겠다고 말했다.

• 지시 표현

　성미는 "**이** 책이 요즘 내가 읽고 있는 책이야."라고 말했다.
　➡ (성미가 말한 책을 가리키며) 성미는 `ㅈ` 책이 요즘 자기가 읽고 있는 책이라고 말했다.

• 높임 표현

　은성이가 "저에게 **주세요**."라고 말했다.
　➡ 은성이가 자기에게 `ㄷ ㄹ`고 말했다.

• 시간 표현

　용준이가 어제 "**내일** 도착할 거야."라고 말했다.
　➡ 용준이가 어제 `ㅇ ㄴ` 도착할 거라고 말했다.

숙제를 **안** 해 온 학생과 **못** 해 온 학생 중 누가 선생님께 혼날까? ㅎㅎ 정답은 둘 다 혼난다... 그런데 '안' 해 온 것과 '못'해 온 것은 분명 의미 차이가 있기는 해. 어떤 차이인지 문법적(?)으로 공부해 보자. :)

✔ 부정 표현

문장의 내용 전체나 일부분을 부정하는 표현

'안' 부정		'못' 부정
단순 부정	의지 부정	능력 부정
어떤 상태가 그렇지 않음을 나타냄.	주체의 의지에 의해 어떤 동작이 일어나지 않음을 나타냄.	주체의 능력이나 그 밖의 다른 상황 때문에 그 일이 일어나지 못함을 나타냄.

✔ '안' 부정

어떤 ㅅㅌ가 그렇지 않음을 나타내거나 주체의 ㅇㅈ에 의해 어떤 **동작이 일어나지 않음**을 나타내는 부정 표현

'안' 부정문 만들기	짧은 부정: **부정 부사 '안'**	예 숙제를 **안** 했다. 어제는 비가 **안** 왔다. 하늘이 **안** 푸르다.
	긴 부정: **'-지 아니하다(않다)'**	예 숙제를 하**지 않았다.** 어제는 비가 오**지 않았다.** 하늘이 푸르**지 않았다.**

형용사와 일부 동사는 '안' 부정문이 **단순 부정**을 나타낼 때가 있어. '하늘'이 의지를 가지고 푸르지 않은 게 아니라, 그냥 '하늘의 상태'가 푸르지 않은 상태를 진술하는 것뿐인 거야.

> **한 가지 더 배우기!**
>
> 맞춤법 틀리지 말자, 진짜...
> '않다'는 '아니하다'를 줄인 말
>
> 예 안 돼. (O) / 않 돼 (X) (아니하 돼???)
> 안 봤어. (O) / 않 봤어 (X) (아니하 봤어???)
> 가지 안을래. (X) / 가지 않을래. (O) (=가지 아니할래.)

✔ '못' 부정

주체의 ㄴ ㄹ 이나 그 밖의 다른 상황 때문에 그 일이 일어나지 못함을 나타내는 부정 표현

'못' 부정문 만들기	짧은 부정: 부정 부사 '못'	예 숙제를 못 했다. *하늘이 못 푸르다.
	긴 부정: '-지 못하다'	예 숙제를 하지 못했다. *하늘이 푸르지 못했다.

'못' 부정은 대체로 서술어가 동사인 경우에 사용할 수 있어.

> 한 가지 더 배우기!
>
> ## ✔ '말다' 부정
>
> 명령문과 청유형에서 보조 동사 'ㅁ ㄷ'가 결합하는 부정 표현
>
> | '말다'부정문
만들기 | 명령문: '-지 마라(말아라)' | 예 그 빵을 먹지 마라(말아라).
*그 빵을 안 먹어라.
*그 빵을 못 먹어라. |
> |---|---|---|
> | | 청유문: '-지 말자' | 예 그 빵을 먹지 말자.
*그 빵을 안 먹자.
*그 빵을 못 먹자. |
>
> '말다' 부정은 서술어가 형용사일 때는 쓰이지 않아. 기억하지? 형용사는 동사와 달리 명령문과 청유문의 서술어로 쓰이지 않는다는 거 배웠잖아.

> 한 가지 더 배우기!
>
> ## ✔ 부정 표현의 중의적 의미
>
> | | 그 책을 읽은 건 은찬이가 아니다. |
> |---|---|
> | ① '그 책' 부정 | 은찬이가 읽은 건 그 책이 아니라 이 책이다. |
> | ② '읽은' 부정 | 은찬이는 그 책을 읽은 게 아니라 베고 잤다. |
> | ③ '은찬이' 부정 | 그 책을 읽은 건 은찬이가 아니라 은우다. |
>
> 부정 표현의 중의성을 해소하기 위해 부정하고자 하는 말에 보조사 '은/는', '만', '도'를 덧붙이거나 부정하는 말에 강세를 줄 수 있어.

■ **초성 퀴즈 답** 큰따옴표, 조사, 인용, 조사, 말하는, 글쓴이, 종결, 자기, 저, 달라, 오늘 / 상태, 의지, 능력, 말다

STEP.2 개념 Quiz

25636-0160

Q.1  보기 1 을 참고할 때 보기 2 의 ㉠에 들어갈 말을 써 보자.

 보기 1

다른 사람의 말을 직접 인용할 때는 인용할 내용에 따옴표가 붙고 조사 '라고'가 사용된다. 간접 인용할 때는 인용할 내용에 조사 '고'가 붙고, 경우에 따라 인용문의 인칭 대명사, 종결 어미가 바뀐다.

 보기 2

직접 인용 표현: 친구가 나에게 "너의 취미가 뭐야?"라고 물었다.

간접 인용 표현: 친구가 나에게 (㉠   )물었다.

㉠:

25636-0161

Q.2  보기 를 참고하여 ㉠~㉣을 간접 인용으로 바꾼 문장의 빈칸에 알맞은 말을 써 넣어 보자.

보기

다른 사람이 한 말을 옮기는 방식은 두 가지로 나눌 수 있다. 하나는 다른 사람이 한 말을 그대로 가져오는 **직접 인용**이고, 다른 하나는 다른 사람의 말을 자신의 관점에서 다시 서술하여 표현하는 **간접 인용**이다. 직접 인용에서는 다른 사람의 말과 그것을 옮겨다 쓰는 사람의 말을 분명히 구별하기 위하여 따다 쓴 말 앞뒤에 큰따옴표를 찍는다. 간접 인용에서는 주어와 서술어, 몇몇 단어 등이 이야기하는 사람의 관점에서 바뀌고, 인용 부호를 찍지 않는다.

직접 인용	간접 인용
㉠ 전화 통화 중 주완이는 "거기에도 비가 와?"라고 물었다.	→ 전화 통화 중 주완이는 ________에도 비가 오냐고 물었다.
㉡ 수학여행 중 지원이는 "빨리 출발합시다."라고 재촉했다.	→ 수학여행 중 지원이는 빨리 ____________ 재촉했다.
㉢ 찬일이는 "모둠 활동에서 내가 발표를 맡을래."라고 외쳤다.	→ 찬일이는 모둠 활동에서 자기가 발표를 ________ 외쳤다.
㉣ 어제 태윤이를 만났는데, "어제 학교에서 영채를 봤어."라고 하더라.	→ 어제 태윤이를 만났는데, ________ 학교에서 영채를 봤다고 하더라.

25636-0162

Q.3 다음 문장들을 단순 부정, 의지 부정, 능력 부정으로 구분해 보자.

① 서현이는 포기하지 않았다. 　　　　　　　　단순 | 의지 | 능력

② 이 문제는 별로 안 어렵다. 　　　　　　　　단순 | 의지 | 능력

③ 그는 오늘도 학원에 안 갔다. 　　　　　　　단순 | 의지 | 능력

④ 나는 그 언니와 친하지 않다. 　　　　　　　단순 | 의지 | 능력

⑤ 날씨가 더 이상 쌀쌀하지 않다. 　　　　　　단순 | 의지 | 능력

⑥ 우리는 어제 제주도에 못 갔다. 　　　　　　단순 | 의지 | 능력

⑦ 나는 그 장면을 차마 보지 못했다. 　　　　　단순 | 의지 | 능력

⑧ 그는 끝까지 그 도넛을 먹지 않았다. 　　　　단순 | 의지 | 능력

25636-0163

Q.4 보기 를 참고하여 제시된 문장의 중의성을 해소하는 방안에 대한 설명으로 적절한지 O/X로 답해 보자.

보기

　부정문에서 '안, 아니다' 등이 부정하는 내용은 맥락에 따라 달라질 수 있다. '철수가 책을 안 읽었다.'에서 '안'이 부정하는 내용은 '철수'일 수도 있고, '책'일 수도 있고, '읽다'일 수도 있다. 다음의 문장을 통해 보다 구체적으로 부정문의 중의성과 이를 해소하는 방법에 대해 생각해 보자.

> **지윤이가 어제 학교에서 그림을 그리지 않았다.**

① 부정의 초점이 '지윤이가'에 놓일 경우 '지윤이가 어제 학교에서 그림을 안 그렸다.'로 수정한다. 　　O | X

② 부정의 초점이 '학교에서'에 놓일 경우 '지윤이는 어제 학교에서 그림을 안 그렸다.'로 수정한다. 　　O | X

③ 부정의 초점이 '그리다'에 놓일 경우 '지윤이가 어제 학교에서 그림은 그리지 않았다.'로 수정한다. 　　O | X

④ 부정의 초점이 '그림을'에 놓일 경우 '지윤이가 어제 학교에서 그린 것은 그림이 아니다'로 수정한다. 　　O | X

STEP.3 개념 Jump

01

 의 [학습 자료]를 바탕으로 [학습 과제]를 수행한 결과로 적절하지 **않은** 것은?

25636-0164

보기

[학습 자료]

◦직접인용: 원래의 말이나 글을 그대로 큰따옴표(" ")에 넣어 인용하는 것. 조사 '라고'를 사용함.

◦간접인용: 인용된 말이나 글을 자신의 관점에서 다시 서술하여 표현하는 것. 조사 '고'를 사용함.

[학습 과제]

밑줄 친 부분에 주목하여 직접 인용을 간접 인용으로 바꾸어 보자.

ㄱ. 지아가 "꽃이 벌써 **폈구나**!"라고 했다.

　→ 지아가 꽃이 벌써 **폈다**고 했다.

ㄴ. 지아가 "버스가 벌써 **갔어요**."라고 했다.

　→ 지아가 버스가 벌써 **갔다**고 했다.

ㄷ. 나는 어제 지아에게 "**내일** 보자."라고 했다.

　→ 나는 어제 지아에게 **오늘** 보자고 했다.

ㄹ. 전학을 간 지아는 "**이** 학교가 좋다."라고 했다.

　→ 전학을 간 지아는 **그** 학교가 좋다고 했다.

ㅁ. 지아는 나에게 "민지가 **너**를 불렀다."라고 했다.

　→ 지아는 나에게 민지가 **자기**를 불렀다고 했다.

---

① ㄱ [Ok | No]　② ㄴ [Ok | No]　③ ㄷ [Ok | No]　④ ㄹ [Ok | No]　⑤ ㅁ [Ok | No]

02

〈학습 활동〉을 수행한 결과로 적절하지 **않은** 것은?

25636-0165

〈학습 활동〉

　직접 인용을 간접 인용으로 바꿀 때는 인용 조사, 인용절의 종결 어미, 대명사, 시간 표현, 높임 표현 등에서 변화가 생길 수 있다. 다음 직접 인용 문장을 간접 인용 문장으로 바꿀 때 어떤 변화가 생길지 분석해 보자.

ㄱ. 그는 나에게 "당신은 제 책을 보셨습니까?"라고 물었다.
ㄴ. 나는 어제 그에게 "그녀는 내일 도착합니다."라고 말했다.

---

① ㄱ은 인용절의 높임 표현이 바뀐다. ` Ok | No `
② ㄴ은 인용절의 시간 표현이 바뀐다. ` Ok | No `
③ ㄱ은 ㄴ과 달리 인용절의 대명사가 바뀐다. ` Ok | No `
④ ㄴ은 ㄱ과 달리 인용절의 종결 어미가 바뀐다. ` Ok | No `
⑤ ㄱ과 ㄴ은 모두 인용절에 연결된 인용 조사가 바뀐다. ` Ok | No `

03

 의 ⊙~ⓒ에 들어갈 문장으로 적절한 것은?

보기

부정문에는 주체의 의지에 의한 행동의 부정을 나타내는 '안' 부정문과 주체의 의지가 아닌, 그의 능력이나 외부의 원인으로 그 행위가 일어나지 못함을 나타내는 '못' 부정문이 있다. '동생이 잔다.'라는 긍정문을 아래의 과정을 통해 부정문으로 바꾸어 보자.

| 주체의 의지가 있습니까? | ⇨ 아니요 | ⊙ |

⇩ 예

| 긴 부정문입니까? | ⇨ 아니요 | ⓒ |

⇩ 예

| ⓒ |

	⊙	ⓒ	ⓒ
①	동생이 자지 못한다.	동생이 못 잔다.	동생이 안 잔다.
②	동생이 못 잔다.	동생이 안 잔다.	동생이 자지 않는다.
③	동생이 안 잔다.	동생이 자지 않는다.	동생이 못 잔다.
④	동생이 자지 못한다.	동생이 못 잔다.	동생이 자지 않는다.
⑤	동생이 못 잔다.	동생이 안 잔다.	동생이 자지 못한다.

04

 를 통해 부정 표현의 특성에 대해 탐구한 내용으로 적절하지 <u>않은</u> 것은?

25636-0167

보기

ㄱ. 나는 수학 공부를 안 했다.

　　나는 수학 문제가 어려워서 못 풀었다.

ㄴ. 여기에는 이제 해가 비치지 {않는다/못한다}.

ㄷ. 그녀를 만나지 {*않아라/*못해라/마라}.

ㄹ. 그는 결코 그 일을 {*했다/안 했다}.

　　그는 분명히 그 일을 {했다/안 했다}.

ㅁ. 교실이 {안/*못} 깨끗하다.

*비문법적 표현.

① ㄱ을 보니, '안' 부정문은 '의지 부정'을 나타내고, '못' 부정문은 '능력 부정'을 나타내는군. ☐ Ok ☐ No

② ㄴ을 보니, 행동 주체의 의지를 부정할 때는 '긴 부정문'만 쓸 수 있군. ☐ Ok ☐ No

③ ㄷ을 보니, 명령문의 부정 표현은 보조 용언 '말다'를 활용하여 사용하는군. ☐ Ok ☐ No

④ ㄹ을 보니, 어떤 부사는 반드시 부정 표현과 함께 쓰여야 하는군. ☐ Ok ☐ No

⑤ ㅁ을 보니, 형용사를 부정할 때에는 부사 '못'을 사용하여 부정 표현을 나타낼 수 없군. ☐ Ok ☐ No

---

내가 그리는 개념 마인드맵

우리말의 문법 요소들, 종결 표현, 높임 표현, 시간 표현, 피동 및 사동 표현, 인용 표현, 부정 표현을 공부했어. 평소에도 정확한 의사소통을 하기 위해서는 정확히 이해해야 하는 개념들이야. 꼼꼼히 복습하면서 꼭 내 것으로 만들자. :)

13강 담화

오늘 꼭 알아야 할 개념

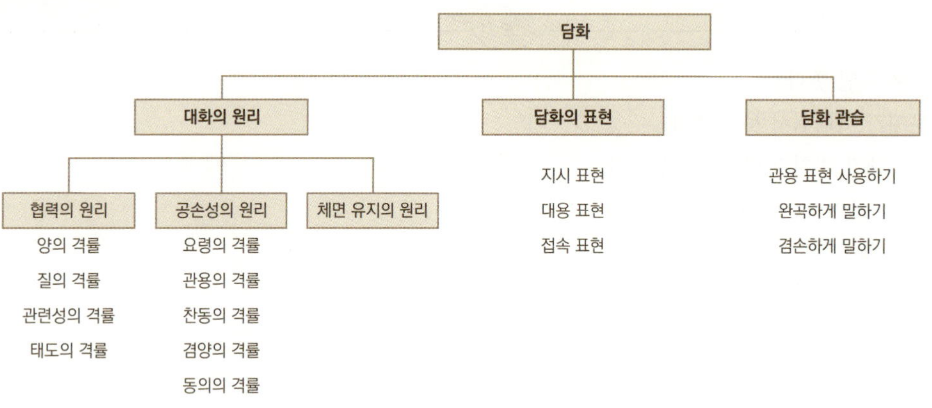

STEP.1 개념 Hi

일상생활에서 대화하지 않고 살아갈 수 있을까? 생각해 보면 국어 시간에 무엇보다 중요하게 배워야 하는 것 중 하나가 **대화의 원리**라고 할 수 있을 것 같아. 대화의 원리를 종류별로 구분하고 이론적으로 접근해 내용을 암기해야 한다는 게 아니라, 대화를 위해 지켜야 할 원리에 대해 알고 그 의미를 깊이 생각해 보는 기회와 평소 우리가 대화하는 모습과 그 내용을 반성해 보는 시간은 꼭 필요하다고 생각해.

개념 4 3 대화의 원리

✔ **대화의 원리**

상대방과의 원활한 ㅇㅅㅅㅌ 을 위해 ㄷㅎ 할 때 고려해야 하는 것

협력의 원리	공손성의 원리	체면 유지의 원리
대화 참여자들이 대화의 목적에 성공적으로 도달하기 위해 협력하여 대화를 해야 한다는 원리	대화 참여자들이 상대를 배려하며 예의를 갖추어 대화해야 한다는 원리	대화 참여자들이 상대방의 체면을 위협하는 말을 피하면서 대화해야 한다는 원리

✔ 협력의 원리

양의 격률	대화의 목적에 `ㅍ ㅇ ㅎ` 만큼의 정보를 제공하여 말하기 예 A 이 사과 어디에서 샀어? B 색깔이 붉고, 윤기가 흐르며, 과육이 단단한 사과가 나는 좋아. 새콤달콤하고 아삭아삭하면 더 맛있어. 우리 가족은 매일 아침에 사과를 꼭 먹어. 건너편 가게에서 살 수 있을 거야. 그 집 귤도 참 맛있어.
질의 격률	타당한 근거를 들어 `ㅈ ㅅ`을 말하기 예 A 사고 당시 신호를 확인하셨나요? B 제가 교차로에 진입할 때는 초록불이 노란불로 바뀌기 직전이었어요. (거짓말)
관련성의 격률	대화의 목적이나 주제와 `ㄱ ㄹ`된 것을 말하기 예 A 형, 배구 경기가 언제 시작하지? B 어제 모든 프로 축구 경기는 취소되었어.
태도의 격률	`ㅁ ㅎ`하거나 `ㅈ ㅇ ㅈ`인 표현을 피하고 간결하고 조리 있게 말하기 예 A 우리반 대학 탐방은 어느 대학교로 가면 좋을까? B 우리반 학생들이 진학하고 싶어하는 A 대학도 좋을 거 같은데 대학 탐방을 간다고 꼭 그 대학에 진학할 수 있는 것도 아니고, 그냥 가깝고 교통이 편한 B 대학에 가 보는 것도 좋을 것 같긴 한데 다들 좋아할지 잘 모르겠고...

✔ 공손성의 원리

공손성의 원리를 **정중 어법**이라고도 부르는데, 정중하지 않은 **표현**을 **최소화**하고 정중한 **표현**을 **최대화**하여 말하는 방법이라고 생각할 수 있어.

요령의 격률	상대에게 ㅂㄷ 이 되는 표현은 줄이고, ㅇㅇ 이 되는 표현은 늘리기 예 은수야, 네 축구공 좀 빌려줄 수 있겠니?	**상대**에게 **부담↓** 이익↑
관용의 격률	자신에게 ㅇㅇ 을 주는 표현은 줄이고, ㅂㄷ 을 주는 표현은 늘리기 예 잠깐 딴생각을 하느라 못 들었어. 한 번만 더 말해 줄래?	**자신**에게 **이익↓** 부담↑
찬동의 격률	상대를 ㅂㅂ 하는 표현은 줄이고 ㅊㅊ 하는 표현은 늘리기 예 네가 필기한 노트를 보니 선생님께서 말씀하신 내용이 너무 잘 정리가 되어 있어서 이해가 잘 됐어.	**상대**에게 **비방↓** 칭찬↑
겸양의 격률	자신을 ㅊㅊ 하는 표현은 줄이고 ㄱㅅ 하게 표현하기 예 A: 이번에 낸 소감문 정말 잘 썼더라. 　 B: 아닙니다. 아직 여러모로 부족합니다.	**자신**에게 **칭찬↓** 비방↑
동의의 격률	자신과 상대방의 의견에서 다른 점은 줄이고 ㄱㅌㅈ 은 늘리기 예 A: 날씨가 덥지만, 지금 산책할까? 　 B: 좋은 생각이야. 하지만 조금 시원해지면 가는 게 어때?	**상대+자신** 일치↑ 차이↓

✔ 체면 유지의 원리

모든 사회 구성원이 자신에 대해 주장하는 공적 자아상을 '**체면**'이라고 해. 대부분의 사람들은 대화의 상황에서 체면을 지키고 싶어해. 대화를 할 때는 상대방의 체면을 위협하는 말과 행동은 피하는 게 좋겠지?

적극적 예의를 갖추어 말하기	상대방에 대한 ㅇㄷㄱ 이나 ㅊㅊ 의 표현을 활용하여 말하기 예 네가 PPT를 정말 세련되게 잘 만들잖아. 네가 자료 제작을 맡아 주면 우리 팀에 큰 도움이 될 거야.
소극적 예의를 갖추어 말하기	ㅇㅎ 를 구하는 말이나 ㅁㅇㅎ 을 표시하는 말을 먼저 하기 예 번거롭게 해 드려 죄송해요. 이 문제를 다시 한번 설명해 주실 수 있을까요?

개념 44 담화의 표현

'**담화**'란 화자(말하는 이)와 청자(듣는 이)를 포함하여 구체적인 문맥 속에서 이루어지는 발화나 발화의 연속체를 말해.

✔ 지시 표현

담화 장면을 구성하는 화자, 청자, 사물, 시간, 장소 등의 요소를 직접 ㄱㄹㅋㄴ 표현

✔ 대용 표현

담화에서 언급된 말, 혹은 뒤에서 언급될 말을 ㄷ ㅅ 하는 표현

✔ 접속 표현

문장과 문장, 발화와 발화를 ㅇ ㄱ 해 주는 표현

예 (친구가 든 꽃을 보면서) "**이** 꽃 예쁘네. **그런데** 지난번 꽃도 예쁘던데, 그때 **그거**는 어디서 샀어?"
　　　　지시 표현 ◀┄┈　　　　┈┈▶ 접속 표현　　　　　　　┈┈▶ '지난번 꽃'의 대용 표현

개념 45 담화 관습

✔ 담화 관습

오랜 시간에 걸쳐 공동체 구성원들의 명시적이거나 암묵적인 동의하에 형성되어 온 말하기나 글쓰기에 관한 규칙이나 질서

관용 표현 활용하기	ㄱㅇㅇ나 ㅅㄷ을 활용하여 말하기 예 나와 동생은 손발이 맞아 방 청소를 금방 끝냈다.
완곡하게 말하기	직설적으로 표현하지 않고 ㄷㄹ 말하기 예 잔액이 부족합니다. ➜ 충전이 필요합니다.
겸손하게 말하기	ㅇㅇ를 갖추어 자신을 낮추어 말하기 예 A: 3연속 10점을 맞추다니, 대단해! 　　B: 운이 좋았던 거 같아요.

원활한 의사소통을 위해서는 자신이 속한 언어 공동체의 **담화 관습**을 올바르게 이해하는 것이 중요하겠지? 그렇지만 오랜 시간 동안 이어져 온 담화 관습을 **점검**해 보고 **비판적**으로 수용하는 태도도 분명히 갖춰야 할 거야. :)

■ **초성 퀴즈 답** 의사소통, 대화, 필요한, 진실, 관련, 모호, 중의적, 부담, 이익, 이익, 부담, 비방, 칭찬, 칭찬, 겸손, 공통점, 유대감, 칭찬, 양해, 미안함 / 가리키는, 대신, 연결 / 관용어, 속담, 돌려, 예의

STEP.2 개념 Quiz

25636-0168

Q.1 [A]에 대한 설명으로 적절한지 O/X로 답해 보자.

> **서현**: 축제를 앞두고 우리 춤 동아리에서 리허설을 하려고 하는데, 앞으로 축제 때까지 무대가 있는 강당을 우리가 사용하면 안 될까?
>
> **휘준**: 그건 어렵겠어. 우리 뮤지컬 동아리도 춤추는 장면이 있는데, 전체 동작이 서로 맞지 않아서 강당에서 연습을 더 해야 해.
>
> **[A] 서현: 그런 어려움이 있구나. 그러면 춤 동작은 우리가 도와줄 테니 이번 주만이라도 강당을 우리가 쓰도록 해 주면 좋겠어.**
>
> **휘준**: 그래, 괜찮네. 이번 주는 너희가 쓰고 다음 주는 우리가 쓸게.

① 일방적으로 자신의 입장을 강요하고 있다.   O X
② 자신의 의도를 숨기고 상대방을 비난하고 있다.   O X
③ 상대방의 처지에 공감하며 요구 사항을 전하고 있다.   O X
④ 상대방의 의견을 반박하며 자신의 주장을 강조하고 있다.   O X

25636-0169

Q.2 수정 후에 반영된 언어 예절에 대한 설명으로 적절한지 O/X로 답해 보자.

> [수정 전] <u>선생님께서 주신 자료가 너무 어려워서</u> 그러는데, 혹시 쉬운 자료가 있을까요?
>
> ↓
>
> [수정 후] <u>선생님께서 주신 자료를 제가 잘 이해하지 못해서 그러는데</u>, 혹시 쉬운 자료가 있을까요?

① 상대를 칭찬하며 말한다.   O X
② 자신의 탓으로 돌려 말한다.   O X
③ 상대의 의견에 동의하며 말한다.   O X
④ 자신의 능력을 과시하며 말한다.   O X

25636-0170

Q.3 보기 에서 설명한 공손성의 원리를 고려했을 때, ㉠에 들어갈 말로 적절한지 O/X로 답해 보자.

보기

겸양의 격률: 자신에 대한 칭찬은 최소화하여 표현한다.

수호: 은수야, 이번 발표 자료 정말 잘 만들었더라!
은수: (　　　　㉠　　　　)

① 응, 다음에 만들 발표 자료도 기대해 줘.　　　　O　X
② 당연하지. 내가 뭐 못하는 것 본 적 있니?　　　　O　X
③ 아니야, 부족한 점이 많았는데 좋게 봐 줘서 고마워.　　　　O　X
④ 그렇지? 내가 봐도 이번 자료는 참 잘 만든 것 같아.　　　　O　X

25636-0171

Q.4 다음 속담들이 공통적으로 강조하는 우리말의 담화 관습으로 가장 적절한 것을 골라 보자.

- 발 없는 말이 천 리 간다.
- 화살은 쏘고 주워도, 말은 하고 못 줍는다.
- 가루는 칠수록 고와지고, 말은 할수록 거칠어진다.

① 말은 신중하게 해야 한다.
② 하고 싶은 말은 참지 말아야 한다.
③ 상대방의 말은 귀 기울여 들어야 한다.
④ 질문에 답할 때에는 신속하게 해야 한다.

STEP.3 개념 Jump

01

| 수능 예비시행 |

 를 참고할 때, ⊙~⑩ 중 표현하는 방식이 나머지 넷과 **다른** 것은?

25636-0172

보기

　　화자는 자신의 의도를 직접적으로 표현하기도 하고, 간접적으로 표현하기도 한다. 예를 들어, 누군가와 밥을 먹으러 가고 싶을 때, "밥 먹으러 가자."처럼 청유형 어미 '-자'를 사용하여 의도를 직접적으로 표현할 수도 있고, "벌써 점심 시간이네."처럼 평서형 어미 '-네'를 사용하여 간접적으로 표현할 수도 있다.

---

① (귀가한 후 누나에게)

　동생: ⊙아, 목마르다.　　　　　［직접｜간접］

　누나: 자, 물 여기 있어.

② (추운 교실에서 창가에 앉은 학생에게)

　선생님: ⓒ창문이 열렸네.　　　　［직접｜간접］

　학생: 네, 닫을게요.

③ (목적지까지 가는 길을 모를 때)

　행인 A: ⓒ구청에 가려면 어느 쪽으로 가야 하나요?　　［직접｜간접］

　행인 B: 오른쪽 모퉁이를 돌아가면 돼요.

④ (옷을 빌려 달라는 동생에게)

　언니: ⓔ너 나한테 맡겨 둔 옷 있니?　　　［직접｜간접］

　동생: 알았어. 내 옷 입을게.

⑤ (추운 겨울, 실내로 들어오는 선생님을 맞이하면서)

　제자: 선생님, ⓜ여기 따뜻한 차입니다.　　　［직접｜간접］

　선생님: 그래, 잘 마실게.

02

 의 ㉠~㉤에 대한 설명으로 적절하지 **않은** 것은?

25636-0173

> **아버지**: (아이 방으로 들어오며) 은주야, ㉠**이거** 받아.
>
> **은주**: (선물을 보며) 어? 그게 뭐예요?
>
> **아버지**: 응. 스웨터야. 어제 고모를 만났는데, 곧 있으면 네 생일이라고 주시더라. 마음에 드니? ㉡**저** 옷이랑 같이 입으면 잘 어울릴 것 같은데.
>
> **은주**: 와! ㉢**그러면** 정말 예쁘겠네요. 내일 당장 입어야겠어요.
>
> **아버지**: 그래. 고모한테 고맙다고 전화 한 통 드려.
>
> **은주**: 네, 저도 ㉣**그렇게** 하려고 했어요.
>
> **아버지**: ㉤**그런데** 내일 아빠랑 영화나 보러 갈까?

① ㉠은 지시하는 대상이 청자인 은주에 비해 화자인 아버지에게 가까이 있음을 나타낸다.　Ok | No

② ㉡은 지시하는 대상을 청자인 은주도 볼 수 있음을 전제로 한다.　Ok | No

③ ㉢은 아버지가 앞에서 한 말과 관련된 세부 사항이 뒤에 추가될 것임을 나타낸다.　Ok | No

④ ㉣은 고모한테 고맙다고 전화 한 통 드리라는 말을 대신 표현하여 담화의 중복을 피한다.　Ok | No

⑤ ㉤은 아버지가 지금까지 은주와 나눈 대화의 화제를 다른 데로 돌리는 기능을 한다.　Ok | No

03

의 ㉠~㊅에 대한 설명으로 적절하지 **않은** 것은?

25636-0174

(두 친구가 이전의 약속을 떠올리며 일정을 잡는 상황)

학생 1: ㉠**우리** 저번에 놀자고 했던 거 있잖아. ㉡**그거** 내일이지?

학생 2: 벌써 그렇게 됐네. ㉢**어디**서 보자고 했지?

학생 1: 학교 앞 정류장에서 보자고 했잖아. ㉣**거기** 근처 식당에서 밥 먹고, 영화 보고, 문구점 가서 구경하기로 했잖아.

학생 2: 맞아, 그랬지. 가서 둘러보다가 살 거 있으면 각자 사도 되고……. 사고 싶은 거 있어?

학생 1: 아직은 ㉤**무엇**을 살지 모르겠어. ㉥**그때** 문구점 가서 봐야 알 것 같아. 아무튼, 그럼 내일 몇 시에 만날까?

학생 2: 12시 어때? 그러면 딱 점심 먹기 좋을 시간인데.

학생 1: 좋아. 그럼 ㊅**그때** 보자. 잘 자.

---

① ㉠은 화자와 청자를 모두 포함한다. ⬜Ok ⬜No

② ㉡은 이전에 화자와 청자가 한 약속을 가리킨다. ⬜Ok ⬜No

③ ㉣은 ㉢에 대한 답인 학교 앞 정류장을 가리킨다. ⬜Ok ⬜No

④ ㉤은 아직 정해지지 않은 대상을 가리킨다. ⬜Ok ⬜No

⑤ ㉥은 약속 시간인 내일 12시를 의미하며, ㊅과 같은 대상을 가리킨다. ⬜Ok ⬜No

04

 의 ㉠~㉤에 대한 설명으로 적절하지 **않은** 것은?

25636-0175

정민: 아인아, 발표 원고 읽어 봤어?

아인: 당연하지. ㉠너, 원고 잘 썼더라. 특히, 우리가 여행을 꿈꾸는 것은 농경 사회 이전까지 생존을 위해 자주 옮겨 다니던 조상으로부터 여행 DNA를 물려받아서일지도 모른다는 부분이 흥미로웠어.

정민: 아니야. ㉡네가 좋게 봐 줘서 그렇지 부족한 부분이 많을 거야.

아인: 내가 쓴 원고는 어땠어?

정민: 잘 읽었는데…. 우리 발표 주제가 '십대를 위한 여행지 소개'인데 우리 주변의 여행지를 너무 많이 소개해서 좀 줄여야겠더라.

아인: 그렇지? 그러면 그 부분을 좀 줄이고 애들한테 설문조사해서 '여행 가서 해보고 싶은 일'을 넣을까?

정민: ㉢그런데 그건 발표 주제와 어울리지 않으니까 네가 제안한 설문조사를 활용해서 '가고 싶은 우리 주변의 여행지 순위'를 알아보는 게 어떨까?

아인: 그래, 설문조사 결과를 보고 높은 순위 중심으로 소개할 여행지를 정하는 방법도 좋을 것 같아. 역시 너랑 한 팀이라 정말 든든해.

정민: 아냐. ㉣나는 발표할 때 너무 떨어서 실수가 많거든. 나야말로 자신감 있게 발표하는 너랑 한 팀이라 다행이야. (중략) 그럼… 우리 발표 연습은 언제부터 시작할까?

아인: ㉤여행지를 소개하는 부분을 수정하려면 시간이 좀 필요하겠는데…. 미안하지만 네가 괜찮다면 다음 주부터 시작해도 될까?

정민: 그래. 그동안 나도 원고를 좀 더 다듬을게.

① ㉠은 상대방이 쓴 원고의 특정 부분을 언급하며 상대방을 칭찬하고 있다. ［Ok｜No］

② ㉡은 상대방의 평가에 대해 자신을 낮추면서 겸손하게 말하고 있다. ［Ok｜No］

③ ㉢은 상대방의 의견에 대한 문제점을 언급한 후, 의견의 일부를 수용하고 있다. ［Ok｜No］

④ ㉣은 문제의 원인을 자신의 탓으로 돌림으로써 상대방에게 미안한 마음을 전달하고 있다. ［Ok｜No］

⑤ ㉤은 자신의 요구를 일방적으로 전하지 않고 상대방의 의사를 물어봄으로써 양해를 구하고 있다. ［Ok｜No］

내가 그리는 개념 마인드맵

이번 시간에는 담화의 사례도 많았지? 평소 우리가 대화하는 모습을 사례로 떠올려 보면서 이해하면 더 도움이 될 거야. 문법 공부도 하고, 나의 언어생활도 점검해 보고. 꿩 먹고 알 먹고.(관용 표현 활용하기 :))

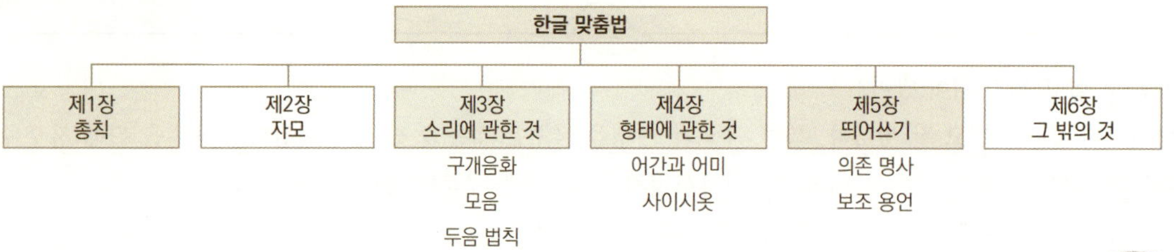

오늘 꼭 알아야 할 개념

```
                        한글 맞춤법
   ┌──────┬──────┬──────────┬──────────┬──────────┬──────────┐
  제1장   제2장    제3장       제4장       제5장       제6장
  총칙    자모   소리에 관한 것  형태에 관한 것  띄어쓰기    그 밖의 것
                  구개음화      어간과 어미    의존 명사
                  모음         사이시옷      보조 용언
                  두음 법칙
```

STEP.1 개념 Hi

한글 맞춤법의 주요 규정과 사례들을 살펴보자.

개 념 4 6 한글 맞춤법

✔ **제1장 총칙**

> **제1항** 한글 맞춤법은 표준어를 `ㅅ ㄹ` 대로 적되, `ㅇ ㅂ` 에 맞도록 함을 원칙으로 한다.
>
> 표음주의 ◄ ┄┄┄ ┄┄┄ ► 표의주의
> 예 하늘[하늘], 나무[나무], 바다[바다]　　　예 꽃이[꼬치], 꽃을[꼬츨], 꽃만[꼰만]

> **제2항** 문장의 각 `ㄷ ㅇ` 는 띄어 씀을 원칙으로 한다.
> 단, 단어 가운데 `ㅈ ㅅ` 는 독립성이 없어서 다른 단어와는 달리 앞말에 붙여 쓴다.
>
> 예 동생/이/　밥/을/　먹는다.

✔ **제3장 소리에 관한 것**

> **제6항** 'ㄷ, ㅌ' 받침 뒤에 종속적 관계를 가진 '-이(-)'나 '-히-'가 올 적에는 그 'ㄷ, ㅌ'이 'ㅈ, ㅊ'으로 소리 나더라도 '___, ___'으로 적는다.
>
> 예 맏이[마지], 해돋이[해도지], 굳이[구지], 같이[가치], 끝이[끄치]

> **제8항** '계, 례, 몌, 폐, 혜'의 'ㅖ'는 'ㅔ'로 소리 나는 경우가 있더라도 '___'로 적는다.
>
> 예 혜택[혜:택/헤:택], 핑계[핑계/핑게], 계시다[계:시다/게:시다]

> **제9항** '의'나, 자음을 첫소리로 가지고 있는 음절의 'ㅢ'는 'ㅣ'로 소리 나는 경우가 있더라도 '___'로 적는다.
>
> 예 무늬[무니], 띄어쓰기[띄어쓰기/띠여쓰기], 희망[히망], 의의[의:의/의:이]

제11항　한자음 '랴, 려, 례, 료, 류, 리'가 단어의 첫머리에 올 적에는, [ㄷ ㅇ | ㅂ ㅊ]에 따라 '야, 여, 예, 요, 유, 이'로 적는다.
[붙임 1]　단어의 첫머리 이외의 경우에는 본음대로 적는다. 다만, 모음이나 'ㄴ' 받침 뒤에 이어지는 '렬, 률'은 '＿＿, ＿＿'로 적는다.

예　양심, 유행 / 확률, 법률, 시청률 / 비율, 백분율, 출산율

✔ 제4장 형태에 관한 것

제15항　용언의 [ㅇ ㄱ]과 [ㅇ ㅁ]는 구별하여 적는다.
[붙임 2]　종결형에서 사용되는 어미 '-오'는 '요'로 소리 나는 경우가 있더라도 그 원형을 밝혀 '＿＿'로 적는다.

예　먹어, 먹으니
　　이것은 책이오. 이리 오시오.

제30항　[ㅅ ㅇ ㅅ ㅇ]은 다음과 같은 경우에 받치어 적는다.

순우리말로 된 합성어	–뒷말의 첫소리가 된소리로 나는 것	예　나룻배[나루빼/나룻빼]
	–뒷말의 첫소리 'ㄴ, ㅁ' 앞에서 'ㄴ' 소리가 덧나는 것	예　아랫니[아랜니]
	–뒷말의 첫소리 모음 앞에서 'ㄴㄴ' 소리가 덧나는 것	예　나뭇잎[나문닙]
순우리말과 한자어로 된 합성어	–뒷말의 첫소리가 된소리로 나는 것	예　아랫방[아래빵/아랟빵]
	–뒷말의 첫소리 'ㄴ, ㅁ' 앞에서 'ㄴ' 소리가 덧나는 것	예　훗날[훈:날]
	–뒷말의 첫소리 모음 앞에서 'ㄴㄴ' 소리가 덧나는 것	예　예삿일[예:산닐]
두 음절로 된 다음 한자어	예　곳간, 셋방, 숫자, 찻간, 툇간, 횟수	

✔ 제5장 띄어쓰기

제42항　[ㅇ ㅈ | ㅁ ㅅ]는 띄어 쓴다.

예　아는 것이 힘이다.　　　　나도 할 수 있다.
　　먹을 만큼 먹어라.　　　　아는 이를 만났다.
　　네가 뜻한 바를 알겠다.　　그가 떠난 지가 오래다.

제43항　[ㄷ ㅇ]를 나타내는 명사는 띄어 쓴다.

예　한 개, 차 한 대, 옷 한 벌, 열 살, 연필 한 자루

제47항　보조 용언은 띄어 씀을 원칙으로 하되, 경우에 따라 붙여 씀도 허용한다.

예　불이 꺼져 간다.　　　　불이 꺼져간다.
　　그릇을 깨뜨려 버렸다.　　그릇을 깨뜨려버렸다.
　　비가 올 듯하다.　　　　비가 올듯하다.
　　그 일은 할 만하다.　　　그 일은 할만하다.

✔ 표준어 규정

제2장   발음 변화에 따른 표준어 규정

| 제5항 | 어원에서 멀어진 형태로 굳어져서 널리 쓰이는 것은, 그것을 표준어로 삼는다. |

강낭-콩(O)   강남-콩(X)
사글-세(O)   삭월-세(X)

| 제7항 | 수컷을 이르는 접두사는 '수-'로 통일한다. |

수-꿩(O)   수-퀑/숫-꿩(X)
수-놈(O)   숫-놈(X)
수-소(O)   숫-소(X)

| 다만 1. | 다음 단어에서는 접두사 다음에서 나는 거센소리를 인정한다. 접두사 '암-'이 결합되는 경우에도 이에 준한다. |

수-캐(O)   숫-개(X)
수-컷(O)   숫-것(X)
수-탉(O)   숫-닭(X)

| 다만 2. | 다음 단어의 접두사는 '숫-'으로 한다. |

숫-양(O)   수-양(X)
숫-염소(O)   수-염소(X)
숫-쥐(O)   수-쥐(X)

| 제8항 | 양성 모음이 음성 모음으로 바뀌어 굳어진 다음 단어는 음성 모음 형태를 표준어로 삼는다. |

깡충-깡충(O)   깡총-깡총(X)
-둥이(O)   -동이(X)
오뚝-이(O)   오똑-이(X)

| 다만, | 어원 의식이 강하게 작용하는 다음 단어에서는 양성 모음 형태를 그대로 표준어로 삼는다. |

부조(扶助)(O)   부주(X)
사돈(査頓)(O)   사둔(X)
삼촌(三寸)(O)   삼춘(X)

| 제9항 | 'ㅣ' 역행 동화 현상에 의한 발음은 원칙적으로 표준 발음으로 인정하지 아니하되, 다만, 다음 단어들은 그러한 동화가 적용된 형태를 표준어로 삼는다. |

-내기(O)   -나기(X)
냄비(O)   남비(X)

| [붙임 1] | 다음 단어는 'ㅣ' 역행 동화가 일어나지 아니한 형태를 표준어로 삼는다. |

아지랑이(O)   아지랭이(X)

| [붙임 2] | 기술자에게는 '-장이', 그 외에는 '-쟁이'가 붙는 형태를 표준어로 삼는다. |

멋쟁이(O)   멋장이(X)
소금쟁이(O)   소금장이(X)
담쟁이-덩굴(O)   담장이-덩굴(X)

| 제12항 | '웃-' 및 '윗-'은 명사 '위'에 맞추어 '윗-'으로 통일한다. |

윗-눈썹(O)   웃-눈썹(X)
윗-니(O)   웃-니(X)

| 다만 1. | 된소리나 거센소리 앞에서는 '위-'로 한다. |

위-쪽(O)   웃-쪽(X)
위-층(O)   웃-층(X)

| 다만 2. | '아래, 위'의 대립이 없는 단어는 '웃-'으로 발음되는 형태를 표준어로 삼는다. |

웃-어른(O)   윗-어른(X)
웃-옷(O)   윗-옷(X)

■ **초성 퀴즈 답** 소리, 어법, 단어, 조사, ㅈ, ㅊ, ㅔ, ㅢ, 두음 법칙, 열, 율, 어간, 어미, 오, 사이시옷, 의존 명사, 단위

정답 134-135쪽

STEP.2 개념 Quiz

25636-0176

Q.1 밑줄 친 단어가 '한글 맞춤법'에 맞는 표현인지 O/X로 답하고, 틀린 표현은 바르게 고쳐 써 보자.

① 내가 너보다 먼저 **갈게**.　　　　　 O X　→ [　　　　　　　]

② **깍뚜기**가 맛있게 보인다.　　　　 O X　→ [　　　　　　　]

③ 오늘은 **웬지** 기분이 좋다.　　　　 O X　→ [　　　　　　　]

④ 그 약속은 **반듯이** 지키겠다.　　　 O X　→ [　　　　　　　]

⑤ 그렇게 마음대로 하면 **어떻해**.　　 O X　→ [　　　　　　　]

⑥ 날씨가 얼마나 **덥든지** 땀이 났다.　 O X　→ [　　　　　　　]

⑦ 우체국에서 부모님께 편지를 **붙였다**.　 O X　→ [　　　　　　　]

⑧ 정답을 **맞춘** 사람에게 선물을 주겠다.　 O X　→ [　　　　　　　]

⑨ 구름이 걷히자 파란 하늘이 **드러났다**.　 O X　→ [　　　　　　　]

⑩ 나는 참치를 넣은 **김치찌게**를 좋아한다.　 O X　→ [　　　　　　　]

⑪ 김장을 하려고 배추를 소금물에 **저렸다**.　 O X　→ [　　　　　　　]

⑫ **몇일** 동안 친구를 만나지 못해서 소식이 궁금하다.　 O X　→ [　　　　　　　]

⑬ 그가 이사를 갈 거라는 소문이 금세 **붉어져** 나왔다.　 O X　→ [　　　　　　　]

25636-0177

Q.2 다음 규정의 ㉠에 해당하는 사례인지 O/X로 답해 보자.

■ 한글 맞춤법 ■

【제30항】 사이시옷은 다음과 같은 경우에 받치어 적는다.

1. 순우리말로 된 합성어로서 앞말이 모음으로 끝난 경우

　(1) ㉠뒷말의 첫소리가 된소리로 나는 것

　(2) 뒷말의 첫소리 'ㄴ, ㅁ' 앞에서 'ㄴ' 소리가 덧나는 것

　(3) 뒷말의 첫소리 모음 앞에서 'ㄴㄴ' 소리가 덧나는 것

① 깻잎 O X　　② 냇가 O X　　③ 텃세 O X　　④ 훗날 O X　　⑤ 숫자 O X

Q.3 제시된 '한글 맞춤법' 규정을 올바르게 적용한 사례인지 O/X로 답해 보자.

■ 한글 맞춤법 ■	
제5항 한 단어 안에서 뚜렷한 까닭 없이 나는 된소리는 다음 음절의 첫소리를 된소리로 적는다. 다만 'ㄱ, ㅂ' 받침 뒤에서 나는 된소리는, 같은 음절이나 비슷한 음절이 겹쳐 나는 경우가 아니면 된소리로 적지 아니한다.	① 그릇에 밥을 **담뿍** 담았다. ☐O☐X ② 벌레를 보고 **법석**을 떨었다. ☐O☐X ③ 상대 팀은 예상보다 **훨씬** 강했다. ☐O☐X ④ 얼마 전 다친 상처에 **딱찌**가 앉았다. ☐O☐X
제6항 'ㄷ, ㅌ' 받침 뒤에 종속적 관계를 가진 '-이(-)'나 '-히-'가 올 적에는 그 'ㄷ, ㅌ'이 'ㅈ, ㅊ'으로 소리 나더라도 'ㄷ, ㅌ'으로 적는다.	⑤ 하늘에 별이 **숱하게** 있다. ☐O☐X ⑥ 친구와 **같이** 사업을 했다. ☐O☐X ⑦ 우리는 **해돋이**를 기다린다. ☐O☐X ⑧ 이제 구름은 말짱히 **걷혀** 버렸다. ☐O☐X
제11항 한자음 '랴, 려, 례, 료, 류, 리'가 단어의 첫머리에 올 적에는, 두음 법칙에 따라 '야, 여, 예, 요, 유, 이'로 적는다. 다만, 모음이나 'ㄴ' 받침 뒤에 이어지는 '렬, 률'은 '열, 율'로 적는다.	⑨ **규율**(規律) ☐O☐X ⑩ **선율**(旋律) ☐O☐X ⑪ **나열**(羅列) ☐O☐X ⑫ **시청율**(視聽率) ☐O☐X
제15항 **【붙임 1】** 용언의 어간과 어미는 구별하여 적는다. 두 개의 용언이 어울려 한 개의 용언이 될 적에, 앞말의 본뜻이 유지되고 있는 것은 그 원형을 밝히어 적고, 그 본뜻에서 멀어진 것은 밝히어 적지 아니한다.	⑬ 인구가 **늘어나다**. ☐O☐X ⑭ 갯벌이 **들어나다**. ☐O☐X ⑮ 집으로 **돌아가다**. ☐O☐X ⑯ 아이가 **넘어지다**. ☐O☐X
제19항 어간에 '-이'나 '-음/-ㅁ'이 붙어서 명사로 된 것과 '-이'나 '-히'가 붙어서 부사로 된 것은 그 어간의 원형을 밝히어 적는다. 다만, 어간에 '-이'나 '-음/-ㅁ'이 붙어서 명사로 바뀐 것이라도 그 어간의 뜻과 멀어진 것은 원형을 밝히어 적지 아니한다.	⑰ 그녀는 **구지** 따지려 들지 않았다. ☐O☐X ⑱ 그는 **노름**으로 전 재산을 날렸다. ☐O☐X ⑲ **얼음**이 녹은 비탈에 새싹이 났다. ☐O☐X ⑳ 먼 데서 **다듬이** 두드리는 소리가 들렸다. ☐O☐X

STEP.3 개념 Jump

01
| 평가원 예비 시행 |
25636-0179

는 한글 맞춤법 제1항에 대한 선생님의 설명이다. ㉠, ㉡에 대해 학생들이 이해한 내용으로 적절한 것은?

보기

제1항 한글 맞춤법은 표준어를 ㉠소리대로 적되, ㉡어법에 맞도록 함을 원칙으로 한다.

선생님의 설명: 　한글 맞춤법은 소리대로 표기하는 것이 근본 원칙이에요. '구름, 나라, 하늘' 등은 표준어를 소리 나는 대로 적은 예이지요. 그런데 이 원칙만 따른다면 '밥'과 같은 단어는 뒤에 오는 말에 따라 '바비(밥+이), 밥또(밥+도), 밤만(밥+만)'처럼 여러 가지로 표기될 수 있어요. 그래서 원래 형태를 알기 어려워지고 이로 인해 독서의 능률도 크게 떨어지지요. 이 때문에 발음과 상관없이 형태를 고정시키는 방법, 즉 어법에 맞도록 한다는 원칙을 추가한 거예요.

① '먹어, 먹은'은 어간과 어미를 분리해서 적은 것을 볼 때 ㉠에 해당하겠군. 　Ok | No

② '굳이, 같이'는 음운 현상을 반영하지 않고 적은 것을 볼 때 ㉠에 해당하겠군. 　Ok | No

③ '퍼서(푸+어서), 펐다(푸+었다)'는 어간을 원래 형태에서 벗어난 대로 적은 것을 볼 때 ㉠에 해당하겠군. 　Ok | No

④ '미덥다, 우습다'는 어간을 밝혀 적지 않은 것을 볼 때 ㉡에 해당하겠군. 　Ok | No

⑤ '노인(老人)'과 '원로(元老)'는 같은 한자를 '노'와 '로'로 적은 것을 볼 때 ㉡에 해당하겠군. 　Ok | No

02
| 고2 전국연합학력평가 |
25636-0180

의 규정을 **잘못** 적용한 것은?

보기

〈한글 맞춤법〉

제35항 모음 'ㅗ, ㅜ'로 끝난 어간에 '-아/-어, -았-/-었-'이 어울려 'ㅘ/ㅝ, 왔/웠'으로 될 적에는 준 대로 적는다.

　[붙임1] '놓아'가 '놔'로 줄 적에는 준 대로 적는다.

　[붙임2] 'ㅚ' 뒤에 '-어, -었-'이 어울려 'ㅙ, ㅙㅆ'으로 될 적에도 준 대로 적는다.

제36항 'ㅣ' 뒤에 '-어'가 와서 'ㅕ'로 줄 적에는 준 대로 적는다.

제37항 'ㅏ, ㅕ, ㅗ, ㅜ, ㅡ'로 끝난 어간에 '-이-'가 와서 각각 'ㅐ, ㅖ, ㅚ, ㅟ, ㅢ'로 줄 적에는 준 대로 적는다.

① '놓이어'를 '놓여'로 쓴 것은 제35항 [붙임1]에 따른 것이다. 　Ok | No

② '꾸었다'를 '꿨다'로 쓴 것은 제35항에 따른 것이다. 　Ok | No

③ '누이니'를 '뉘니'로 쓴 것은 제37항에 따른 것이다. 　Ok | No

④ '참되어'를 '참돼'로 쓴 것은 제35항 [붙임2]에 따른 것이다. 　Ok | No

⑤ '치이었다'를 '치였다'로 쓴 것은 제36항에 따른 것이다. 　Ok | No

다음은 수업 상황의 일부이다. ㉠에 들어갈 말로 적절하지 **않은** 것은?

25636-0181

학　생: 선생님, '회상하건대'를 줄이면 '회상컨대'와 '회상건대' 중 어떻게 적는 게 맞나요?

선생님: 그럴 때는 한글 맞춤법 규정을 살펴봐야 해요.

> **제40항** 어간의 끝음절 '하'의 'ㅏ'가 줄고 'ㅎ'이 다음 음절의 첫소리와 어울려 거센소리로 될 적에는 거센소리로 적는다.
>
> **[붙임]** 어간의 끝음절 '하'가 아주 줄 적에는 준 대로 적는다.

　'하'가 줄어드는 기준은 '하' 앞에 오는 받침의 소리인데 '하' 앞의 받침의 소리가 [ㄱ, ㄷ, ㅂ]이면 '하'가 통째로 줄고, 그 외의 경우에는 'ㅎ'이 남아요. 그래서 '회상하건대'는 '하'의 'ㅏ'가 줄고 'ㅎ'이 'ㄱ'과 어울려 거센소리가 되어 '회상컨대'로 적어야 해요.

학　생: 네, 감사해요. 한글 맞춤법에도 준말 규정이 있었네요.

선생님: 그럼 다음 자료를 규정에 맞게 준말로 바꿔 볼까요?

깨끗하지 않다	연구하도록	간편하게
생각하다 못해	답답하지 않다	

학　생: [　　　　㉠　　　　]

선생님: 네, 잘했어요.

---

① '깨끗하지 않다'는 어간의 끝음절 '하'의 'ㅏ'가 줄기 때문에 '깨끗치 않다'로 써야 합니다.　　Ok | No

② '연구하도록'은 어간의 끝음절 '하'의 'ㅏ'가 줄기 때문에 '연구토록'으로 써야 합니다.　　Ok | No

③ '간편하게'는 어간의 끝음절 '하'의 'ㅏ'가 줄기 때문에 '간편케'로 써야 합니다.　　Ok | No

④ '생각하다 못해'는 '하'가 통째로 줄기 때문에 '생각다 못해'로 써야 합니다.　　Ok | No

⑤ '답답하지 않다'는 '하'가 통째로 줄기 때문에 '답답지 않다'로 써야 합니다.　　Ok | No

04

보기의 ㉠~㉢에 들어갈 말로 적절한 것은?

25636-0182

보기

학생: 선생님, '-에요'와 '-예요'는 어떻게 구별하여 쓰면 되나요?

선생님: '-에요'는 설명·의문의 뜻을 나타내는 종결 어미로, '이다'나 '아니다'의 어간 뒤에 붙는 것입니다. '-예요'는 '-이에요'의 준말로, 받침이 없는 체언에 붙여요.

학생: 네. 그런데 '너는 어디에 있니?'에 대한 대답으로 '교실에요.'처럼 쓰는 경우가 있는데 이건 맞춤법에 맞는 표현인가요?

선생님: 네, 그때의 '-에요'는 처소의 부사격 조사 '에'와 보조사 '요'가 결합한 것이므로 맞춤법에 맞는 표현입니다. 그럼, 아래의 괄호 안에 들어갈 말은 무엇일까요?

> 1. A: 책을 어디에 두고 왔니?
>   B: 집(   ).
> 2. 여기는 제가 갔던 식당이 아니(   ).
> 3. 그때 그를 도와준 건 이 학생(   ).

학생: 1번은 (㉠), 2번은 (㉡), 3번은 (㉢)입니다.

선생님: 모두 잘 이해했네요.

	㉠		㉡		㉢	
①	에요	Ok No	에요	Ok No	이에요	Ok No
②	에요	Ok No	에요	Ok No	예요	Ok No
③	에요	Ok No	예요	Ok No	이에요	Ok No
④	예요	Ok No	이에요	Ok No	예요	Ok No
⑤	예요	Ok No	에요	Ok No	이에요	Ok No

내가 그리는 개념 마인드맵

공부해 보니까 우리가 평소에 틀린 표현을 써 왔던 경우가 꽤 많지 않아? **올바른 표기법**을 알아 두고 평소에도 맞춤법을 정확하게 사용하도록 하자. :)

국어의 변화

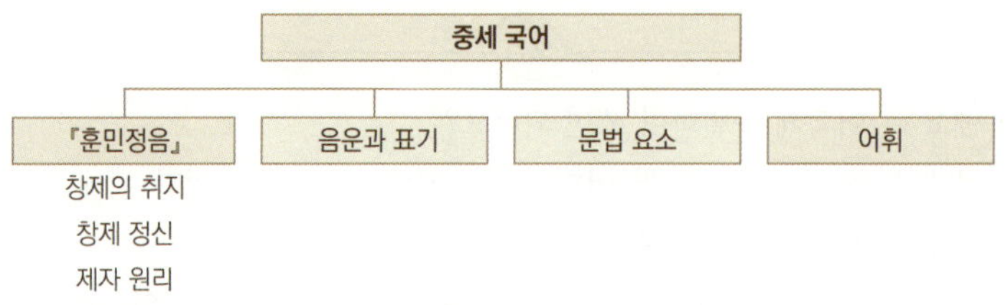

오늘 꼭 알아야 할 개념

```
                         중세 국어
         ┌──────────┬──────────┬──────────┬──────────┐
     『훈민정음』      음운과 표기     문법 요소        어휘
     창제의 취지
     창제 정신
     제자 원리
```

STEP.1   개념 Hi

자랑스러운 훈민정음에 대해 공부해 보자. 중세 국어, 어렵지 않아. :)

개 념 4 7   훈민정음

✔ 『훈민정음』 언해본

世·솅宗종御·엉製·졩訓·훈民민正·졍 音흠

나·랏:말싼·미中듕國·귁·에달·아文문字·쫑·와·로서르스못·디아·니홀·씨·이런젼·촌·로어·린百·빅姓·
셩·이니르·고·져·홄배이·셔·도무·춤:내제·뜨·들시·러펴·디:몯홄·노·미하·니·라·내·이·룰爲·윙·호·야:
어엿·비너·겨·새·로·스·믈여·듧字·쫑·롤밍·フ노·니:사룸:마·다:히·여:수·비니겨·날·로·뿌·메便뼌安한·
킈호·고·져홇쌴·ㄹ·미니·라

– 『훈민정음(訓民正音) 언해본 어제 서문』 –

우리나라의 말이 중국과 달라 한자와는 서로 통하지 아니하여서 이런 까닭으로 어리석은 백성이 말하고자 하는 바가 있어도 마침내 제 뜻을 능히 펴지 못하는 사람이 많다. 내가 이를 위하여 가엾게 생각하여 새로 스물여덟 글자를 만드니 모든 사람으로 하여금 쉽게 익혀서 날마다 쓰는 데 편하게 하고자 할 따름이다.

✔ 창제의 취지

표기 수단을 가지지 못한 백성들로 하여금 표기 수단을 갖도록 하여 언어생활의 불편함을 덜어 주기 위해 우리 문자를 창제함.

✔ 창제 정신

ㅈㅈ 정신	中듕國·귁·에달·아文문字·쫑·와·로서르스못·디아·니홀·씨
ㅇㅁ 정신	·내·이·룰爲·윙·호·야:어엿·비너·겨
ㅊㅈ 정신	·새·로·스·믈여·듧字·쫑·롤밍·フ노·니
ㅅㅇ 정신	:사룸:마·다:히·여:수·비니겨·날·로·뿌·메便뼌安한·킈호·고·져

✔ 제자 원리

	자음	모음	
ㅅㅎ의 원리 모양을 본뜸	ㄱ (혀뿌리가 목구멍을 막는 모양) ㄴ (혀가 윗잇몸에 붙는 모양) ㅁ (입의 모양) ㅅ (이의 모양) ㅇ (목구멍의 모양)	ㆍ (하늘) ㅡ (땅) ㅣ (사람)	**상형의 원리** 모양을 본뜸
ㄱㅎ의 원리 획을 더함	ㄱ → ㅋ ㄴ → ㄷ → ㅌ ㅁ → ㅂ → ㅍ ㅅ → ㅈ → ㅊ ㅇ → ㆆ → ㅎ + 이체자 세 글자 ㆁ, ㄹ, ㅿ (17자)	초출자: ㅗ, ㅏ, ㅜ, ㅓ 재출자: ㅛ, ㅑ, ㅠ, ㅕ (11자)	**합용의 원리** 글자를 합침
ㅎㅇ의 원리 글자를 합침	추가로 ㅸ, ㄲ, ㅽ, ㄸ 등의 글자를 만들 수 있음.	추가로 ㅝ, ㅘ, ㆌ, ㆄ 등의 글자를 만들 수 있음.	

> 이체자인 ㆁ, ㄹ, ㅿ은 각각 ㅇ, ㄴ, ㅅ과 비슷하게 생겼지? 그래서 가획의 원리로 묶어야 하는 게 아닌가 싶을 수 있어. 그런데 가획의 원리로 만들어진 글자들은 획이 더해지면서 소리도 더 세져야 하거든. 그런데 이 세 글자는 그렇지가 않아. 그래서 이체자로 따로 분류하는 거야.

개념 48 중세 국어의 음운과 표기

> 중세 국어의 특징 중 꼭 기억해야 할 두 가지를 꼽으라면, **이어적기**와 **모음 조화**. 다른 특징들도 잘 정리해 보자.

ㅇㅇ 적기	**소리 나는 대로** 이어 적음.(띄어쓰기는 하지 않음.)	예 시미기픈므른ᄀᆞ무래아니그츨씨
ㅁㅇ 조화	'ㅏ', 'ㅗ' 따위의 **양성 모음은 양성 모음끼리**, 'ㅓ', 'ㅜ' 따위의 **음성 모음은 음성 모음끼리** 어울리는 모음 조화 현상이 잘 지켜짐.	예 나는, 나를, 너를
지금은 사용하지 않는 음운들	ㆍ(아래아), ㅸ(순경음비읍), ㅿ(반치음), ㆁ(옛이응), ㆆ(여린히읗)	
ㅇㄷ ㅈㅇㄱ	단어의 첫머리에 **자음이 2개 이상** 오는 어두 자음군이 존재함.	예 ᄠᅳᆮ[뜻], ᄡᅳ다[쓰다], ᄢᅢ[때]
＿＿ 종성 체언	**'ㅎ'을 말음으로 가지는 ㅎ 종성 체언**(모음으로 시작하는 조사 앞에서는 'ㅎ'이 그대로 유지되고, 'ㄱ', 'ㄷ', 'ㅂ' 앞에서는 그것과 결합하여 'ㅋ', 'ㅌ', 'ㅍ'을 만듦.)이 쓰임.	예 하놀ㅎ + 이 → 하놀히(하늘이)
＿＿ 종성법	종성에는 'ㄱ, ㄴ, ㄷ, ㄹ, ㅁ, ㅂ, ㅅ, ㆁ'의 8개의 받침만 사용되는 8종성법이 쓰임.	예 잎 → 입
ㅂㅈ	글자 왼쪽에 **방점**을 찍어 **성조(음의 높낮이)**를 표시함.	예 나·랏:말ᄊᆞ·미

  중세 국어의 문법 요소

주격 조사	자음 + **이**	예 사룸 + **이** → 사루미
	'ㅣ'나 반모음 'ǐ' 이외의 모음으로 끝난 체언 뒤 + **ㅣ**	예 공ᄌ+ㅣ→ 공지
	'ㅣ'나 반모음 'ǐ'로 끝난 체언 뒤 + ∅	예 불휘+ ∅ → 불휘
목적격 조사	받침 있는 체언(양성 모음) + **ᄋᆞᆯ**	예 말씀 + **ᄋᆞᆯ** → 말ᄊᆞᆷ ᄆᆞᆯ
	받침 있는 체언(음성 모음) + **을**	예 ᄠᅳᆮ + 을 → 쁘들
	받침 없는 체언(양성 모음) + **ᄅᆞᆯ**	예 나 + **ᄅᆞᆯ** → 나ᄅᆞᆯ
	받침 없는 체언(음성 모음) + **를**	예 너 + 를 → 너를
관형격 조사	무정 명사 + **ㅅ**	예 나모 + ㅅ → 나못
	유정 명사(높임의 대상) + **ㅅ**	예 大王 + ㅅ → 大王ㅅ
	유정 명사(높임×, 양성 모음) + **ᄋᆡ**	예 ᄂᆞᆷ +ᄋᆡ → 나믹
	유정 명사(높임×, 음성 모음) + **의**	예 거붑 + 의 → 거부븨
명사형 어미	양성 모음 + **-옴**	예 ᄒᆞ- + **-옴** + 이 → 호미
	음성 모음 + **-움**	예 쓰- + **-움** + 에 → 뿌메
객체 높임 선어말 어미	**-ᄉᆞᆸ/ᄌᆞᆸ/ᄉᆞᆸ-, -ᄉᆞᆯ/ᄌᆞᆯ/ᄉᆞᆯ-**	예 世尊(세존)ㅅ 安否(안부) 묻ᄌᆞᆸ고
의문형 종결 어미	판정 의문문(의문사X) + **-가/-녀**	예 공덕이 하녀 저그녀
	설명 의문문(의문사○) + **-고/-뇨**	예 얻논 약이 **므스** 것고
	주어가 2인칭일 때 + **-ㄴ다**	예 네 엇뎨 **안다**

  중세 국어의 어휘

✔ **어휘의 의미 변화**

오늘날과는 의미가 다른 어휘나, 오늘날에는 사용하지 않는 어휘가 있었음.

예 어·린(나이가 적은), ᄉᆞᄆᆞᆺ·디(통하지)

■ **초성 퀴즈 답** 자주, 애민, 창조, 실용, 상형, 가획, 합용 / 이어, 모음, 어두 자음군, ㆆ, ㅿ, 방점

STEP.2 개념 Quiz

✔ 정답 135쪽

世·솅宗종御·엉製·젱訓·훈民민正·졍 音음

나·랏:말ᄊᆞ·미中듕國·귁·에㉠달·아文문字·ᄍᆞᆼ·와·로서르㉡ᄉᆞᄆᆞᆺ·디아·니ᄒᆞᆯ·씨·이런젼·ᄎᆞ·로어·린百·ᄇᆡᆨ姓·셩·이니르·고·져·홇·배이·셔·도ᄆᆞ·ᄎᆞᆷ:내제·ᄠᅳ·들시·러펴·디:몯ᄒᆞᇙ·노·미하·니·라·내·이·ᄅᆞᆯ爲·윙·ᄒᆞ·야:어엿·비너·겨·새·로·스·믈여·듧字·ᄍᆞᆼ·ᄅᆞᆯ㉢ᄆᆡᇰ·ᄀᆞ노·니:사ᄅᆞᆷ:마·다:ᄒᆡ·ᅇᅧ:수·ᄫᅵ㉣니·겨·날·로·ᄡᅮ·메便뼌安ᅙᅡᆫ·킈ᄒᆞ·고·져ᄒᆞᇙ ᄯᆞᄅᆞ·미니·라

-『훈민정음(訓民正音) 언해본 어제 서문』-

25636-0183

Q.1 윗글에 나타난 중세 국어의 특징으로 적절한지 O/X로 답해 보자.

① 어두 자음군이 사용되었다. O X

② 두음법칙을 엄격히 지켜 표기하였다. O X

③ 현대 국어 표기에는 쓰이지 않는 'ㅸ'이 쓰였다. O X

④ 소리의 높낮이를 나타내는 방점을 표기하였다. O X

25636-0184

Q.2 ㉠~㉣의 문맥상 의미를 현대 국어로 바르게 활용한 사례인지 O/X로 답해 보자.

① ㉠: 이곳의 기후가 우리나라와 **달라** 비가 많이 온다. O X

② ㉡: 진정한 충신은 두 임금을 **섬기지** 않아. O X

③ ㉢: 산속 공기가 **맑으니** 상쾌한 기분이 들어. O X

④ ㉣: 우리 편이 상대편을 **이겨** 기분이 좋아. O X

25636-0185

Q.3 윗글에서 다음의 내용을 모두 충족한 어휘를 찾아 써 보자.

◦형태와 의미가 변화한 어휘이다. ◦중세 국어에서는 '가엾게'의 의미로 쓰였으나, 현대 국어에서는 '예쁘게'의 의미로 쓰이고 있다.

Q.4 〈보기〉의 ㉠~㉣에 나타난 중세 국어의 특징으로 적절한지 O/X로 답해 보자.

〈보기〉

불·휘㉠기·픈남·군㉡브·룸·매아·니:뮐·씨
곶:됴·코여·름·하ᄂ·니
㉢:시·미기·픈㉣·므·른ᄀᄆ·래아·니그·츨·씨
:내·히이·러바·ᄅ·래·가ᄂ·니

– 「용비어천가」 제2장 –

① ㉠: 소리 나는 대로 표기하고 있다.   O X
② ㉡: 현재 쓰이지 않는 모음이 있었다.   O X
③ ㉢: 주격 조사가 생략되어 있다.   O X
④ ㉣: 모음 조화를 지키고 있다.   O X

STEP.3 개념 Jump

✓ 정답 135쪽

01

| 고2 전국연합학력평가 |

 를 참고하여 중세 국어를 이해한다고 할 때, ㉠과 ㉡의 사례로 바르게 짝지어진 것은?　　25636-0187

보기

모음 조화는 ㉠양성 모음은 양성 모음끼리 어울리고 ㉡음성 모음은 음성 모음끼리 어울리는 현상으로, 중세 국어에서는 현대 국어보다 규칙적으로 적용되었다.

	㉠		㉡	
①	ᄇᆞᄅᆞ매[바람에]	Ok No	·ᄢᅮ·메[씀에]	Ok No
②	·ᄢᅮ·메[씀에]	Ok No	ᄠᅳ·들[뜻을]	Ok No
③	ᄠᅳ·들[뜻을]	Ok No	거부븨[거북의]	Ok No
④	ᄆᆞᅀᆞ믈[마음을]	Ok No	바ᄂᆞᆯ룰[바늘을]	Ok No
⑤	나룰[나를]	Ok No	도ᄌᆞ기[도적의]	Ok No

02

| 고2 전국연합학력평가 |

 의 ㉠~㉢에 따라  의 ⓐ~ⓔ를 바르게 분류한 것은?　　25636-0188

보기 1

중세 국어의 주격 조사는 음운 조건에 따라 다르게 실현되었다. ㉠자음 다음에는 '이'가 나타났고, ㉡모음 '이'나 반모음 'ㅣ' 다음에는 나타나지 않았다. 그리고 ㉢모음 '이'도 반모음 'ㅣ'도 아닌 모음 다음에는 'ㅣ'가 나타났다.

보기 2

孟宗(맹종)이 ⓐᄆᆞᅀᆞ미 至極(지극) 孝道(효도)ᄅᆞᆸ더니 ⓑ어미 늙고 病(병)ᄒᆞ야 이셔 ⓒ겨스리 다ᄃᆞ라 오거늘 竹筍(죽순)을 먹고져 커늘 孟宗(맹종)이 대수페 가 운대 이슥고 竹筍(죽순) 두서 ⓓ줄기 나거늘 가져다가 羹(갱) 밍ᄀᆞ라 이바ᄃᆞ니 어믜 病(병)이 됴커늘 사ᄅᆞ미 다 일ᄏᆞ로디 ⓔ孝道(효도)ㅣ 至極(지극)ᄒᆞ야 그러ᄒᆞ니라 ᄒᆞ더라

[현대어 풀이]

맹종의 마음이 지극히 효성스럽더니 어미가 늙고 병들어 있어 겨울이 다다라 오자 죽순을 먹고자 하니 맹종이 대숲에 가 우니 이윽고 죽순 두어 줄기가 나기에 가져다가 국 만들어 드리니 어미의 병이 나으니 사람들이 다 일컫기를 "효도가 지극해서 그렇다." 하더라.

	㉠		㉡		㉢	
①	ⓐ	Ok No	ⓒ, ⓔ	Ok No	ⓑ, ⓓ	Ok No
②	ⓐ, ⓒ	Ok No	ⓓ	Ok No	ⓑ, ⓔ	Ok No
③	ⓐ, ⓒ	Ok No	ⓑ, ⓓ	Ok No	ⓔ	Ok No
④	ⓑ, ⓔ	Ok No	ⓒ, ⓓ	Ok No	ⓐ	Ok No
⑤	ⓔ	Ok No	ⓑ, ⓓ	Ok No	ⓐ, ⓒ	Ok No

03

 의 ㉠~㉤에 나타나는 중세 국어의 특징을 탐구한 내용으로 적절하지 **않은** 것은?

25636-0189

[중세 국어]

　자내 날 ㉠**향히** ᄆᆞᅀᆞᆯ믈 엇디 가지며 나ᄂᆞᆫ 자내 향히 ᄆᆞᅀᆞᆷ믈 엇디 가지던고 ᄆᆡ양 자내ᄃᆞ려 ㉡**내** 닐오디 ᄒᆞᄃᆡ 누어셔 이 보소 ᄂᆞᆷ도 우리 ᄀᆞ티 서ᄅᆞ 에엿쎄 녀겨 ᄉᆞ랑ᄒᆞ리 ᄂᆞᆷ도 우리 ㉢**ᄀᆞ튼가** ᄒᆞ야 자내ᄃᆞ려 ㉣**니ᄅᆞ더니** 엇디 그런 이ᄅᆞᆯ ㉤**싱각디** 아녀 나ᄅᆞᆯ ᄇᆞ리고 몬져 가시ᄂᆞᆫ고

- 이응태 부인이 쓴 언간에서 -

[현대어 풀이]

　당신이 나를 **향하여** 마음을 어찌 가지며, 나는 당신을 향하여 마음을 어찌 가지던가? 늘 당신에게 **내가** 이르되, 함께 누워서, "이 보소, 남도 우리같이 서로 예쁘게 여겨서 사랑하리? 남도 우리 **같은가**?" 하여 당신에게 **이르더니**, 어찌 그런 일을 **생각지** 아니하여 나를 버리고 먼저 가시는가?

① ㉠에서 현대 국어에 쓰이지 않는 모음이 사용되었음을 알 수 있군. ☐Ok ☐No

② ㉡에서 주격 조사가 생략되었음을 알 수 있군. ☐Ok ☐No

③ ㉢에서 이어적기가 사용되었음을 알 수 있군. ☐Ok ☐No

④ ㉣에서 두음법칙이 적용되지 않았음을 알 수 있군. ☐Ok ☐No

⑤ ㉤에서 구개음화가 일어나지 않았음을 알 수 있군. ☐Ok ☐No

04

 를 바탕으로 중세 국어의 특징을 탐구한 내용으로 적절하지 **않은** 것은?

25636-0190

　녜 小學(소학)애 사ᄅᆞᆷ을 ᄀᆞᄅᆞ츄디 믈 **ᄲᅳ리고 ᄡᅳᆯ며** 應(응)ᄒᆞ며 對(디)ᄒᆞ며【應(응)은 블러든 디답홈이오 對(디)는 무러든 디답홈이라】나ᅀᆞ며 므르ᄂᆞᆫ 졀ᄎᆞ와 **어버이ᄅᆞᆯ ᄉᆞ랑ᄒᆞ며** 얼운을 공경ᄒᆞ며 스승을 존ᄃᆡᄒᆞ며 벋을 親(친)히 홀 道(도)로써 ᄒᆞ니 다 뻐 몸을 닷ᄀᆞ며 집을 ᄀᆞ즈기 ᄒᆞ며 **나라홀** 다ᄉᆞ리며 天下(텬하)를 平(평)히 홀 근본을 ᄒᆞᄂᆞᆫ 배니

[현대어 풀이]

　옛날 소학에 사람을 가르치되, 물을 **뿌리고 쓸며**, 응하며 대하며【응은 부르거든 대답하는 것이요, 대는 묻거든 대답하는 것이다.】나아가며 물러나는 절차와, **어버이를 사랑하며** 어른을 공경하며 스승을 존대하며 벗을 친히 할 도로써 하니, 다 그로써 몸을 닦으며 집을 가지런히 하며 **나라를** 다스리며 천하를 평히 할 근본을 하는 바이니

① '녜'를 보니 현대 국어와 달리 두음법칙이 적용되었음을 알 수 있군. ☐Ok ☐No

② 'ᄲᅳ리고'와 'ᄡᅳᆯ며'를 보니 현대 국어와 달리 초성에 서로 다른 두 개의 자음이 함께 쓰였음을 알 수 있군. ☐Ok ☐No

③ '어버이ᄅᆞᆯ'을 보니 현대 국어와 달리 목적격 조사 'ᄅᆞᆯ'이 쓰였음을 알 수 있군. ☐Ok ☐No

④ 'ᄉᆞ랑ᄒᆞ며'를 보니 현대 국어와 달리 'ㆍ'가 표기에 사용되었음을 알 수 있군. ☐Ok ☐No

⑤ '나라홀'을 보니 현대 국어와 달리 'ㅎ'을 끝소리로 가진 체언이 있었음을 알 수 있군. ☐Ok ☐No

> 문법 끝. 모든 공부에 끝이 어디 있겠느냐마는 입문편 문법 강의를 이렇게 완강했어! 이건 정말 쉽지 않은 일이거든. 함께 공부했던 내용들을 바탕으로 앞으로의 국어 공부도 잘 해낼 수 있을 거야. 너무 잘 해냈어. :)

정답 모아서 보기

문법

오늘 꼭 알아야 할 개념
음운의 종류 # 분절 음운 # 자음 # 모음
비분절 음운 # 장단 # 억양 # 음운의 변동 # 교체

STEP.2 개념 Quiz 본문 | 6-7쪽

Q.1 각 어휘의 정확한 발음을 써 보고,
    <보기>의 규정이 적용된 사례에 해당하는지
    O/X로 답해 보자.

① [묻:따] O   ② [낙찌] O
③ [답짱] O   ④ [손톱까끼] X

Q.2 각 어휘의 정확한 발음을 써 보고,
    <보기>의 규정이 적용된 사례에 해당하는지
    O/X로 답해 보자.

① [갈뜽] O   ② [꼳빧] X
③ [물찔] O   ④ [발쩐] O

Q.3 각 어휘의 정확한 발음을 써 보고,
    <보기>의 규정이 적용된 사례에 해당하는지
    O/X로 답해 보자.

① [끄치] O   ② [구지] O
③ [여:다지] O   ④ [혼니불] X

Q.4 각 어휘의 정확한 발음을 써 보고,
    <보기>를 참고하여 음운 변동에 관한 설명으로
    적절한지 O/X로 답해 보자.

① [궁물] X   ② [잠는] O
③ [철리] O   ④ [강능] X

STEP.3 개념 Jump 본문 | 8-11쪽

01 ❸

02 ❷ ㄱ [앞 음운][조음 방법] ㄴ [앞 음운][조음 방법]
    ㄷ [앞 음운][조음 방법] ㄹ [앞 음운][조음 방법]

03 ❶ ①㉠ [비음화] 경음화 ㉡ [비음화] 경음화
    ②㉠ 비음화 [경음화] ㉡ [비음화] 경음화
    ③㉠ [비음화] 경음화 ㉡ [비음화] 경음화
    ④㉠ 비음화 [경음화] ㉡ 비음화 [경음화]
    ⑤㉠ [비음화] 경음화 ㉡ 비음화 [경음화]

04 ① Ok ② Ok ③ Ok ④ Ok ⑤ No

오늘 꼭 알아야 할 개념
음운의 변동 # 탈락 # 축약 # 첨가

STEP.2 개념 Quiz 본문 | 15-16쪽

Q.1 <보기>의 규정을 참고할 때,
    단어의 발음이 올바른지 O/X로 답해 보자.

① O ② O ③ X ④ O

Q.2 밑줄 친 단어를 <보기>의 규정에 맞게
    발음하였는지 O/X로 답해 보자.

① O ② X ③ O ④ O

Q.3 밑줄 친 단어의 정확한 발음을 써 보고,
    <보기>의 규정에서 설명한 사례인지
    O/X로 답해 보자.

① [다처] O   ② [수타게] X
③ [마지] O   ④ [가치] O

Q.4 각 어휘의 정확한 발음을 써 보고,
    <보기>의 규정에서 설명한 ㉠에 해당하는
    사례인지 O/X로 답해 보자.

① [빈물] X   ② [훈:닐] X
③ [아랜니] X   ④ [제:산닐] O

STEP.3 개념 Jump 본문 | 17-19쪽

01 ❶ ①㉠ [Ok] ㉡ [Ok]
    ②㉠ [Ok] ㉡ [No]
    ③㉠ [No] ㉡ [No]
    ④㉠ [No] ㉡ [No]
    ⑤㉠ [No] ㉡ [Ok]

02 ❷ ① [교체] 탈락 축약 첨가
    ② [교체] 탈락 축약 첨가
    ③ 교체 [탈락] 축약 첨가
    ④ 교체 탈락 축약 [첨가]
    ⑤ 교체 [탈락] 축약 첨가

EBS 윤혜정의 개념의 나비효과 ♥ 입문 편

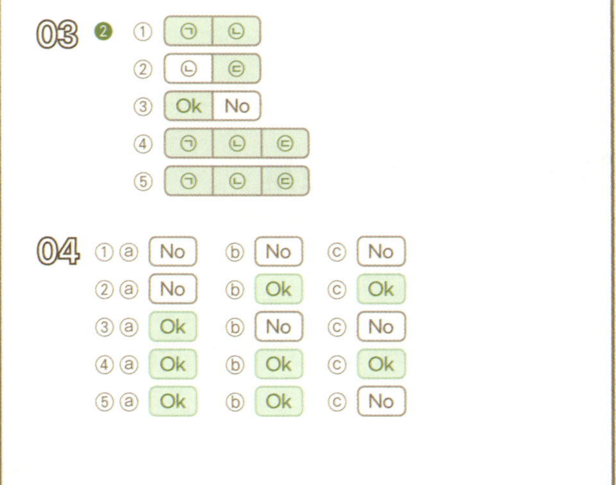

03 ❷ ① ㉠ | ㉡
　　② ㉡ | ㉢
　　③ Ok | No
　　④ ㉠ | ㉡ | ㉢
　　⑤ ㉠ | ㉡ | ㉢

04 ① ⓐ No　ⓑ No　ⓒ No
　　② ⓐ No　ⓑ Ok　ⓒ Ok
　　③ ⓐ Ok　ⓑ No　ⓒ No
　　④ ⓐ Ok　ⓑ Ok　ⓒ Ok
　　⑤ ⓐ Ok　ⓑ Ok　ⓒ No

03강 품사 1

오늘 꼭 알아야 할 개념
\# 국어의 9품사　\# 체언　\# 관계언

STEP.2 개념 Quiz　　본문 ㅣ 23쪽

Q.1 다음 문장의 단어들을 품사의 기능에 따라 구분해서 써 보자.

Ⓐ ① 길, 나, 마음속　　Ⓑ ① 그대, 사람, 일
　② 있다, 넓은　　　　② 사랑스러운, 본, 없다
　③ 가장, 언제나　　　③ X
　④ 은, 의, 에　　　　④ 만큼, 을, 이
　⑤ X　　　　　　　　⑤ X

Q.2 다음 문장에서 조사를 모두 찾아 구분해서 써 보자.

Ⓐ ① 께서, 에, 와, 을　Ⓑ ① 을, 에, 고　Ⓒ ① 의, 로, 을, 이다
　② X　　　　　　　　② 도　　　　　② 은
　③ X　　　　　　　　③ 와　　　　　③ 와, 과

STEP.3 개념 Jump　　본문 ㅣ 24-25쪽

01 ① Ok ② Ok ③ No ④ Ok ⑤ Ok
02 ① No ② Ok ③ Ok ④ Ok ⑤ Ok
03 ① Ok ② Ok ③ Ok ④ No ⑤ Ok
04 ① Ok ② Ok ③ No ④ Ok ⑤ Ok

04강 품사 2

오늘 꼭 알아야 할 개념
\# 국어의 9품사　\# 용언　\# 수식언　\# 독립언

STEP.2 개념 Quiz　　본문 ㅣ 30-31쪽

Q.1 <보기>의 밑줄 친 단어들이 수사인지, 수 관형사인지 구분하여 써 보자.

① 수사　　　　　② 수 관형사
③ 수 관형사　　　④ 수 관형사
+ 둘째, 여섯

Q.2 <보기1>을 참고하여 <보기2>의 밑줄 친 단어들이 형용사인지, 관형사인지 구분하여 써 보자.

① 형용사　　　　② 관형사
③ 관형사　　　　④ 관형사
⑤ 형용사

Q.3 <보기1>을 참고하여 <보기2>의 밑줄 친 단어들이 관형사인지, 대명사인지, 부사인지 구분하여 써 보자.

① 지시 관형사　　② 지시 관형사
③ 지시 대명사　　④ 지시 부사
⑤ 지시 부사

Q.4 <보기1>을 참고하여 <보기2>의 밑줄 친 단어들이 본용언인지, 보조 용언인지 구분하여 써 보자.

① 본용언　　　　② 본용언
③ 본용언　　　　④ 보조 용언
⑤ 보조 용언

STEP.3 개념 Jump　　본문 ㅣ 32-33쪽

01 ① Ok ② Ok ③ Ok ④ Ok ⑤ No
02 ① Ok ② No ③ Ok ④ Ok ⑤ Ok
03 ① Ok ② Ok ③ Ok ④ Ok ⑤ No
04 ① No ② No ③ No ④ Ok ⑤ No

오늘 꼭 알아야 할 개념

\# 형태소 \# 실질 형태소 \# 형식 형태소 \# 자립 형태소
\# 의존 형태소 \# 단어의 형성 \# 단일어 \# 복합어
\# 합성어 \# 파생어

STEP.2 개념 Quiz 본문 | 37-38쪽

Q.1 <보기>의 문장을 형태소 단위로 나누어 보고
빈칸에 알맞은 말을 써 보자.

경찰	이	도둑	을	잡-	-았-	-다
자립	의존	자립	의존	의존	의존	의존
실질	형식	실질	형식	실질	형식	형식

Q.2 어근에 접사가 붙기 전과 후의 품사를 적고,
<보기>의 ㉠에 해당하는 사례인지
O/X로 답해 보자.

① 부사 → 부사 X   ② 명사 → 부사 O
③ 동사 → 명사 O   ④ 형용사 → 동사 O
⑤ 명사 → 형용사 O

Q.3 <보기>의 ㉠~㉢에 들어갈 단어를 적어 보자.

① ㉠: 바다, 소리
② ㉡: 군살, 맨손, 일꾼
③ ㉢: 논밭, 큰집

Q.4 각 단어를 직접 구성 요소로 나누어 보고,
<보기>의 ㉠에 해당하는 사례인지
O/X로 답해 보자.

① 집안/일 X   ② 내리/막 X
③ 놀이/터 O   ④ 코/웃음 X
⑤ 울음/보 X

STEP.3 개념 Jump 본문 | 39-41쪽

01 ① Ok ② Ok ③ Ok ④ No ⑤ Ok
02 ① Ok ② No ③ No ④ No ⑤ No
03 ① ⓐ No ⓑ No
　　② ⓐ No ⓑ Ok
　　③ ⓐ No ⓑ No
　　④ ⓐ Ok ⓑ No
　　⑤ ⓐ Ok ⓑ Ok

04 ① No ② No ③ No ④ Ok ⑤ No

오늘 꼭 알아야 할 개념

\# 우리말의 단어 \# 고유어 \# 한자어 \# 외래어
\# 전문어 \# 사고 도구어 \# 단어의 의미 관계
\# 유의 관계 \# 반의 관계 \# 상하 관계 \#동음이의 관계
\# 다의 관계

STEP.2 개념 Quiz 본문 | 45-47쪽

Q.1 <보기>의 ㉠에 들어갈 고유어로
적절한지 O/X로 답해 보자.

① X ② O ③ X ④ X ⑤ X

Q.2 <보기>를 참고하여 각 단어들의
의미 관계를 골라 보자.

① 유의	반의	상하
② 유의	반의	상하
③ 유의	반의	상하
④ 유의	반의	상하
⑤ 유의	반의	상하
⑥ 유의	반의	상하
⑦ 유의	반의	상하

Q.3 <보기1>을 참조하여 <보기2>의 빈칸에
들어갈 알맞은 말을 써 보자.

[A]: 잃다
[B]: 잃다
[C]: 팔다

Q.4 <보기>는 '타다'의 의미 학습을 위해
활용한 사전의 일부분이다.
①~④의 빈칸에 들어갈 알맞은 말을 써 보자.

① 다의어   ② 동음이의
③ 목적   ④ 주다

STEP.3 개념 Jump 본문 | 48-51쪽

01 ① Ok ② No ③ Ok ④ Ok ⑤ Ok

02 ① ⓐ Ok ⓑ Ok ⓒ Ok
② ⓐ Ok ⓑ No ⓒ Ok
③ ⓐ Ok ⓑ Ok ⓒ No
④ ⓐ No ⓑ No ⓒ No
⑤ ⓐ No ⓑ No ⓒ No

03 ① Ok ② Ok ③ Ok ④ Ok ⑤ No

04 ① ㉠ ㉡   ② ㉠ ㉡
③ ㉠ ㉡   ④ ㉠ ㉡
⑤ ㉠ ㉡

01 ① Ok ② Ok ③ Ok ④ Ok ⑤ No

02 ① Ok ② No ③ Ok ④ Ok ⑤ Ok

03 ① Ok ② No ③ Ok ④ Ok ⑤ Ok

04 ① Ok ② Ok ③ No ④ Ok ⑤ Ok

07강 문장 성분 1

오늘 꼭 알아야 할 개념
\# 문장 성분 \# 주성분

Q.1 다음 문장들의 문장 성분을 적어 보자.

Ⓐ
우리는	옛	친구를	오랜만에	만났습니다.
주어	관형어	목적어	부사어	서술어

Ⓑ
네,	저는	훌륭한	사회인이	되겠습니다.
독립어	주어	관형어	보어	서술어

Ⓒ
엄마는	작은	인형을	아기에게	주었습니다.
주어	관형어	목적어	부사어	서술어

Q.2 <보기>의 문장들 중 주성분만으로 이루어진 문장을 있는 대로 골라 보자.

ㄱ, ㄴ, ㅁ

Q.3 <보기>의 자료를 바탕으로 '주어'에 대해 탐구했을 때, 적절한 설명인지 O/X로 답해 보자.

① O ② X ③ O ④ O ⑤ O

Q.4 <보기>에 있는 '자료'의 밑줄 친 부분에 ㄱ~ㄷ에 해당하는 예를 찾아 넣으려고 할 때, 적절한 설명인지 O/X로 답해 보자.

① X ② O ③ O ④ O ⑤ O

08강 문장 성분 2

오늘 꼭 알아야 할 개념
\# 문장 성분 \# 부속 성분 \# 독립 성분

Q.1 <보기 1>을 참고하여 <보기 2>의 ⓐ~ⓔ의 관형어 형성 유형을 ㉠~㉣ 중에 골라 써 보자.

ⓐ: ㉡   ⓑ: ㉣
ⓒ: ㉠   ⓓ: ㉢
ⓔ: ㉠

Q.2 ①~④에 대해 탐구한 내용으로 적절한 설명인지 O/X로 답해 보자.

① O ② O ③ X ④ O

Q.3 <보기>의 ㉠에 해당하는 사례로 적절한지 O/X로 답해 보자.

① X ② O ③ X ④ X ⑤ X

Q.4 다음 문장들에서 서술어가 반드시 필요로 하는 문장 성분과 서술어의 자릿수를 써 보자.

	㉠	㉡
①	주어, 필수적 부사어, 목적어	세 자리
②	주어, 필수적 부사어, 목적어	세 자리
③	주어, 목적어	두 자리

STEP.3 개념 Jump 본문 | 62-63쪽

01 ① Ok ② Ok ③ Ok ④ Ok ⑤ No

02 ① ㉠ Ok ㉡ Ok
   ② ㉠ Ok ㉡ No
   ③ ㉠ No ㉡ No
   ④ ㉠ No ㉡ No
   ⑤ ㉠ No ㉡ No

03 ① Ok ② Ok ③ No ④ Ok ⑤ Ok

04 ① Ok ② Ok ③ Ok ④ Ok ⑤ No

09강 문장의 구조

오늘 꼭 알아야 할 개념
\# 문장 \# 홑문장 \# 겹문장 \# 안은문장 \# 이어진문장

STEP.2 개념 Quiz 본문 | 68-69쪽

Q.1 <보기>의 문장들의 밑줄 친 부분을 '구'와 '절'로 구별해 보자.

구: ㉠ ㉡ ㉃ ㉇
절: ㉢ ㉣ ㉤ ㉅

Q.2 <보기>의 문장들을 홑문장과 겹문장으로 구분해 보자.

홑문장: ㉤ ㉥
겹문장: ㉠ ㉡ ㉢ ㉣ ㉃ ㉇

Q.3 <보기2>는 <보기1>의 ㉠~㉤에 대한 설명이다. 적절한 말을 골라 보자.

① 주어   ② 한 번
③ 없다   ④ 대등하게
⑤ 두 번 이상

Q.4 <보기>의 ㉠에 해당하는 사례로 적절한지 O/X로 답해 보자.

① O ② X ③ X ④ X ⑤ X

STEP.3 개념 Jump 본문 | 70-73쪽

01 ① Ok ② Ok ③ Ok ④ No ⑤ Ok

02 ① Ok ② Ok ③ Ok ④ No ⑤ Ok

03 ① No ② Ok ③ Ok ④ Ok ⑤ Ok

04 ① Ok ② Ok ③ Ok ④ No ⑤ Ok

10강 종결/높임 표현

오늘 꼭 알아야 할 개념
\# 문법 요소 \# 종결 표현 \# 평서문 \# 의문문 \# 명령문
\# 청유문 \# 감탄문 \# 높임 표현 \# 상대 높임법
\# 주체 높임법 \# 객체 높임법

STEP.2 개념 Quiz 본문 | 77-78쪽

Q.1 <보기>의 문장들을 이해한 내용으로 적절한지 O/X로 답해 보자.

① O ② O ③ O ④ X ⑤ O

Q.2 <보기1>을 참고하여 <보기2>의 밑줄 친 부분에 사용된 상대 높임을 적어 보자.

㉠ 해요체   ㉡ 해체
㉢ 하게체   ㉣ 하오체
㉤ 하십시오체

Q.3 다음 문장들에서 밑줄 친 부분이 높이는 대상을 찾고 높임의 실현 방법을 적어 보자.

	높임의 대상	높임 실현 방법
㉠	어머니	특수 어휘 '모시다'
㉡	선생님	주격 조사 '께서', 주체 높임 선어말 어미 '-시-'
㉢	아버지	부사격 조사 '께', 특수 어휘 '여쭈다'
㉣	할아버지	특수 어휘 '찾아뵙다'
㉤	선생님	특수 어휘 '말씀', 종결 어미 '-습니다'

Q.4 다음 문장에서 높이는 대상을 모두 찾고 높임의 실현 방법과 사용된 높임법을 적어 보자.

높임의 대상	높임 실현 방법	높임법
삼촌	종결 어미 '-어요'	상대 / 주체 / 객체
아버지	주격 조사 '께서', 특수 어휘 '계시다', 주체 높임 선어말 어미 '-시-'	상대 / 주체 / 객체
할머니	특수 어휘 '모시다'	상대 / 주체 / 객체

STEP.3 개념 Jump 본문 | 79-81쪽

01 ① No ② No ③ No ④ No ⑤ Ok
02 ① Ok ② No ③ Ok ④ Ok ⑤ Ok
03 ① Ok ② No ③ Ok ④ Ok ⑤ Ok
04 ① No ② No ③ Ok ④ No ⑤ No

11강 시간/피동/사동 표현

오늘 꼭 알아야 할 개념
\# 문법 요소 \# 시간 표현 \# 시제 \# 동작상 \# 피동 표현
\# 파생적 피동 \# 통사적 피동 \# 사동 표현 \# 파생적 사동
\# 통사적 사동

STEP.2 개념 Quiz 본문 | 87-88쪽

Q.1 <보기>의 ⓒ, ⓒ이 모두 ㉠을 실현하고 있는 문장으로 적절한지 판단해 보자.

① ② ⑤ ③ ④

Q.2 <보기>의 문장들을 이해한 내용으로 적절한지 O/X로 답해 보자.

① O ② O ③ X ④ O ⑤ O

Q.3 <보기>에서 설명한 피동문을 만드는 방법이 사용된 사례로 적절한지 O/X로 답해 보자.

① O ② O ③ X ④ O ⑤ O

Q.4 <보기>를 바탕으로 피동문과 사동문에 대해 이해한 내용이다. 빈칸에 알맞은 말을 써 넣어 보자.

① 부사어 ② 주어
③ 접미사, 파생적 ④ 간접

STEP.3 개념 Jump 본문 | 89-91쪽

01 ① No ② Ok ③ Ok ④ Ok ⑤ Ok
02 ① Ok ② Ok ③ Ok ④ No ⑤ Ok
03 ① ㉠ 피동 / 사동   ⓒ 피동 / 사동
    ② ㉠ 피동 / 사동   ⓒ 피동 / 사동
    ③ ㉠ 피동 / 사동   ⓒ 피동 / 사동
    ④ ㉠ 피동 / 사동   ⓒ 피동 / 사동
    ⑤ ㉠ 피동 / 사동   ⓒ 피동 / 사동
04 ① ㉠ Ok   ⓒ No
    ② ㉠ No   ⓒ Ok
    ③ ㉠ Ok   ⓒ Ok
    ④ ㉠ Ok   ⓒ No
    ⑤ ㉠ No   ⓒ Ok

12강 인용/부정 표현

오늘 꼭 알아야 할 개념
\# 문법 요소 \# 인용 표현 \# 직접 인용 \# 간접 인용
\# 부정 표현 \# '안' 부정 \# '못' 부정

STEP.2 개념 Quiz 본문 | 96-97쪽

Q.1 <보기1>을 참고할 때 <보기2>의 ㉠에 들어갈 말을 써 보자.

나의 취미가 뭐냐고

Q.2 <보기>를 참고하여 ㉠~㉣을 간접 인용으로 바꾼 문장의 빈칸에 알맞은 말을 써 넣어 보자.

㉠ 여기   ⓒ 출발하자고
ⓒ 맡겠다고   ㉣ 그저께

Q.3 다음 문장들을 단순 부정, 의지 부정,
능력 부정으로 구분해 보자.

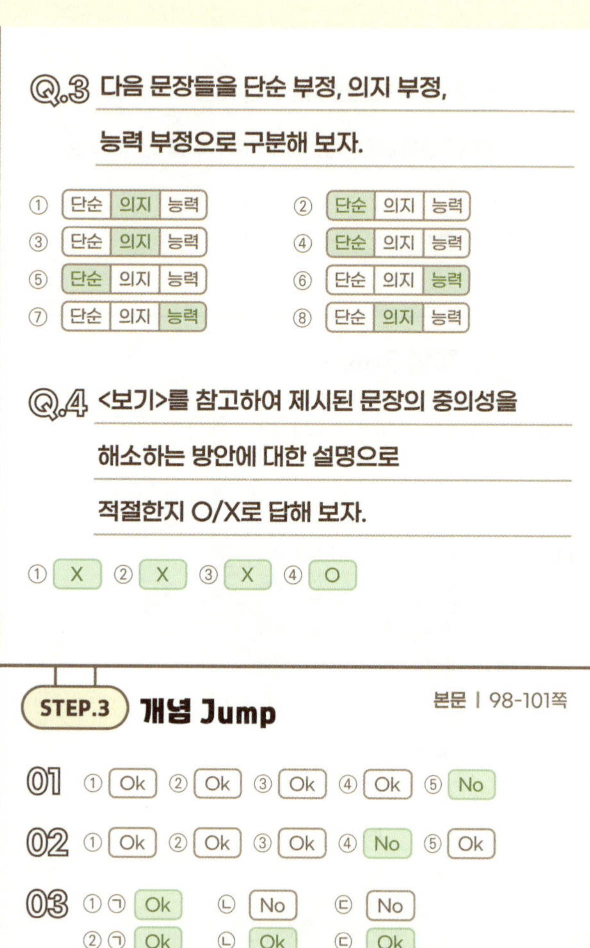

Q.4 <보기>를 참고하여 제시된 문장의 중의성을
해소하는 방안에 대한 설명으로
적절한지 O/X로 답해 보자.

① X ② X ③ X ④ O

STEP.3 개념 Jump   본문 | 98-101쪽

01 ① Ok ② Ok ③ Ok ④ Ok ⑤ No

02 ① Ok ② Ok ③ Ok ④ No ⑤ Ok

03 ①㉠ Ok ㉡ No ㉢ No
    ②㉠ Ok ㉡ Ok ㉢ Ok
    ③㉠ No ㉡ No ㉢ Ok
    ④㉠ Ok ㉡ No ㉢ Ok
    ⑤㉠ Ok ㉡ Ok ㉢ No

04 ① Ok ② No ③ Ok ④ Ok ⑤ Ok

13강 담화

오늘 꼭 알아야 할 개념
담화 # 대화의 원리 # 협력의 원리 # 공손성의 원리
체면 유지의 원리 # 담화의 표현 # 담화 관습

STEP.2 개념 Quiz   본문 | 106-107쪽

Q.1 [A]에 대한 설명으로 적절한지 O/X로 답해 보자.

① X ② X ③ O ④ X

Q.2 수정 후에 반영된 언어 예절에 대한 설명으로
적절한지 O/X로 답해 보자.

① X ② O ③ X ④ X

Q.3 <보기>에서 설명한 공손성의 원리를 고려했을 때,
㉠에 들어갈 말로 적절한지 O/X로 답해 보자.

① X ② X ③ O ④ X

Q.4 다음 속담들이 공통적으로 강조하는 우리말의
담화 관습으로 가장 적절한 것을 골라 보자.

 ❶

STEP.3 개념 Jump   본문 | 108-111쪽

01 ① 직접 간접 ② 직접 간접
    ③ 직접 간접 ④ 직접 간접
    ⑤ 직접 간접

02 ① Ok ② Ok ③ No ④ Ok ⑤ Ok

03 ① Ok ② Ok ③ Ok ④ Ok ⑤ No

04 ① Ok ② Ok ③ Ok ④ No ⑤ Ok

14강 한글 맞춤법

오늘 꼭 알아야 할 개념
한글 맞춤법 # 제1장 총칙 # 제3장 소리에 관한 것
제4장 형태에 관한 것 # 제5장 띄어쓰기

STEP.2 개념 Quiz   본문 | 115-116쪽

Q.1 밑줄 친 단어가 '한글 맞춤법'에 맞는 표현인지
O/X로 답하고, 틀린 표현은 바르게 고쳐 써 보자.

① O
② X 깍두기
③ X 왠지
④ X 반드시
⑤ X 어떡해(어떻게 해)
⑥ X 덥던지
⑦ X 부쳤다
⑧ X 맞힌
⑨ O
⑩ X 김치찌개
⑪ X 절였다
⑫ X 며칠
⑬ X 불거져

Q.2 다음 규정의 ㉠에 해당하는 사례인지 O/X로 답해 보자.

① X　② O　③ X　④ X　⑤ X

Q.3 제시된 '한글 맞춤법' 규정을 올바르게 적용한 사례인지 O/X로 답해 보자.

① O	② O	③ O	④ X
⑤ X	⑥ O	⑦ O	⑧ O
⑨ O	⑩ O	⑪ O	⑫ X
⑬ O	⑭ X	⑮ O	⑯ O
⑰ X	⑱ O	⑲ O	⑳ O

STEP.3 개념 Jump　본문 | 117-119쪽

01　① No　② No　③ Ok　④ No　⑤ No

02　① No　② Ok　③ Ok　④ Ok　⑤ Ok

03　① No　② Ok　③ Ok　④ Ok　⑤ Ok

04
① ㉠ Ok　㉡ Ok　㉢ Ok
② ㉠ Ok　㉡ Ok　㉢ No
③ ㉠ Ok　㉡ No　㉢ Ok
④ ㉠ No　㉡ No　㉢ No
⑤ ㉠ No　㉡ Ok　㉢ Ok

Q.3 윗글에서 다음의 내용을 모두 충족한 어휘를 찾아 써 보자.

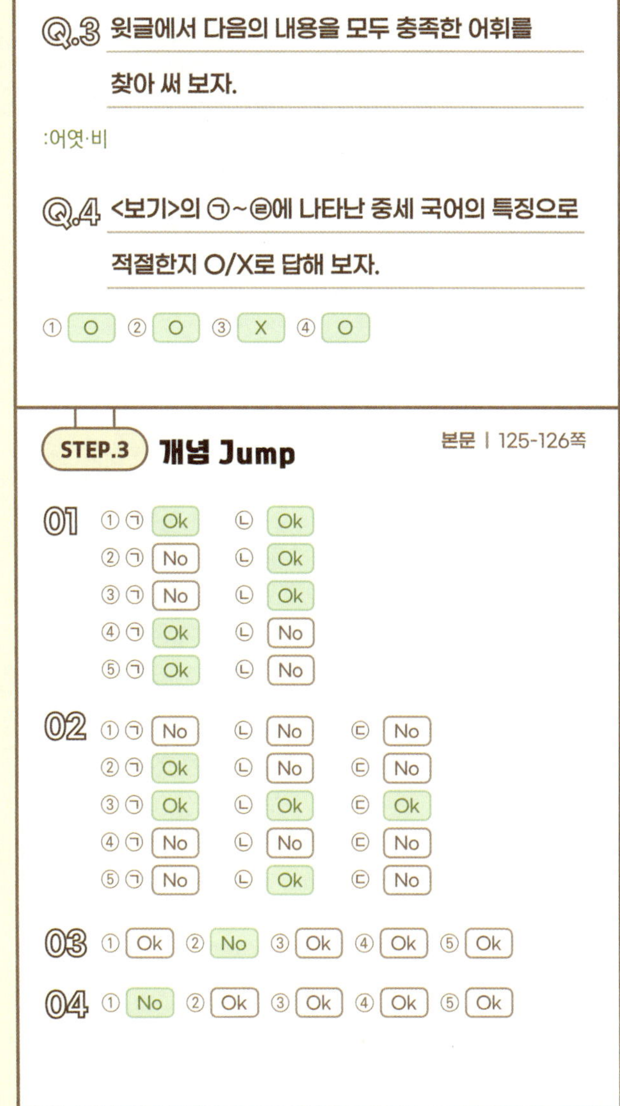

:어엿·비

Q.4 <보기>의 ㉠~㉣에 나타난 중세 국어의 특징으로 적절한지 O/X로 답해 보자.

① O　② O　③ X　④ O

STEP.3 개념 Jump　본문 | 125-126쪽

01
① ㉠ Ok　㉡ Ok
② ㉠ No　㉡ Ok
③ ㉠ No　㉡ Ok
④ ㉠ Ok　㉡ No
⑤ ㉠ Ok　㉡ No

02
① ㉠ No　㉡ No　㉢ No
② ㉠ Ok　㉡ No　㉢ No
③ ㉠ Ok　㉡ Ok　㉢ Ok
④ ㉠ No　㉡ No　㉢ No
⑤ ㉠ No　㉡ Ok　㉢ No

03　① Ok　② No　③ Ok　④ Ok　⑤ Ok

04　① No　② Ok　③ Ok　④ Ok　⑤ Ok

15강 국어의 변화

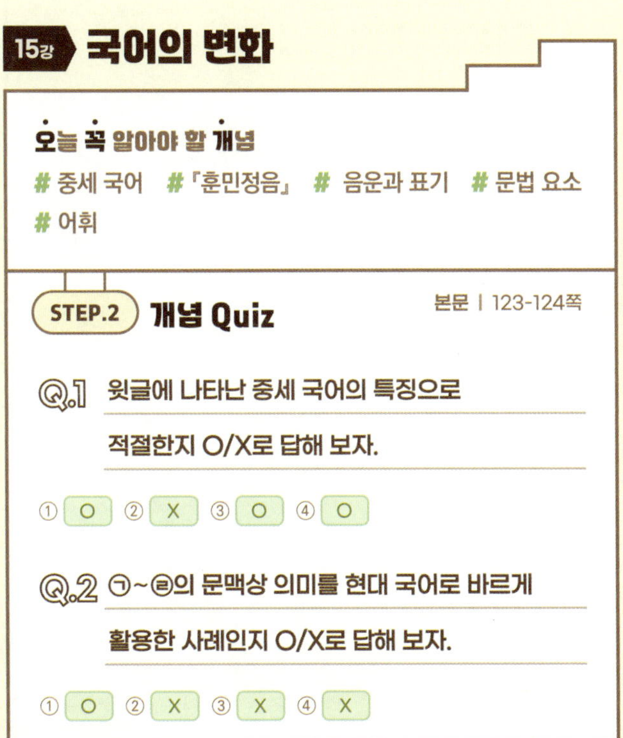

오늘 꼭 알아야 할 개념
\# 중세 국어　\# 「훈민정음」　\# 음운과 표기　\# 문법 요소
\# 어휘

STEP.2 개념 Quiz　본문 | 123-124쪽

Q.1 윗글에 나타난 중세 국어의 특징으로 적절한지 O/X로 답해 보자.

① O　② X　③ O　④ O

Q.2 ㉠~㉣의 문맥상 의미를 현대 국어로 바르게 활용한 사례인지 O/X로 답해 보자.

① O　② X　③ X　④ X

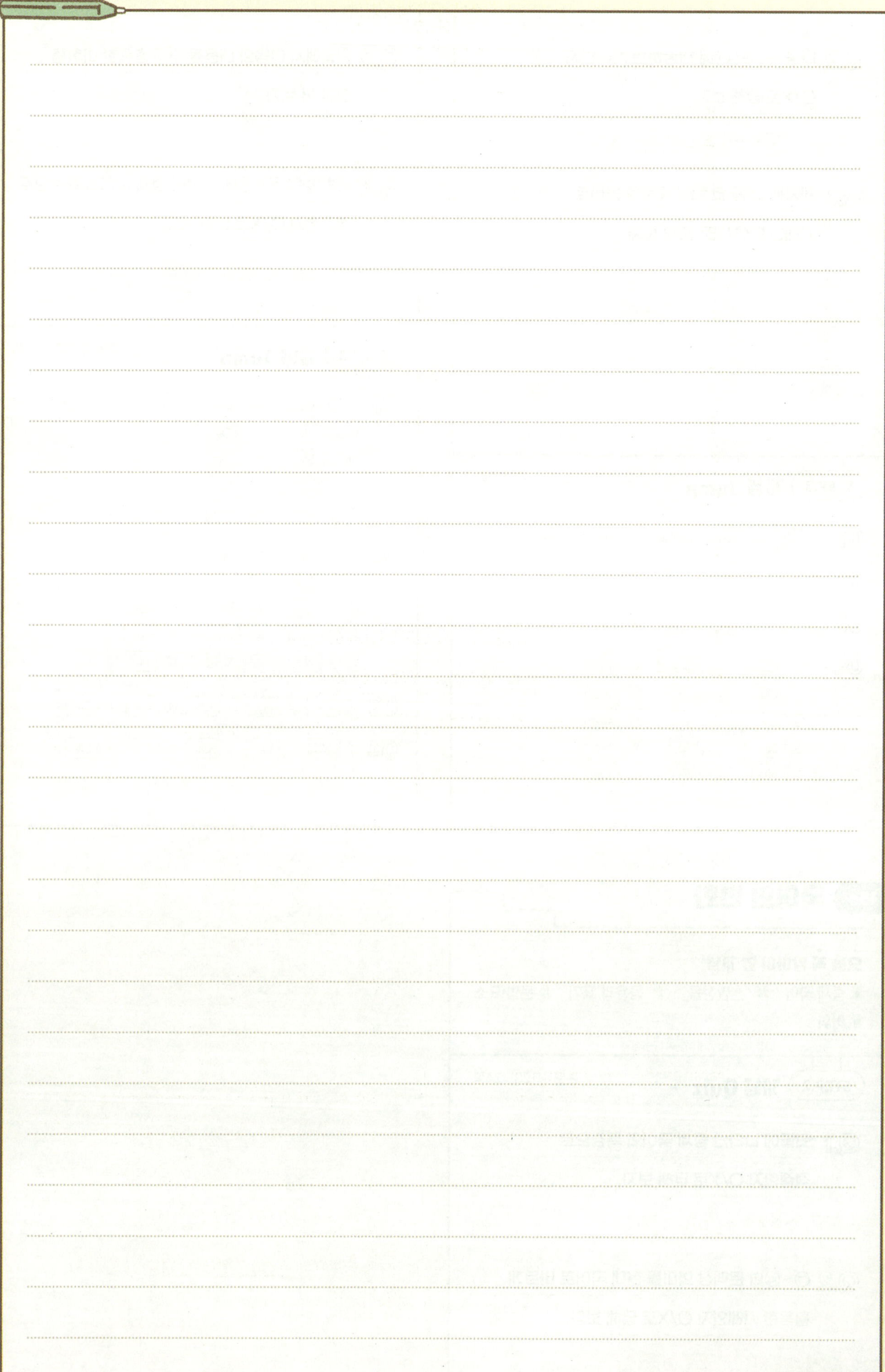